罪犯教育系列教材
Zuifan Jiaoyu Xiliejiaocai

Falü Changshi Jiaoyu

法律常识教育

司法部监狱管理局　编著

UESTCP
电子科技大学出版社

图书在版编目（CIP）数据

法律常识教育 / 司法部监狱管理局编著. —成都：电子科技大学出版社，2012. 12（2016.11 重印）

罪犯教育系列教材

ISBN 978-7-5647-1367-6

Ⅰ. ①法… Ⅱ. ①司… Ⅲ. ①法律—基本知识—中国—教材 Ⅳ. ①D920.5

中国版本图书馆 CIP 数据核字（2012）第 299759 号

法律常识教育

司法部监狱管理局　编著

出　　版：电子科技大学出版社（成都市一环路东一段 159 号电子信息产业大厦　邮编：610051）

策划编辑：郭蜀燕　　责任编辑：郭蜀燕　罗　丹

主　　页：www.uestcp.com.cn　　电子邮箱：uestcp@uestcp.com.cn

发　　行：新华书店经销

印　　刷：成都蜀通印务有限责任公司

成品尺寸：148 mm×210mm　　印张 11.25　　字数 288 千字

版　　次：2012 年 12 月第一版

印　　次：2016 年 11 月第六次印刷

书　　号：ISBN 978-7-5647-1367-6

定　　价：18.80 元

《罪犯教育系列教材》编委会

序

根据全国监狱劳教教育改造工作会议关于“要做好教材使用、编辑工作”的要求，司法部监狱管理局组织各地教育改造工作业务骨干和专家学者编写了《罪犯教育系列教材》。教材的出版对于推进教育教学工作规范化，促进服刑人员改造，提高教育改造质量有着十分重要的意义。

《中华人民共和国监狱法》明确规定：“监狱对罪犯实行惩罚和改造相结合、教育和劳动相结合的原则，将罪犯改造成为守法公民。” 2010 年 10 月全国监狱劳教教育改造工作会议召开，吴爱英部长提出：“要把加强罪犯教育改造工作作为监狱工作的中心任务”，进一步凸显了教育改造工作在监狱工作中的重要地位和作用。

当前，监狱体制改革全面实行，监狱刑罚执行职能进一步强化；监狱布局调整取得重大进展，监狱信息化建设步伐加快，监狱管理水平和能力明显增强；监管措施进一步强化，监狱持续安全稳定；规范化建设力度不断加强，公正廉洁执法水平明显提高；人民警察队伍结构发生了根本变化，教育改造工作环境和条件明显改善。

教学是教育改造工作的重要方式，加强罪犯教育教材建设是教育改造的一项基础工作。由司法部监狱管理局组织编写的《罪犯教育系列教材》受到了广大教育改造工作者和服刑人员的欢迎，但是随着形势的发展、知识的更新，教材存在体系不够完善、内容不够丰富等缺陷。此次编辑出版的《罪犯教育系列教材》涵盖了入监教育、基础文化教育、法律常识教育、公民道德教育、心理健康教育以及出监教育等，覆盖了服刑人员改造生活的各个阶段，具有内容丰富、深入浅出、简单易懂、知识多元，系统性、完整性与社会对接性强等特点，是罪犯教育和再社会化不可缺少的教材。希望这套教材能够为监狱人民警察教学提供有益的启迪和帮助，成为罪犯的良师益友，促进罪犯积极改造，使更多的服刑人员刑满释放后成为自食其力的守法公民和社会主义建设的有用之才。

由于时间仓促、视野所限，《罪犯教育系列教材》难免有不完善之处。尽管如此，我深信它的生命力会在实践中取得增长，内容会日臻完善。在此，我谨代表司法部监狱管理局向在《罪犯教育系列教材》编辑和发行工作中付出辛勤劳动的专家、学者和工作人员表示诚挚的谢意！

司法部监狱管理局局长

2012年12月

编写说明

根据中华人民共和国司法部《监狱教育改造工作规定》和《教育改造罪犯实施纲要》的要求，为推进民主法治建设，提高罪犯法治意识，引导罪犯积极改造，全面提高教育改造质量，司法部监狱管理局组织编写了罪犯教育系列教材之一——《法律常识教育》。

对罪犯实施法律常识教育是监狱教育改造的内在要求，也是适应全民普法的需要。对罪犯进行法律常识教育，旨在促使罪犯树立法治意识，明确身份，从而依法维权，正确履行改造义务，养成遵纪守法的良好习惯，为顺利回归社会，做守法公民打下坚实基础。

《法律常识教育》以社会主义法律七大体系为主线，介绍了我国主要法律的基本理论和知识要点，用以案说法的方式，引导服刑人员理解我国社会主义法律的立法精神，掌握常用的法律常识。全书共分为八章，内容丰富、重点突出、详略得当、针对性强，注重了教材的完整性和科学性，必将对教育改造罪犯发挥重要作用。

四川省监狱管理局承担了本教材的编写任务，编写工作得到了省局的高度重视，刘志诚局长、游柱石副局长亲自研究部署，教育改造处具体统筹，张银锋、李鸣剑、冉毅、袁小林、余颖、兰琳、赖亚丽、唐诚、陈沃地以及监狱干警参与撰写，并组织相关专家和监狱一线经验丰富的民警进行研讨。本书在编写过程中得到了四川大学法学院有关专家的指导。司法部监狱管理局对本教材进行审定。由于作者水平有限，不妥之处在所难免，敬请批评、指正。

司法部监狱管理局

2012 年 12 月

目　录

第一章　法律基本知识

第一节　法 律 概 述

一、什么是法

法是由国家制定或认可，并由国家强制力保证实施的，反映由特定物质生活条件所决定的统治阶级意志，以权利和义务为内容，以确认、保护和发展统治阶级所期望的社会关系和社会秩序为目的的行为规范体系。

二、法的特征

（一）法是调整人们的行为或者社会关系的规范，具有规范性

法律作为一种行为规范，为人们提供某种行为模式，指引人们可以怎样行为、必须怎样行为或不得怎样行为。

（二）法是由国家制定或者认可的，体现了国家对人们行为的评价，具有国家意志性

国家制定，指国家立法机关根据其职权创制新法律；国家认可，指国家立法机关赋予社会上业已流行的行为规则以法律效力。制定或认可是国家创立法律的两种主要方式。法律是由特定的国家机关制定或认可的，所以我们又常常把法律称为“国法”。

（三）法是以国家强制力为最后保证手段的规范体系，具有国家强制性

国家强制力主要指军队、警察、法庭、监狱等。法以国家强

制力为后盾，由国家强制力保障实施。法的国家强制性，既表现为国家对违法行为的否定和制裁，也表现为国家对合法行为的肯定和保护；既表现为国家机关依法行使权力，也表现为公民可以依法请求国家保护其合法权利。

（四）法在国家权力管辖范围内普遍有效，因而具有普遍性

法与其他社会规范的重要区别之一，就在于法具有普遍约束力，即法作为一个整体在本国主权范围内，所有国家机关、社会组织和公民都必须遵守法。而其他社会规范的适用范围有大有小，各不相同，比如公司规章只能约束公司人员，宗教规范只对教徒有效，它们都没有真正的普遍性。

三、法与道德的区别

法与道德作为人的行为规范和行为准则，都有维护国家机器正常运转，维护社会生活有序进行的作用。两者相互配合、相互映照。

（一）两者起源时间不同

法是随着阶级和国家的产生而产生的；道德则是任何社会都有的社会意识形式，有人群的地方就有道德的存在。道德的出现远早于法。

（二）两者表现形式不同

法由国家制定或认可，其制定、修改、废除都有严格的程序规定；道德通常是约定俗成的，存在于人们的思想和观念之中。

（三）两者内容规定不同

法的内容更具体、更明确，既规定人们的义务，又规定人们的权利，强调权利、义务的一致性；道德侧重于人们的义务而不是权利，也不要求体现权利和义务的一致性。

（四）两者实现方式不同

法凭借国家的强制力实施；道德主要依靠社会舆论和传统的力量使人们自觉维护。

（五）两者调整范围不同

法律只调整人们的外在行为；道德调整的对象不仅是人们现实的行为，还包括人们的思想、品格和行为的动机。道德比法律调整的范围要广泛得多。

四、我国社会主义法的作用

（一）维护和促进社会主义民主建设

在我国，社会主义法和民主的关系通常称为民主和法制的关系，这两者是相互结合、相互作用的。离开民主讲法制，法制就没有依据；反之没有法制，民主就没有保障。所以我国社会主义法首先就是要确认和维护我们的国家制度，即人民民主专政；要保护人民民主，并对敌对势力实行专政，有效打击严重的刑事犯罪活动。社会主义法促进民主建设方面的作用还体现在维护社会秩序，解决民事纠纷；巩固国防，保障国防现代化；维护和发展社会主义民族关系、保障民族区域自治的实现；规范和推进政治体制改革，等等。

（二）维护和促进社会主义经济建设

经济建设是社会主义现代化建设事业的中心。社会主义法在这一方面的作用首先体现为维护社会主义基本经济制度，即社会主义公有制、有计划的商品经济、按劳分配，等等；保护和促进社会生产力的发展；维护和促进经济体制改革；制裁各种破坏改革的活动，包括以改革之名而行犯罪之实的活动，等等。

（三）保障和促进社会主义精神文明建设

法制观念是精神文明中思想道德部分的一个重要内容，我国社会主义社会的全部法律都对精神文明建设有促进作用。社会主义法和精神文明建设关系密切：社会主义法是精神文明的产物，两者并行发展，相互促进。精神文明建设的发展为法制建设创造了有利条件，法制建设有力地保障精神文明建设。

（四）保障和促进对外交往

社会主义法保障我国独立自主的外交政策的执行，保障对外经济、技术和文化交流，规范其他涉外关系。

思考题：

1. 什么是法？法具有哪些特征？
2. 法与道德有什么区别？
3. 我国社会主义法的作用有哪些？

第二节　我国法律的制定与实施

一、我国的立法体制

根据《中华人民共和国宪法》（以下简称《宪法》）和有关法律的规定，我国立法体制是统一、多层级的立法体制。立法权限的划分如下。

（一）最高国家权力机关及其常设机关的立法权限

1. 全国人民代表大会有权修改《宪法》，制定和修改刑事、民事、国家机构的和其他的基本法律。

2. 全国人大常委会有权制定和修改除应当由全国人民代表大会制定的法律以外的其他法律；在全国人民代表大会闭会期间，

对全国人民代表大会制定的法律进行部分补充和修改，但是不得同该法律的基本原则相抵触。

（二）最高国家行政机关及所属机关的立法权限

1．国务院有权根据《宪法》和法律制定行政法规，发布决定和命令；根据全国人民代表大会及其常务委员会的授权制定暂行规定或条例。

2．国务院各部、委和具有行政管理职能的直属机构，可以根据法律和国务院的行政法规、决定、命令，在本部门的权限范围内，制定规章。

（三）地方各级国家权力机关及常设机关的立法权限

1．地方各级人民代表大会有权在本行政区域内依照法律规定的权限，通过和发布决议。

2．省、自治区、直辖市的人民代表大会及常务委员会有权在不与宪法、法律、行政法规相抵触的前提下制定地方性法规，并报全国人民代表大会常务委员会备案。

3．省、自治区的人民政府所在地的市和经国务院批准的较大的市的人民代表大会及其常务委员会根据本市的具体情况和实际需要，在不与宪法、法律、行政法规和本省、自治区的地方性法规相抵触的前提下，可以制定地方性法规，报省、自治区的人民代表大会常务委员会批准后施行。

4．民族自治地方的人民代表大会有权依照当地民族的政治、经济和文化的特点，制定自治条例和单行条例。自治区的自治条例和单行条例，报全国人民代表大会常务委员会批准后生效。自治州、自治县的自治条例和单行条例，报省、自治区、直辖市的人民代表大会常务委员会批准后生效。

5．经济特区所在地的省、市的人民代表大会及其常务委员会根据全国人民代表大会的授权决定，制定法规，在经济特区范围内实施。

（四）地方国家行政机关的立法权限

省、自治区、直辖市和较大的市的人民政府，可以根据法律、行政法规和本省、自治区、直辖市的地方性法规，制定规章。

二、我国的立法流程

（一）提出法律议案

在实践中，所有法律议案都先向全国人民代表大会常务委员会提出，经常务委员会审议后，属于基本法律的，由常务委员会决定提请全国人民代表大会审议通过；不属于基本法律的，由常务委员会通过。此外，根据法律规定，主席团、一个代表团或者 30 名以上代表联名，也可以向全国人民代表大会提出法律议案；10 名以上常务委员会组成人员联名，也可以向常务委员会提出法律议案。

（二）审议法律草案

首先在全国人大全体会议或者常委会全体会议上听取提案人对法律草案的说明，然后由各代表团或者常委会分组会议进行审议；再由有关的专门委员会进行审议，提出审议意见；最后由法律委员会根据各方面的意见进行统一审议，提出审议报告和法律草案修改稿。

（三）表决法律草案

由全国人大常委会提请大会审议的法律草案，表决时全体代表的过半数通过。由全国人大常委会审议的法律草案，表决时由常委会全体组成人员的过半数通过。

（四）公布法律

法律经全国人大及其常委会通过后，由国家主席签署主席令予以公布，并及时在《中华人民共和国全国人民代表大会常务委员会公报》及全国发行的报纸上刊登。

三、我国法律的实施

（一）什么是法律实施

法律的实施，即法律规范的要求在社会生活中获得实现的活动。法律的实施包括两种形式：（1）法律的适用，即国家专门机关和国家授权单位依照法定职权和程序将法律规范适用到具体人或组织的活动；（2）法律的遵守，即国家机关、社会团体、企业事业单位和全体公民自觉遵守法律规范。

（二）我国法律适用的原则

1. 公民在法律面前一律平等。我国法律统一适用于全体公民，所有公民依法享有同等权利并承担同等义务；公民一律平等地受到法律保护，不能歧视任何公民；在诉讼中，要切实保障诉讼参加人依法享有的诉讼权利。

2. 以事实为依据，以法律为准绳。司法机关审理一切案件，都只能以与案件有关的客观事实作为根据，严格依照法律规定办事，切实做到有法必依，执法必严，违法必究。

3. 司法机关依法行使职权。国家的司法权只能由国家各级审判机关和检察机关统一行使，其他任何机关、团体和个人都无权行使此项权利；人民法院、人民检察院依照法律独立行使自己的职权，不受行政机关、社会团体和个人的非法干涉；司法机关审理案件必须严格依照法律程序，正确适用法律，不得滥用职权。

4. 实事求是、有错必纠。坚持实事求是，一切从实际出发，为人民利益坚持对的，为人民利益改正错的，是社会主义法律适用的基本原则。

思考题：

1. 我国立法有哪些流程？

2. 我国法律适用的原则有哪些？

第三节 法 律 责 任

一、法律责任的概念

法律责任是指违法者对自己的违法行为必须承担的责任。

二、法律责任认定的原则

认定法律责任，必须坚持下列原则。

（一）责任法定原则

只有法律上的明文规定，才能成为确认和追究违法责任的依据；对违法责任的确认和追究，必须严格依法进行，严格限制类推；反对无限追溯，国家不能用今天的法要求人们昨天的行为；没有法律授权的任何国家机关或社会组织都不能向责任主体问责。

（二）责任自负的原则

实施了违法行为的人必须承担法律责任，而且必须是独立承担责任。任何法律责任，都只能限于违法者本人，不能株连其亲属或其他人。

（三）法律责任与违法行为相适应的原则

法律责任的性质、种类和轻重应与违法行为的性质、种类和危害程度相适应。既不能轻犯重罚，也不能重犯轻罚。

（四）责任平等原则

在追究法律责任时，应对责任主体不分种族、民族、性别、职业、社会出身、财产状况等，一律平等地追究责任，绝不允许任何人享有规避法律责任的特权。

三、法律责任的构成

法律责任的构成是指认定法律责任时所必须考虑的条件或必须符合的标准。法律责任的构成包括以下五个方面：

（一）责任主体

责任主体是指违法主体或承担法律责任的主体，包括自然人、法人和其他社会组织。

（二）违法行为或违约行为

违法行为或违约行为包括作为和不作为两类。作为是指做了法律所禁止或合同所不允许的事导致法律责任；不作为是指不履行法律规定义务、不做法律规定应做的事或不做合同中约定的事，从而承担法律责任。

（三）损害结果

损害结果是指违法行为侵犯他人或社会的权利和利益所造成的损失和伤害。损害结果可以是对人身的损害、财产的损害、精神的损害，也可以是其他方面的损害。

（四）因果关系

因果关系是指违法行为与损害结果之间的必然联系。

（五）主观过错

主观过错是指行为人实施违法行为或违约行为时的主观心理状态，包括故意和过失两类。

四、法律责任的种类

（一）行政责任

行政责任指因为违反行政法或因行政法规定所应承担的法律责任，分为行政处分和行政处罚。行政处分包括警告、记过、降级、降职、撤职、开除等；行政处罚主要有警告、罚款、没收违法所得、没收非法财物、责令停产停业、暂扣或者吊销许可证、暂扣或者吊销执照、行政拘留等。

（二）民事责任

民事责任指民事法律关系的主体没有按照法律规定或合同约定履行自己的民事义务，或者侵害了他人的合法权益，所应承担的法律后果。民事责任包括违约责任（又称合同责任）和侵权责任两类。根据《中华人民共和国民法通则》的规定，承担民事责任的方式主要有：停止侵害；排除妨碍；消除危险；返还财产；恢复原状；修理、重作、更换；赔偿损失；支付违约金；消除影响、恢复名誉；赔礼道歉。

（三）刑事责任

刑事责任指国家刑事法律规定的犯罪行为所应承担的刑事惩罚。任何公民、法人实施了违反刑事法律的行为，都要承担由于他的行为所造成的法律后果。犯罪与刑事责任是紧密联系的，认定犯罪的目的，就是为了追究犯罪人的刑事责任。

（四）违宪责任

违宪责任是指有关国家机关制定的某种法律、法规和规章，以及国家机关、社会组织或公民的某种行为与宪法的规定相抵触，因而必须承担相应的法律责任。在我国，全国人民代表大会常务委员会负责监督宪法实施，认定违宪责任。

思考题：

1. 什么是法律责任？
2. 法律责任认定的原则有哪些？
3. 法律责任有哪些种类？

第四节　中国特色社会主义法律体系

一、什么是法律体系

法律体系，是指一个国家现行的全部法律规范，根据一定的原则和标准，按照法律规范调整对象和调整方法的不同，划分为若干法律部门，并由这些法律部门及其所包含的不同法律规范所形成的内部和谐一致、相互有机联系的统一整体。

法律体系具有下列基本特征。

（一）法律体系的性质取决于社会制度的性质

由于每个国家的社会制度、经济制度、政治制度以及文化传统、历史演变等的不同，所以每个国家的法律体系都有自己的特点。决定一个国家法律体系性质的，是该国的社会制度。社会主义国家法律体系的性质决定于社会主义国家的社会制度。

（二）法律体系的内容取决于国家的国情

法律是特定社会物质生活条件的体现和反映，法律体系的内容，是由一个国家的国情决定的，反映和体现一个国家一定历史时期的物质生活条件。

（三）法律体系的发展取决于社会实践的发展

法律体系不是静态的、一成不变的，而是动态的、发展的。一定阶段的法律体系，反映和体现一定阶段的社会实践。社会实践是法律的基础，法律是社会实践经验的总结，并随着社会实践的发展而不断发展。

二、中国特色社会主义法律体系的构成

新中国成立以来，特别是改革开放 30 多年来，在中国共产党

的正确领导下，经过各方面坚持不懈的共同努力，我国立法工作取得了举世瞩目的巨大成就。截至 2011 年 8 月底，我国已制定现行宪法和有效法律 240 部、行政法规 706 部、地方性法规 8600 多部，涵盖社会关系各个方面的法律部门已经齐全，各法律部门中基本的、主要的法律已经制定，相应的行政法规和地方性法规比较完备，中国特色社会主义法律体系已经形成。

以各个法律规范的调整对象与调整方法的不同来分类，可以将中国特色社会主义法律体系划分为以下七个法律部门。

（一）宪法及其相关法

宪法是国家的根本法，它规定国家的根本制度和根本任务、公民的基本权利与义务、国家生活的基本准则和社会生活的根本准则，在法律体系中居于核心地位，发挥统帅作用，具有最高的法律效力。

宪法相关法是与宪法相配套、直接保障宪法实施的宪法性法律规范的总称，如《中华人民共和国全国人民代表大会组织法》《中华人民共和国民族区域自治法》《中华人民共和国香港特别行政区基本法》，等等。

（二）民商法

民商法是规范民事、商事活动的法律规范的总称。日常生活中接触较多的有《中华人民共和国民法通则》《中华人民共和国婚姻法》《中华人民共和国物权法》《中华人民共和国继承法》《中华人民共和国收养法》《中华人民共和国合同法》《中华人民共和国公司法》《中华人民共和国保险法》，等等。

（三）行政法

行政法是调整国家行政管理活动中各种社会关系的法律规范的总称。行政法涉及的范围很广，包括国防、外交、人事、民政、公安、国家安全、民族、宗教、侨务、教育、科学技术、文化体育卫生、城市建设、环境保护等行政管理方面。如《中华人民共和国行政诉讼法》

《中华人民共和国行政处罚法》《突发公共卫生事件应急条例》等。

（四）经济法

经济法是调整因国家从社会整体利益出发对市场经济活动实行干预、管理、调控所产生的法律关系的法律规范的总称。经济法可分为两类：一是创造平等竞争环境、维护市场秩序方面的法律，如《中华人民共和国反垄断法》《中华人民共和国产品质量法》等；二是国家宏观调控和经济管理方面的法律，如《中华人民共和国预算法》《中华人民共和国企业所得税法》《中华人民共和国土地管理法》等。

（五）社会法

社会法是规范劳动关系、社会保障、社会福利和特殊群体权益保障方面的法律规范的总称，包括劳动用工、工资福利、职业安全卫生、社会保险、社会救济、特殊保障等方面的法律。如《中华人民共和国劳动法》《中华人民共和国劳动合同法》《中华人民共和国未成年人保护法》《中华人民共和国残疾人保障法》《中华人民共和国矿山安全法》《中华人民共和国消费者权益保护法》等。

（六）刑法

刑法是规定犯罪、刑事责任和刑罚的法律规范的总称。作为法律部门的刑法，包括《中华人民共和国刑法》和单行的刑事法律规范。

（七）诉讼及非诉讼程序法

诉讼及非诉讼程序法是规范解决社会纠纷的诉讼活动和非诉讼活动的法律规范的总称，包括《中华人民共和国民事诉讼法》《中华人民共和国刑事诉讼法》《中华人民共和国行政诉讼法》等。

思考题：

1. 什么是法律体系？
2. 中国特色社会主义法律体系包含哪七个法律部门？

第五节 依 法 治 国

一、依法治国的科学内涵、基本要求和意义

（一）依法治国的科学内涵

1997年9月，中国共产党第十五次全国代表大会明确将“依法治国，建设社会主义法治国家”作为党和国家的治国方略和奋斗目标确定下来。这是一项具有全局性、根本性和深远历史意义的战略决策。

依法治国，就是广大人民群众在中国共产党的领导下，依照宪法和法律，通过各种途径和形式管理国家事务，管理经济文化事业，管理社会事务，保证国家各项工作都依法进行，而不受任何个人意志的干预、阻碍或破坏。简而言之，依法治国就是依照法律来治理国家。

（二）依法治国的基本要求

依法治国是社会主义法治的核心内容，是我们党领导人民治理国家的基本方略。依法治国的基本要求可以用四句话来概括：有法可依、有法必依、执法必严、违法必究。

1．有法可依

有法可依指社会的政治、经济、文化等各个领域都有良好的法律可资依据和遵循。这是依法治国的法律前提。

2．有法必依

有法必依是指一切政党、国家机关、社会团体、企事业单位、公民都必须依法办事。这是依法治国的中心环节。有法必依的具体要求包括：党必须在宪法和法律的范围内活动；一切国家机关及其公职人员必须严格依法办事；广大社会成员要依法办事。

3．执法必严

执法必严指执法机关和执法人员严格依照法律规定办事，坚决维护法律的权威和尊严。这是依法治国的关键。

4．违法必究

违法必究，就是要严格追究违法犯罪行为人的法律责任。这是依法治国的必要保证。

（三）依法治国的重要意义

1．依法治国是党领导人民治理国家的基本方略

我国实行社会主义制度，中国共产党是各项事业的领导核心。坚持党的领导，是保证国家能够沿着社会主义方向前进，各项制度和方针、政策能够符合全体人民的意志和利益的根本条件。实行依法治国，能够更好地加强和改善党的领导。党的领导是支持和领导人民当家做主。《中华人民共和国宪法》（以下简称《宪法》）明确规定："国家的一切权力属于人民。"但是，人民不可能人人都去执掌政权，而只能通过民主选举产生政权机关，代表人民行使权力。为了保证这种权力的行使能符合人民的利益，根本的办法就是在党的领导下，通过制定和实施体现人民意志和利益、符合社会发展规律的法律，并保证这种法律具有极大的权威，来确保政府为人民服务，为公众谋利益。

2．依法治国是发展社会主义市场经济的客观需要

市场经济是一种以交换为基础的经济形式，一切经济活动和行为都要遵循价值规律，各种生产要素都要作为商品进入市场，通过竞争机制和价格杠杆的作用，实现各主体的平等、自由的交易和各类资源的优化配置。因此，市场经济要求各经济主体之间具有自主性和平等性，并且承认各自的物质利益。这就从客观上要求法律的规范、引导、制约、保障和服务。因此，依法治国，是发展社会主义市场经济的客观需要。

3．依法治国是社会文明进步的重要标志

法律的产生、存在和发展，根源于人类社会生活本身始终存在的三个主要矛盾，即，个人与社会的矛盾、秩序与自由的矛盾、权威与服从的矛盾。如果人类社会没有法律这种调整社会关系的行为准则，社会正义必将难以维护，社会自身的发展和存在都成问题。历史证明，稳定、繁荣、发展、文明的社会，都要依靠法律。因此，依法治国是社会文明进步的重要标志。

4．依法治国是国家长治久安的重要保证

法律集中了多数人的智慧，反映了事物的发展规律，法律具有稳定性和连续性的特点，不会因政府的更迭和领导人的看法和注意力的改变而随意改变。因此，依法治国，是国家长治久安的保证。

二、依法治国，建设社会主义法治国家

（一）完善法律体系

中国特色社会主义法律体系形成以后，要进一步加强立法工作，切实提高立法质量，不断完善法律体系，以适应依法治国、建设社会主义法治国家的新形势、新情况、新要求。

（二）树立社会主义法治理念

社会主义法治理念反映和指引着社会主义法治的性质、功能、目标方向、价值取向和实现途径，是社会主义法治的精髓和灵魂，也是立法、执法、司法、守法和法律监督的指导思想。

（三）树立宪法和法律权威

树立宪法和法律权威，关键是切实有效地实施法律。法律制定以后，必须得到严格执行和遵守。保证宪法和法律在国家政治、经济、文化、社会等各方面得到严格执行和遵守是一项巨大的系统工程，需要全社会各方面的共同努力。

（四）完善司法体制机制

现代法治的一项重要原则是司法独立。其基本要求是，司法机关审理案件不受外界非法干扰，以保证案件审理的客观性和公正性，严格做到以事实为根据，以法律为准绳。通过司法体制机制的改革，切实保证案件审理的客观、公正、廉洁和高效。

（五）加强法制宣传教育

进一步加强法制宣传和教育，增强广大人民群众特别是各级领导干部的法治观念，形成良好的法治环境，是建设社会主义法治国家的一项重要内容。我国由于历史的原因，群众法制观念淡薄，需要进一步加强法制宣传和教育，为实现依法治国，建设社会主义法治国家提供广泛的群众思想基础和良好的法律文化环境。

思考题：

1. 什么是依法治国？
2. 依法治国的基本要求是什么？
3. 如何依法治国？

第二章 宪 法

宪法是中国特色社会主义法律体系的统帅。宪法是国家的根本法，在中国特色社会主义法律体系中居于统帅地位，是国家长治久安、民族团结、经济发展、社会进步的根本保障。在中国，各族人民、一切国家机关和武装力量、各政党和各社会团体、各企业事业组织，都必须以宪法为根本的活动准则，并负有维护宪法尊严、保证宪法实施的职责。服刑罪犯应该同所有公民一样学习宪法、遵守宪法、维护宪法。

第一节 宪法概述

一、宪法的概念和性质

（一）宪法的概念

宪法是规定国家的根本制度和任务，集中表现各种政治力量对比关系，保障公民基本权利的根本法。

宪法是国家法律的一种，具有其他法律所具有的共同特征，又不同于其他一般法律。我们平常所讲的宪法，是指具有最高法律效力的国家根本法，调整的是国家的根本社会关系，规定的是国家的根本制度、根本任务和公民的基本权利和义务。

（二）宪法的性质

宪法是国家的根本大法，与其他法律相比不同之处在于：

1. 内容上不同于其他法律，带有根本性，所涉及的内容是国家最根本的内容。我国宪法在序言中明确规定，本宪法以法律的形式确认了中国各民族人民奋斗的成果，规定了国家的根本制度和根本任务，是国家的根本法，具有最高法律效力。而普通法律所规定的内容，只是规定国家生活或社会生活中某一方面的问题。

2. 效力上高于其他法律，具有最高的法律效力。这主要表现在：一是宪法是国家一切立法活动的基础，是制定其他法律的依据，任何法律都不能和宪法相抵触。我国《宪法》明确规定，一切法律、行政法规和地方性法规都不得同宪法相抵触；二是宪法是一切国家机关、各政党、社会团体、企事业组织和全体公民必须严格遵守的最高行为规范。我国宪法在序言中明确规定，全国各族人民、一切国家和武装力量、各政党和社会团体、各企业事业组织，都必须以宪法为根本的活动准则，并且负有维护宪法尊严、保证宪法实施的职责。

3. 制定和修改的程序比其他法律严格。《宪法》作为国家的根本大法，决定了在实施的过程中必须保持其相对稳定，不得朝令夕改，所以宪法的制定和修改程序要比一般法律更为严格。例如，《宪法》规定：宪法的修改，需要由全国人民代表大会常务委员会或者五分之一以上的全国人民代表大会代表提议，并由全国人民代表大会以全体代表的三分之二以上的多数通过。而一般法律和其他议案，只需由全国人民代表大会以全体代表的过半数通过即可。

二、宪法的作用

宪法的作用，亦称宪法的功能、职能，是指宪法对国家机关、社会组织和公民个人的行为以及社会现实生活的影响，是国家意志实现的具体表现。宪法的作用主要表现在以下几方面。

（一）保障和促进公民基本权利和自由的实现

宪法将公民的基本权利以根本法的形式固定下来，明确公民权利行使的原则，规定国家机关的权力范围，防止规范国家机关侵犯公民的基本权利。同时也规定了对公民权利的限制，这种限制的实质在于限制公民滥用权利，从而更好地保障权利的实现。

（二）确认和维护国家的基本政治制度框架

首先，宪法从属于国家权力，又对国家权力起巩固和保护作用；其次，宪法确认国家政权组织形式和国家结构形式；再次，宪法规范了国家机关的权力运行，宪法既授予国家机关权力又限制国家机关权力。

（三）规范国家经济活动

宪法在规范国家政治方面的同时也对国家经济起着举足轻重的作用，一是确认了国家的经济制度。资本主义国家宪法往往不明确表述国家实行何种经济制度，只规定“私有财产神圣不可侵犯”，社会主义国家则明确规定了社会主义公有制。二是确认了国家经济体制。三是规定了国家经济政策。

（四）促进精神文明建设

宪法是人类文明发展的产物，文明创造了宪法，宪法反映了文明，进而巩固了文明的发展。宪法规定发展教育、科学、文化事业的方针、政策和措施，有利于将统治阶级的思想道德规范法律化，使其成为全社会普遍遵守的规则。社会主义宪法重视精神文明建设，明确规定精神文明建设是社会主义建设事业的重要组成部分。

（五）是法制建设的基础和依据

宪法是法治的核心，是国家法制建设总的依据。它不仅对立法、执法、守法有重大作用，而且对监督法律的实施，对维护国家法制的尊严和统一具有重要意义。这方面的作用主要表现在两方面：一是为普通法律的制定提供立法依据；二是保障国家法律的统一。

三、新中国宪法的历史发展

新中国成立后，先后颁布了一个宪法性文件和四部宪法。

一个宪法性文件是1949年9月9日由中国人民政治协商会议制定的、起临时宪法作用的《中国人民政治协商会议共同纲领》（以下简称《共同纲领》）。1954年第一届全国人民代表大会第一次全体会议在《共同纲领》的基础上通过并公布实施了我国第一部社会主义类型的宪法，即1954年宪法；1975年、1978年、1982年又先后颁布了三部宪法。其中，1982年宪法就是我国的现行宪法。

1982年宪法颁布后又进行了四次修改：第一次是第七届全国人民代表大会第一次会议于1988年4月12日通过的《中华人民共和国宪法修正案》；第二次是第八届全国人民代表大会第一次会议于1993年3月29日通过的《中华人民共和国宪法修正案》；第三次是第九届全国人民代表大会第二次会议于1999年3月15日通过的《中华人民共和国宪法修正案》；第四次是第十届全国人民代表大会第二次会议于2004年3月14日通过的《中华人民共和国宪法修正案》。

我国现行宪法继承和发展了1954年宪法的基本原则，是以坚持社会主义道路，坚持人民民主专政，坚持中国共产党领导，坚持马列主义、毛泽东思想四项基本原则为指导思想制定的。它总结了中国社会主义发展的经验，并吸取了国际上的一些经验，是一部适应中国社会主义现代化建设需要，具有中国特色的根本法。与前三部宪法相比，1982年宪法具有新的时代特点和时代精神，明确提出了我国的根本任务是集中力量进行现代化建设，扩大了人民代表大会的权力和公民的基本权利和义务的规定，体现了实事求是、与时俱进的精神。

思考题：

1. 宪法的性质是什么？
2. 宪法的作用是什么？

第二节 宪法主要内容

我国《宪法》主要规定了我国的社会制度和国家制度的基本原则、国家性质、国家政体等最重要的问题。《中华人民共和国宪法》共四章一百三十八条，由序言，总纲，公民的基本权利和义务，国家机构，国旗、国歌、国徽、首都五个部分构成。

一、我国的国体和政体

（一）什么是国体，我国的国体是什么

国体是指一个国家的性质，也即国家的阶级本质。

在一个特定的国家中，各个阶段、各个阶层在国家中的法律地位是不完全一样的，有的处于统治地位，有的处于被统治地位。

我国《宪法》规定，中华人民共和国是工人阶级领导的、以工农联盟为基础的人民民主专政的社会主义国家。宪法这一规定，就是关于我国国体的规定，也就是说，我国的国体就是人民民主专政。

（二）什么是政体，我国的政体是什么

政体即国家政权组织形式，是指一国的统治阶级，按照一定的原则建立起来的行使国家权力、实现统治阶级任务和国家管理职能的政权机关的组织活动的体制。

《宪法》规定，我国的政体是人民代表大会制度。人民代表大会制度是我国的根本政治制度，是我国人民民主专政的政权组织

形式。人民代表大会制度作为我国的根本政治制度，是中国特色社会主义发展道路的重要组成部分，符合中国国情，体现了我国人民民主专政政权性质和适应社会主义现代化建设需要的具有中国特色的政权组织形式。

二、公民的基本权利和义务

（一）权利和义务的关系

《宪法》明确规定，任何公民享有宪法和法律规定的权利，同时必须履行宪法和法律所规定的义务。公民的权利和义务是相互统一，不可分离的，具体表现在三个方面：

1. 享受权利和义务的主体是一致的、平等的。公民在法律面前是平等的，任何公民在享受权利的同时必须履行规定的义务，不允许某些公民只享受权利，而另一些公民只履行义务。

2. 公民某些权利和义务是可以相互结合的。法律规定的一些权利同时也是一种义务，如公民的劳动权、受教育权等，它们既是公民的权利也是公民的义务。

3. 公民的基本权利是相互促进、相辅相成的。公民基本权利的有效保障将促使公民自觉履行义务；公民义务的自觉履行将为公民基本权利和自由的扩大创造条件。

《宪法》第三十三条规定："任何公民享有宪法和法律规定的权利，同时必须履行宪法和法律规定的义务。"《宪法》明确规定公民权利义务的一致性，这是正确处理权利义务关系的根本指导原则。只讲权利，不尽义务或只尽义务，不讲权利都是不正确的。

（二）公民的基本权利

《宪法》规定公民的基本权利主要包括：平等权，政治权利和自由，宗教信仰自由，人身自由，批评、建议、申诉、控告、检举权，取得赔偿权，社会经济权利，受教育的权利和其他方面的权利。

1．平等权

平等权，是指公民依法平等地享有权利，不受任何差别性的对待，要求国家给予同等保护的权利。平等权首先表现为法律面前人人平等，任何公民的合法权益都平等地受到法律的保护；任何公民都不享有特权，法律面前一律平等。

青年张某从某大学毕业后，在参加某市公务员考试中综合成绩排在第一名，理应被录用，但在随后的体检中被诊断为乙肝“小三阳”患者，为此该市人事局对其不予录取。张某向该市所在省人事厅提起行政复议，省人事厅以张某体检不合格的结论是由体检医院作出的，不是市人事局作出的行政行为，做了“不予受理”的决定。后来张某以人事部门歧视乙肝患者为由向该市人事局所在地的人民法院提起行政诉讼，法院在一审判决中认为市人事局取消张某进入考核程序的行政行为证据不足，应当予以撤销。随后该市中级人民法院作出二审裁定，维持原判。

本案中某市人事局违反了公民的基本权利受到保护，不得因血缘、籍贯、身高、疾病、宗教信仰等进行歧视对待的法律规定。

2．政治权利和自由

政治权利和自由是指公民作为国家的政治主体依法享有的参与国家政治生活的权利和自由。包括参与国家、社会组织管理活动的选举权、被选举权和监督权，以及言论、出版、集会、结社、游行、示威自由。《宪法》规定，中华人民共和国年满十八周岁的公民，不分民族、种族、性别、职业、家庭出身、宗教信仰、教育程度、财产状况、居住期限，都有选举权和被选举权；但是依照法律被剥夺政治权利的人除外。

选举权和被选举权，是宪法赋予公民的最基本的政治权利自由。破坏或妨碍公民的选举，不仅直接影响公民民主权利的行使，而且可能使一些人混进国家政权机关，危害国家和人民的利益，影响国家机关的威信。为保障公民行使当家做主的神圣权利，不仅《中华人民共和国全国人民代表大会和地方各级人民代表大会选举法》专章规定了对各种破坏选举或妨碍选民自由行使选举权的违法犯罪行为的制裁，而且《中华人民共和国刑法》也增加了破坏选举罪，这为选举的顺利进行和选民权利的实现提供了法律上的保障。

某地选举人民代表时，张某在三次讨论候选人提名过程中，对群众提出的候选人都没有表示反对，也没有提出新的候选人。在正式选举中，张以帮他人代笔为由向选民索要了33张选票，在未征求选举人同意的情况下，在两个候选人的名字上都打了“×”，在另选人栏下填上自己的名字，后查实，这些选民都不同意选张某。由于他的破坏，两名候选人的选票都没有超过半数，造成选举无效的严重后果。

本案中张某以欺骗的手段索取了 33 张选票私自填写上自己的名字，造成选举无效的后果，妨害了选民自由行使选举权和被选举权。因此，张某的行为违反了宪法和有关法律的规定，构成破坏选举罪，并被人民法院依法判处有期徒刑两年。

3. 宗教信仰自由

宗教信仰自由，是指公民依据内心的信念，自愿地信仰宗教或者不信仰宗教的自由，有信仰这种宗教的自由，也有信仰那种宗教的自由，在同一宗教里，有信仰这个教派的自由，也有信仰那个教派的自由。《宪法》规定，公民有宗教信仰的自由，任何国家机关、社会团体和个人不得强制公民信仰宗教或者不信仰宗教，不得歧视信仰宗教的公民和不信仰宗教的公民。国家保护正常的宗教活动。但宗教与邪教是两个不同的概念，邪教具有反社会、反人类的特征，国家予以坚决地清除。

汉族青年谢某与回族青年马某相恋不久，两人到婚姻登记机关领取了结婚证。正当他们准备举行婚礼的时候，马某及其父兄向谢某提出一个要求，要谢某必须信仰伊斯兰教。谢某不答应，马某的弟弟纠集一些族内的人准备“好好教育”一下谢某，一时搞得剑拔弩张，难以收场。

《宪法》第三十六条规定：“任何国家机关、社会团体和个人不得强制公民信仰宗教或者不信仰宗教，不得歧视信仰宗教的公民和不信仰宗教的公民。”马某及其父兄强迫谢某信仰伊斯兰教的做法是错误的，是违反宪法精神的。

4．人身自由

人身自由是指公民的肉体与精神不受非法侵犯，有权支配自己的身体，正常生活、学习和工作的自由，不受非法限制、搜查、拘留和逮捕，人格尊严、住宅不受侵犯，通信自由和通信秘密受法律保护等。

《宪法》规定，公民的人身自由不受侵犯。任何公民，非经人民检察院批准或者决定或者人民法院决定，并由公安机关执行，不受逮捕。禁止非法拘禁和以其他方法非法剥夺或者限制公民的人身自由，禁止非法搜查公民的身体；人格尊严不受侵犯，禁止用任何方法对公民进行侮辱、诽谤和诬告陷害；住宅不受侵犯，禁止非法搜查或者非法侵入公民住宅；通信自由和通信秘密受法律保护，除因国家安全或追查刑事犯罪的需要，由公安机关或检察机关依照法律规定的程序对通信进行检查外，任何组织或者个人不得以任何理由侵犯公民的通信自由和通信秘密。

5．批评、建议、申诉、控告、检举权和取得赔偿权

《宪法》规定，公民对任何国家机关和国家工作人员，有提出

批评和建议的权利；对任何国家机关和国家工作人员的违法失职行为，有向有关国家机关提出申诉、控告和检举的权利，但不得捏造或者歪曲事实进行诬告陷害。对于公民的申诉、控告或者检举，有关国家机关必须查清事实，负责处理。任何人不得压制和打击报复。由于国家机关和国家工作人员侵犯公民权利而受到损失的人，有依照法律规定取得赔偿的权利。

某市图书馆职员王某多次写信发帖举报其同学马某（马某的父母在该市官居要职）在公务员招考中作弊，但不久王某却被该市某区公安分局以涉嫌诽谤罪将其刑事拘留。后该市有关部门对此案进行了依法审查，审查结果认为：公安分局在办理王某案件中存在过错，将本应属于自诉法律程序的案件按照公诉案件办理，属于错案。该市某区公安分局对王某解除了刑事拘留。

公民对国家机关和国家工作人员的批评建议权，是公民监督政府工作、行使政治权利的重要途径，政府应依法保障公民的批评建议权，不能动辄以诽谤罪来定性公民的申诉、控告或者检举。

6．社会经济权利

社会经济权利是指公民根据宪法规定所享有的物质经济方面的权利，包括财产权、劳动权、休息权、退休权、获得物质帮助权、受教育的权利等。

（1）财产权。财产权是指对财产的权利，如物权、债权、知识产权、继承权等。《宪法》规定，公民合法的私有财产不受侵犯，国家依照法律规定保护公民的私有财产权和继承权。

（2）劳动权。劳动权是指有劳动能力的公民，能够获得劳动机会，并通过从事劳动取得相应报酬的权利。《宪法》规定，中华人民共和国公民有劳动的权利和义务。国家通过各种途径，创造劳动就业条件，加强劳动保护，改善劳动条件，并在发展生产的基础上，提高劳动报酬和福利待遇。

（3）休息权。休息权是指劳动者在劳动的过程中，根据国家法律规定而享有的休息和休养的权利。我国《宪法》规定：劳动者有休息的权利。国家发展劳动者休息和休养的设施，规定职工的工作时间和休假制度。

（4）退休权。退休权是指企业事业单位的职工和国家机关工作人员在达到一定年龄和工龄后，离职休息并享有相应的生活待遇的权利。我国《宪法》规定，国家依照法律规定实行企业事业组织的职工和国家机关工作人员的退休制度。退休人员的生活受到国家和社会的保障。

（5）获得物质帮助的权利。获得物质帮助的权利是指公民在年老、疾病或丧失劳动能力的情况下，有从国家和社会获得物质帮助的权利。国家发展为公民享受这些权利所需要的社会保险、社会救济和医疗卫生事业。国家和社会保障残废军人的生活，抚恤烈士家属，优待军人家属。国家和社会帮助安排盲、聋、哑和其他有残疾的公民的劳动、生活和教育。

7．受教育的权利

受教育的权利是指公民有在国家和社会提供的各类学校和机构中学习科学文化知识的权利。《宪法》规定，公民有受教育的权利和义务。国家培养青年、少年、儿童在品德、智力、体质等方面全面发展。

齐某与被告陈某曾就读同一所初中，1990年齐某被某商校录取，但陈某却隐瞒事实盗用齐某的名义到该商校就读。1999年，齐某发现自己被顶替上学以后，将陈某及有关学校和单位起诉到法院。

受教育权是我国宪法规定的公民的一项重要权利。本案中，陈某在有关学校和单位的协助下，冒名顶替齐某上学，以致齐某失去了接受中专教育的机会，侵犯了齐某受教育的权利，并造成了具体的损害后果。人民法院判决相关学校、单位以及陈某停止对齐某的侵权行为，对齐某赔礼道歉并赔偿相应的精神损失费。

8. 其他方面的权利

其他方面的权利主要是指《宪法》中规定的特定人群，如妇女、退休人员、军烈属、母亲、儿童、老人、青少年、华侨、归侨和侨眷等的权利保障。

（三）公民的基本义务

公民的基本义务是指公民必须遵守和履行的基本责任。我国宪法在规定公民基本权利的同时，也相应地规定了公民的基本义务。任何公民享有宪法和法律规定的权利，同时也必须履行宪法和法律规定的义务。公民的基本义务主要包括：

1. 维护国家统一与民族团结的义务

《宪法》在序言中明确规定："中华人民共和国是全国各族人民共同缔造的统一的多民族国家。"第四条规定："禁止破坏民族团结和制造民族分裂的行为。"第五十二条规定："中华人民共和国公民有维护国家统一和全国各民族团结的义务。"少数分裂主义分子预谋和蓄意制造分裂祖国的暴力活动，直接违背了宪法的规定，危害了国家的统一、主权和领土完整，损害了国家的利益，均依法受到严惩。

国家统一和民族团结，是我国革命和建设事业取得胜利的基本保障，也是实现公民基本权利的重要保证。

2. 遵守宪法和法律的义务

遵守宪法和法律指的是公民要忠于宪法和法律，维护宪法和法律的尊严，确保宪法和法律的实施。根据《宪法》的规定，公民必须遵守宪法和法律。

3．保守国家机密，爱护公共财产，遵守劳动纪律，遵守公共秩序，尊重社会公德的义务

《宪法》规定，公民必须保守国家秘密，爱护公共财产，遵守劳动纪律，遵守公共秩序，尊重社会公德。

4．维护祖国安全、荣誉和利益的义务

国家安全是指国家的领土完整和主权不受干涉，国家政权不受威胁。《宪法》规定，公民有维护祖国的安全、荣誉和利益的义务，不得有危害祖国的安全、荣誉和利益的行为。

5．保卫祖国，依法服兵役和参加民兵组织的义务

《宪法》规定，保卫祖国、抵抗侵略是每一个公民的神圣职责。依照法律服兵役和参加民兵组织是每个公民的光荣义务。

6．依法纳税的义务

《宪法》规定，公民有依照法律纳税的义务。

三、我国的国家机关

国家机关是国家内部为了实现其政治、经济、外交等职能而建立的从中央到地方的各种政权组织。我国国家机关可以分为中央国家机关和地方国家机关。

（一）中央国家机关

最高国家权力机关——全国人民代表大会；

最高国家权力机关的常设机关——全国人民代表大会常务委员会；

最高国家行政机关——国务院；

最高国家军事指挥机关——中央军事委员会；

最高国家审判机关——最高人民法院；

最高国家法律监督机关——最高人民检察院。

（二）地方国家机关

地方各级人民代表大会、地方各级人民代表大会常务委员会；

地方各级人民政府——省、自治区、直辖市、自治州、设区的市人民政府，县、自治县、不设区的市、市辖区的人民政府，乡、民族乡的人民政府；

地方各级人民法院——基层人民法院、中级人民法院、高级人民法院；

地方各级人民检察院——省、自治区、直辖市人民检察院，省、自治区、直辖市人民检察院分院，自治州和省辖市人民检察院，县、自治县、市和市辖区人民检察院；

特别行政区自治机关。

四、特别行政区制度

（一）特别行政区的概念

特别行政区是指根据宪法规定，在中华人民共和国行政区域范围内设立的，享有特殊法律地位、实行资本主义制度和资本主义生活方式的地方行政区域。

特别行政区是我国为以和平方式解决历史遗留下来的香港问题、澳门问题和台湾问题而设立的特殊的地方行政区域。特别行政区的建立构成了中国单一制的一大特色，是马克思主义国家学说在我国具体情况下的创造性运用。特别行政区的设立，有助于维持香港与澳门的繁荣和稳定。

（二）设立特别行政区的基本方针

“一国两制”，即“一个国家，两种制度”，是设立特别行政区的基本方针。“一国两制”即在一个中国的前提下，国家的主体坚持社会主义制度；香港、澳门、台湾是中国不可分割的组成部分，它们保持原有的资本主义制度和生活方式长期不变。

香港于1997年7月1日回归中国，按《中华人民共和国香港特别行政区基本法》实行一国两制；澳门于1999年12月20日回归中国，按《中华人民共和国澳门特别行政区基本法》实行一国两制；中国政府解决台湾问题的基本方针是："和平统一，一国两制"。这一基本方针有四个内容：一个中国、两制并存、高度自治、和平谈判。

（三）香港、澳门特别行政区

我国现有两个特别行政区即香港特别行政区和澳门特别行政区。特别行政区是依照《宪法》和《中华人民共和国香港特别行政区基本法》《中华人民共和国澳门特别行政区基本法》的规定而设立的，是中华人民共和国不可分割的一部分，同时享有高度自治权。

香港、澳门特别行政区直辖于中央人民政府，享有行政管理权、立法权、独立的司法权和终审权。香港、澳门特别行政区不实行社会主义制度和政策，保持原有的资本主义制度和生活方式50年不变。香港、澳门原有的法律除了与《中华人民共和国香港特别行政区基本法》《中华人民共和国澳门特别行政区基本法》相抵触的或者经香港、澳门特别行政区的立法机关作出修改的，予以保留。

（四）中央与特别行政区的关系

特别行政区直辖（隶属）于中央人民政府，中央与特别行政区的关系是一个主权国家内中央与地方的关系，或者说中央对特别行政区进行管辖和特别行政区在中央监督下实行高度自治而产生的相互关系。

中央行使的权力主要有：负责管理特别行政区的外交事务、防务；任命特别行政区长官和行政机关的主要官员；全国人民代表大会常务委员会有权决定特别行政区进入紧急状态；全国人民代表大会常务委员会享有对特别行政区基本法的解释权和修改权等。

思考题：

1. 我国的性质是什么？

2. 我国国家政权的组织形式是什么？

3. 结合自己的犯罪经历，谈谈如何履行好公民义务。

4. 什么是“一国两制”？

附：《宪法》及常用相关法律索引

1.《中华人民共和国宪法》（1982 年 12 月 4 日通过，2004 年 3 月 14 日第四次修正后公布）

2.《中华人民共和国立法法》（2000 年 3 月 15 日通过）

3.《中华人民共和国反分裂国家法》（2005 年 3 月 14 日通过）

4.《中华人民共和国村民委员会组织法》（2010 年 10 月 28 日施行）

5.《中华人民共和国全国人民代表大会和地方各级人民代表大会选举法》（1979 年 7 月 1 日通过，1982 年、1986 年、1995 年、2004 年及 2010 年 3 月 14 日先后五次修正）

6.《中华人民共和国全国人民代表大会组织法》（1982 年 12 月 10 日通过）

7.《中华人民共和国国务院组织法》（1982 年 12 月 10 日通过）

8.《中华人民共和国地方各级人民代表大会和地方各级人民政府组织法》（1979 年 7 月 1 日通过，1982 年、1986 年、1995 年及 2004 年 10 月 27 日共四次修正）

9.《中华人民共和国人民法院组织法》（1979 年 7 月 1 日通过，1983 年、1986 年及 2006 年 10 月 31 日三次修正）

10.《中华人民共和国人民检察院组织法》（1979 年 7 月 1 日通过，1983 年 9 月 2 日修正）

11.《中华人民共和国国旗法》（1990 年 6 月 28 日通过）

12.《中华人民共和国国徽法》（1991 年 3 月 2 日通过）

13.《中华人民共和国集会游行示威法》（1989 年 10 月 31 日通过）

14.《中华人民共和国戒严法》（1996 年 3 月 1 日通过）

15.《中华人民共和国民族区域自治法》（1984 年 5 月 31 日通过，2001 年 2 月 28 日修正）

16.《中华人民共和国国籍法》（1980 年 9 月 10 日施行）

17.《中华人民共和国香港特别行政区基本法》（1990 年 4 月 4 日通过）

18.《中华人民共和国澳门特别行政区基本法》（1993 年 3 月 31 日通过）

第三章　行　政　法

行政法是我国法律体系的七大部门之一，主要由规范行政主体和行政权设定的行政组织法、规范行政权行使的行政行为法、规范行政权运行程序的行政程序法、规范行政权监督的行政监督法和行政救济法等部分组成。

公民在社会生活中必须受各种行政法律的调整和约束，学习一些行政法律知识，有利于更好地遵守行政法律，做守法公民，也有利于运用相关行政法律知识维护自身的合法权益。行政法的内容广泛，本章仅就常用的几种法律做简要介绍。

第一节　行政许可法

一、《中华人民共和国行政许可法》概述

行政许可，是指行政机关根据公民、法人或者其他组织等行政相对人的申请，经依法审查，准予其从事某种特定活动的行为。

《中华人民共和国行政许可法》（以下简称《行政许可法》）经中华人民共和国第十届全国人民代表大会常务委员会第四次会议于 2003 年 8 月 27 日通过，自 2004 年 7 月 1 日起施行。《行政许可法》共八章八十三条，主要内容包括总则、行政许可的设定、行政许可的实施机关、行政许可的实施程序、行政许可的费用、监督检查、法律责任、附则。

二、可以设立行政许可的范围

《行政许可法》第二条规定，“本法所称行政许可，是指行政机关根据公民、法人或者其他组织的申请，经依法审查，准予其从事特定活动的行为。”具体划分为：

1．直接涉及国家安全、公共安全、经济宏观调控、生态环境保护以及直接关系人身健康、生命财产安全等特定活动，需要按照法定条件予以批准的事项；

2．有限自然资源开发利用、公共资源配置以及直接关系公共利益的特定行业的市场准入等，需要赋予特定权利的事项；

3．提供公众服务并且直接关系公共利益的职业、行业，需要确定具备特殊信誉、特殊条件或者特殊技能等资格的事项；

4．直接关系公共安全、人身健康、生命财产安全的重要设备、设施、产品、物品，需要按照技术标准、技术规范，通过检验、检测、检疫等方式进行审定的事项；

5．企业或者其他组织的设立等，需要确定主体资格的事项；

6．法律、行政法规规定可以设定行政许可的其他事项。

刘某于2003年注册了个体工商户经营执照，开办电脑培训业务。后因看到他人经营网吧赢利较快，遂也大量购入网吧所需硬件，开始互联网上网服务经营业务。2004年该市工商局检查网吧，发现刘某没有网络经营许可证。根据《中华人民共和国行政处罚法》和《互联网上网服务营业场所管理条例》的规定，责令刘某立即停止违法行为，并没收其违法所得及其从事违法经营活动的网吧设备。刘某提起诉讼，要求撤销工商局对其作出的处罚决定。法院审理认为，刘某未取得许可证擅自经营网吧业务，应当受到行政处罚，遂驳回刘某的诉讼请求。

上面这个案例中，网吧属于提供公众服务并且直接关系公共利益的职业、行业，需要确定具备特殊信誉、特殊条件或者特殊技能等资格的事项，所以需要特定的行政许可。

以上所列六个事项，通过下列方式能够予以规范的，可以不设行政许可：

1．公民、法人或者其他组织能够自主决定的；

2．市场竞争机制能够有效调节的；

3．行业组织或者中介机构能够自律管理的；

4．行政机关采用事后监督等其他行政管理方式能够解决的。

行政许可作为一种重要的行政管理手段，在维护公民人身财产安全和公共利益，加强经济宏观调控，保护并合理分配有限资源等方面，都具有重要作用。

但是，行政许可也不是万能的，在运用行政许可这一手段时，必须要考虑实施成本、管理范围以及管理结果等因素，必须对行政许可的作用有正确的认识。

三、行政许可的实施机关

（一）行政机关

行政许可由具有行政许可权的行政机关在其法定职权范围内实施。

（二）法律、法规授权组织

法律、法规授权的具有管理公共事务职能的组织，在法定授权范围内，以自己的名义实施行政许可。

（三）受委托机关

行政机关在其法定职权范围内，依照法律、法规、规章的规定，可以委托其他行政机关实施行政许可。委托机关应当将受委托行政机关和受委托实施行政许可的内容予以公告。委托行政机关对受委托行政机关实施行政许可的行为应当负责监督，并对该行为的后果承担法律责任。受委托行政机关在委托范围内，以委托行政机关名义实施行政许可；不得再委托其他组织或者个人实施行政许可。

四、行政许可的程序

（一）申请程序

行政许可的申请程序因申请人行使自己的申请权而开始。行政许可的申请是指自然人、法人或者其他组织等行政许可申请人，向行政机关提出从事依法需要取得行政许可的活动的意思表示。申请行为必须符合以下要件：

1．申请行为必须向有行政许可权的行政机关提出。

2．申请人有明确的意思表示行为。公民、法人或者其他组织从事特定活动，依法需要取得行政许可的，应当向行政机关提出明确的申请。这种申请可以是书面的，也可以是口头的。

3．申请人必须提交所需的有关材料。申请人申请行政许可，应当如实向行政机关提交有关材料和反映真实情况，并对其申请材料内容的真实性负责。

（二）受理程序

申请人的申请行为只要符合申请行为的有效构成要件，申请人的行为就是合法、有效的，并引起行政许可机关的受理义务，一般行政许可申请自行政机关收到之日即为受理。但是，申请人的合法、有效的申请行为并不代表申请人完全符合许可的条件和标准，并不必然导致行政许可机关必须发给申请人许可证。行政机关收到申请人提出的许可申请后，可以根据不同的情形分别作出以下几种处理方式：

1．予以受理。对于申请事项属于本行政机关职权范围，申请材料齐全、符合法定形式，或者申请人按照本行政机关的要求提交全部补正申请材料的，受理行政许可申请。

2．要求当场更正。申请材料存在可以当场更正的错误的，应当允许申请人当场更正。

3．限期补正。申请材料不齐全或者不符合法定形式的，应当当场或者在确定的时间内一次告知申请人需要补正的全部内容，逾期不告知的，自收到申请材料之日起即为受理。

4．不予受理。主要有两种情况：一是申请事项依法不需要取得行政许可；二是申请事项依法不属于受理行政机关职权范围，此时行政机关应当即时作出不予受理的决定，并告知申请人向有关行政机关申请。

（三）审查程序

审查程序包括形式性审查和实质性审查。形式性审查，是指行政机关对申请人提交的申请材料是否齐全、是否符合法定形式进行审查。审查合格后，行政机关能够当场作出决定的，当场就作出书面的行政许可决定。实质性审查则要审查以下几个方面的内容：

1．申请人是否具有相应的权利能力。例如，律师执业证的申请只能是参加司法考试合格的人员以及法律规定的其他人员；

2．申请人是否具有相应的行为能力；

3．申请是否符合法定程序和形式；

4．授予申请人许可证是否会损害公共利益和利害关系人利益；

5．申请人的申请是否符合法律、法规规定的其他条件。

（四）听证程序

我国《行政许可法》规定了行政许可听证程序的适用范围和程序环节。适用听证程序的许可事项有：法律、法规、规章规定实施行政许可应当听证的事项，或者行政机关认为需要听证的其他涉及公共利益的重大行政许可事项。

（五）决定程序

行政许可通常有三种决定程序：

1．当场决定程序。如果申请人提交的申请材料齐全，符合法定形式，行政机关能够当场作出决定的，应当当场作出书面的行政许可决定。

2．上级机关决定程序。对于某些依法应当先经下级行政机关审查后报上级行政机关决定的行政许可事项，下级行政机关在法定期限内将初步审查意见和全部申请材料报送上级行政机关，由上级行政机关作出许可决定。

3．限期作出决定程序。这是最常见的决定程序。行政机关对行政许可申请进行审查后，除当场作出行政许可决定的外，应当在法定期限内按照规定程序作出行政许可决定。许可决定的期限一般都由相应法律作出明确规定。

（六）期限

行政许可期限是许可程序中一个很重要的问题，一般涉及以下几方面的规定：一是许可决定的作出期限；二是上级机关书面复查审查下级机关的审查期限；三是颁发送达许可的期限；四是关于许可决定期限的计算。

我国《行政许可法》第四十二条规定："除可以当场作出行政许可决定的以外，行政机关应当自受理行政许可申请之日起二十日内作出行政许可决定。二十日内不能作出决定的，经本行政机关负责人批准，可以延长十日，并应当将延长期限的理由告知申请人。但是，法律、法规另有规定的，依照其规定。"

（七）变更和延续

变更和延续是行政许可决定的后续程序。被许可人在获得行政许可后，可能因为各种原因又要求变更行政许可事项，这种情况下应当向作出行政许可决定的行政机关提出申请。行政机关审查后，认为符合法定条件、标准的，即可以依法办理变更手续。如果被许可人需要延续依法取得的行政许可的有效期，也必须在该行政许可有效期届满前一定期限内向作出行政许可决定的行政机关提出申请，由行政机关决定是否予以延期。

思考题：

1. 可以设立行政许可的范围有哪些？
2. 哪些机关可以实施行政许可？
3. 行政许可的期限是如何规定的？

第二节　行政处罚法

一、《中华人民共和国行政处罚法》概述

行政处罚是指行政机关或其他行政主体依法定职权和程序对违反行政法规尚未构成犯罪的相对人给予行政制裁的具体行政行为。具有行政处罚权的行为主体为维护公共利益和社会秩序，保护公民、法人和其他组织的合法权益，依法对行政相对人违反行政法律法规而尚未构成犯罪的行为，所给予的人身的、财产的、名誉的以及其他形式的法律制裁的行政行为。

《中华人民共和国行政处罚法》于 1996 年 3 月 17 日经第八届全国人民代表大会第四次会议通过，并于 1996 年 10 月 1 日起施行。《中华人民共和国行政处罚法》（以下简称《行政处罚法》）共八章六十四条，主要内容包括总则、行政处罚的种类和设定、行政处罚的实施机关、行政处罚的管辖和适用、行政处罚的决定、行政处罚的执行、法律责任和附则。

二、行政处罚的种类

根据《行政处罚法》的规定，行政处罚的种类如下：警告；罚款；没收违法所得、没收非法财物；责令停产或停业；暂扣或者吊销许可证、暂扣或者吊销执照；行政拘留；法律、行政法规规定的其他行政处罚。

三、行政处罚的实施机关

（一）行政机关

行政处罚由具有行政处罚权的行政机关在法定职权范围内实施。行政处罚是行政机关实现行政管理目标的手段，对违反行政管理秩序的公民、法人进行处罚，是行政的法定职权。有行政处罚权的行政机关，例如工商行政机关、税务机关等在职权范围内可以行使行政处罚权。

（二）法律、法规授权的组织

法律、法规授权的具有管理公共事务职能的组织可以在法定授权范围内实施行政处罚。其条件是：一是该组织具有管理公共事务的职能；二是法律、法规的明文授权；三是在法定的授权范围内行使行政处罚权。

（三）行政机关委托的组织

行政机关依照法律、法规规定或者规章的规定，可以在其法定权限内委托符合一定条件的组织实施行政处罚。行政机关不得委托其他组织或者个人实施行政处罚。委托行政机关对受委托的组织实施行政处罚的行为应当负责监督，并对该行为的后果承担法律责任。受委托组织在委托范围内，以委托行政机关名义实施行政处罚；不得再委托其他任何组织或者个人实施行政处罚。

受委托组织，必须符合以下条件：

1．依法成立的管理公共事务的事业组织；

2．具有熟悉有关法律、法规、规章和业务的工作人员；

3．对违法行为需要进行技术检查或者技术鉴定的，应当有条件组织进行相应的技术检查或者技术鉴定。

2004年，某市市委、市政府为抓好市容市貌工作，规定了行政处罚标准，同时成立了临时机构“某市市场管理办公室”，授权该办公室实施行政处罚。该市场管理办公室工作人员杨某等人以“整顿市容”名义上街检查时，对蔡某为招揽生意在其五金店外放置铁耙等少量物品的行为处以50元罚款，罚款的收据是一张未经任何部门制发的普通收据，盖有“某市市场管理办公室”的公章，收款栏注明“违反市场秩序罚款”。后因蔡某拒绝交付罚款，杨某等人强行没收了蔡某六把铁耙，蔡某因多次交涉未果，遂以某市政府为被告向人民法院提起行政诉讼。法院经审理后认为，被告授权市场管理办公室实施行政处罚，不符合行政处罚法的规定，因此，判决撤销该具体行政行为。

上面案例中，某市政府所成立的“某市市场管理办公室”不是行政主体，也不是行政处罚主体，因而没有行政处罚权。

四、适用行政处罚的特别规定

适用行政处罚过程中，应遵循以下特别规定：

1．不满十四周岁的人有违法行为的，不予行政处罚，责令监护人加以管教；已满十四周岁不满十八周岁的人有违法行为的，从轻或者减轻行政处罚。

2．精神病人在不能辨认或者不能控制自己行为时有违法行为的，不予行政处罚，但应当责令其监护人严加看管和治疗；间歇性精神病人在精神正常时有违法行为的，应当给予行政处罚。

3．当事人有下列情形之一的，应当依法从轻或者减轻行政处罚：

（1）主动消除减轻违法行为危害后果的；

（2）受他人胁迫有违法行为的；

（3）配合行政机关查处违法行为有立功表现的；

（4）其他依法从轻或者减轻行政处罚的；

（5）违法行为轻微并及时纠正，没有造成危害后果的，不予行政处罚。

五、行政处罚决定的作出

行政机关负责人应当根据不同情况，分别作出如下决定：

1．确有应受行政处罚的违法行为的，根据情节轻重及具体情况，作出行政处罚决定；

2．违法行为轻微，依法可以不予行政处罚的，不予行政处罚；

3．违法事实不能成立的，不得给予行政处罚；

4．违法行为已构成犯罪的，移送司法机关。对情节复杂或者重大违法行为给予较重的行政处罚，行政机关的负责人应当集体讨论决定。

行政机关作出行政处罚，应当制作行政处罚决定书。行政处罚决定书应当载明下列事项：

1．当事人的姓名或者名称、地址；

2．违反法律、法规或者规章的事实和证据；

3．行政处罚的种类和依据；

4．行政处罚的履行方式和期限；

5．不服行政处罚决定，申请行政复议或者提出行政诉讼的途径和期限；

6．作出行政处罚决定的行政机关名称和作出决定的日期。

行政处罚决定书必须盖有作出行政处罚决定的行政机关的印章。行政处罚决定书应当在宣告后当场交付当事人；当事人不在场的，行政机关应当在七日内依照民事诉讼法的有关规定，将行政处罚决定书送达当事人。

行政机关及其执法人员在作出行政处罚决定之前，不向当事人告知给予行政处罚的事实、理由和依据，或者拒绝听取当事人的陈述、申辩，行政处罚决定不能成立；当事人放弃陈述或者申辩权利的除外。

六、听证程序

（一）听证程序的概念

行政处罚中的听证程序，不是一种与简易程序并列的独立、完整的行政处罚程序，而只是普通程序中的一道特殊环节。它是指重大行政处罚决定作出之前，在违法案件调查承办人员一方和当事人一方的参加下，由行政机关专门人员主持，听取当事人的申辩、质证和意见，进一步核查事实，以保证处理结果合法、公正的一种程序。

在行政处罚中设立听证程序，其目的在于加强行政处罚活动的民主化、公开化，保证行政处罚的公正性和合理性，督促行政机关依法实施行政处罚，在事前有效地防范行政相对人的合法权益受到侵犯。

（二）听证程序的适用范围

根据我国《行政处罚法》的规定，在行政处罚程序中，行政机关为了查明案件事实，公正、合理地实施行政处罚，在作出责令停产停业、吊销许可证或者执照、较大数额罚款等行政处罚决定之前，应当告知当事人有要求举行听证的权利。

（三）听证程序的组织

听证程序可以说是一般程序中的特别程序。根据《行政处罚法》的规定，行政处罚的听证程序为：

1．听证的申请与决定

当事人要求听证的，应当在行政机关告知后三日内提出。这是启动听证的必要程序。此外，行政机关认为确有必要时也可主动组织听证。行政机关在接到听证申请后，应决定举行听证的时间和地点，并根据案件是否涉及个人隐私、商业秘密、国家秘密，决定听证是否公开举行。

2．听证通知

组织听证的行政机关在作出有关组织听证的决定后，应当在听证开始的七日前，以书面形式通知当事人举行听证的时间、地点和其他有关事项，以便当事人做充分准备，在听证会上申辩与质证。

除涉及个人隐私、商业秘密、国家秘密外，听证会一律公开举行。

3．举行听证会

听证会由行政机关指定的非本案调查取证的并与本案无利害关系的人员主持。要求听证的被告调查人可以亲自参加听证，也可以委托一至两名代理人出席或与代理人同时出席。当事人认为主持人与本案有直接利害关系的，有权申请回避。举行听证时，调查人员提出当事人违法活动的事实、证据和行政处罚建议；当事人进行申辩和质证。

4．制作听证笔录

对于在听证会中出示的材料、当事人的陈述以及辩论等过程，应当制作笔录，交付当事人、证人等有关参加人阅读或向他们宣读。如有遗漏或差错，应予以补正或改正。经审核无误的笔录，当事人应在笔录上签名或盖章。

5．听证费用

行政机关组织听证，目的在于充分听取当事人的意见，全面、客观、公正地调查取证，从而保障行政处罚权的正确行使，因此当事人不承担行政机关组织听证的费用。

听证程序结束后，行政机关依照有关一般程序的规定作出处理决定。

思考题：

1．行政处罚的种类有哪些？

2. 实施行政处罚的机关有哪些？

3. 行政处罚决定书应当载明哪些事项？

第三节 行政复议法

一、《中华人民共和国行政复议法》概述

行政复议是指行政相对人认为行政机关作出的具体行政行为侵犯了其合法权益，依法向具有法定权限的行政机关提出复议申请，由受理申请的行政机关依法对被申请的具体行政行为的合法合理性进行审查并作出裁决的活动和制度。

《中华人民共和国行政复议法》（以下简称《行政复议法》）于1999年4月29日由中华人民共和国第九届全国人民代表大会常务委员会第九次会议通过，自1999年10月1日起施行，共七章四十三条。主要内容包括总则、行政复议范围、行政复议申请、行政复议受理、行政复议决定、法律责任和附则。

二、行政复议机关

行政复议机关是指享有和行使行政复议权的行政主体。《行政复议法》规定：“依照本法履行行政复议职责的行政机关是行政复议机关。”即依法有权受理行政复议的申请并依法对被申请的行政行为进行合法性、适当性审查并作出裁决的行政机关。

根据我国现行法律、法规的规定，行政复议机关是作出被申请的具体行政行为的行政主体的上一级行政机关。

根据《行政复议法》的规定，行政复议机关负责法制工作的机构具体办理行政复议事项，履行下列职责：

1．受理行政复议申请；

2．向有关组织和人员调查取证，查阅文件和资料；

3．审查申请行政复议的具体行政行为是否合法与适当，拟订行政复议决定；

4．处理或者转送对本法第七条所列有关规定的审查申请；

5．对行政机关违反本法规定的行为依照规定的权限和程序提出处理建议；

6．办理因不服行政复议决定提起行政诉讼的应诉事项；

7．法律、法规规定的其他职责。

三、行政复议范围

根据《行政复议法》的规定，有下列情形之一的，公民、法人或者其他组织可以依照本法申请行政复议：

1．对行政机关作出的警告、罚款、没收违法所得、没收非法财物、责令停产停业、暂扣或者吊销许可证、暂扣或者吊销执照、行政拘留等行政处罚决定不服的；

2．对行政机关作出的限制人身自由或者查封、扣押、冻结财产等行政强制措施决定不服的；

3．对行政机关作出的有关许可证、执照、资质证、资格证等证书变更、中止、撤销的决定不服的；

4．对行政机关作出的关于确认土地、矿藏、水流、森林、山岭、草原、荒地、滩涂、海域等自然资源的所有权或者使用权的决定不服的；

5．认为行政机关侵犯合法的经营自主权的；

6．认为行政机关变更或者废止农业承包合同，侵犯其合法权益的；

7．认为行政机关违法集资、征收财物、摊派费用或者违法要求履行其他义务的；

8．认为符合法定条件，申请行政机关颁发许可证、执照、资质证、资格证等证书，或者申请行政机关审批、登记有关事项，行政机关没有依法办理的；

9．申请行政机关履行保护人身权利、财产权利、受教育权利的法定职责，行政机关没有依法履行的；

10．申请行政机关依法发放抚恤金、社会保险金或者最低生活保障费，行政机关没有依法发放的；

11．认为行政机关的其他具体行政行为侵犯其合法权益的。

不属于行政复议范围的事项：一是行政处分或其他人事处理决定，二是对民事纠纷的处理。

四、行政复议申请

行政复议申请是指行政相对人不服行政主体的具体行政行为而向行政复议机关提出要求撤销或变更该具体行政行为的请求。由于行政复议是一种依申请的行政行为，因此，没有行政相对人的申请，不能启动行政复议机关受理、审查的程序。

（一）申请期限

申请复议的一般期限为行政相对人应当在知道该具体行政行为之日起六十日内提出复议申请；但是法律规定的申请期限超过六十日的除外；《行政复议法》第九条第二款规定："因不可抗力或者其他正当理由耽误法定申请期限的，申请期限自障碍消除之日起继续计算。"即只要出现法定事由，无需行政机关批准，申请期限就可自行延长；行政复议决定作出前，申请人要求撤回行政复议申请的，经说明理由，可以撤回。撤回行政复议申请的，行政复议终止。

（二）申请复议的具体条件

1. 申请人应具备的条件。申请人必须是认为具体行政行为侵犯其合法权益的行政相对人。

2. 有明确的被申请人。相对人申请行政复议必须指明被申请人，即作出具体行政行为侵犯其合法权益的行政主体。没有明确的被申请人，复议机关可以拒绝受理。如果复议机关受理后认为被申请人不合格，则可依法予以更换。

3. 有具体的复议请求和事实根据。复议请求是申请人申请复议所要达到的目的，主要有以下四种情况：

（1）请求撤销违法的具体行政行为决定；

（2）请求变更不适当的具体行政行为决定；

（3）请求责成被申请人限期履行法定职责；

（4）请求确认具体行政行为违法或责令被申请人赔偿损失。但是每一种复议请求都必须以一定的事实根据为基础才能够得到法律的支持。

4. 属于受理复议机关管辖。复议管辖范围是法定的，因此，申请人必须向有法定管辖权的复议机关提出复议申请。复议机关对不属于自己管辖的复议案件应当告知申请人向有管辖权的复议机关提起申请。

申请人申请行政复议，可以书面申请，也可以口头申请；口头申请的，行政复议机关应当当场记录申请人的基本情况、行政复议请求、申请行政复议的主要事实、理由和时间。

（三）复议的申请

1. 对县级以上地方各级人民政府工作部门的具体行政行为不服的，由申请人选择，可以向该部门的本级人民政府申请行政复议，也可向上一级主管部门申请行政复议。

2. 对海关、金融、国税、外汇管理等实行垂直领导的行政机关和国家安全机关的具体行政行为不服的，向上一级主管部门申请行政复议。

3. 对地方各级人民政府的具体行政行为不服的，向上一级地方人民政府申请行政复议。

4. 对省、自治区人民政府依法设立的派出机关所属的县级地方人民政府的具体行政行为不服的，向该派出机关申请行政复议。

5. 对国务院部门或者省、自治区、直辖市人民政府的具体行政行为不服的，向作出该具体行政行为的国务院部门或者省、自治区、直辖市人民政府申请行政复议。对行政复议决定不服的，可以向人民法院提起行政诉讼；也可以向国务院申请裁决，国务院依照本法的规定作出最终裁决。

6. 对县级以上地方人民政府依法设立的派出机关的具体行政行为不服的，向设立该派出机关的人民政府申请行政复议。

7. 对政府工作部门依法设立的派出机构依照法律、法规或者规章规定，以自己的名义作出的具体行政行为不服的，向设立该派出机构的部门或者该部门的本级地方人民政府申请行政复议。

8. 对法律、法规授权的组织的具体行政行为不服的，分别向直接管理该组织的地方人民政府、地方人民政府工作部门或者国务院部门申请行政复议。

9. 对两个或者两个以上行政机关以共同的名义作出的具体行政行为不服的，向其共同上一级行政机关申请行政复议。

10. 对被撤销的行政机关在撤销前所作出的具体行政行为不服的，向继续行使其职权的行政机关的上一级行政机关申请行政复议。

五、行政复议受理

行政复议受理是指行政复议机关对公民、法人或者其他组织提出的行政复议申请进行审查并依法处理的过程。

（一）行政复议受理的期限

行政复议机关收到行政复议申请后，应当在五日内进行审查，对不符合本法规定的行政复议申请，决定不予受理，并书面告知申请人；对符合本法规定，但是不属于本机关受理的行政复议申请，应当告知申请人向有关行政复议机关提出。否则，行政复议申请自行政复议机关负责法制工作的机构收到之日起即为受理。

（二）行政复议和行政诉讼的衔接

法律、法规规定应当先向行政复议机关申请行政复议、对行政复议决定不服再向人民法院提起行政诉讼的，行政复议机关决定不予受理或者受理后超过行政复议期限（六十日）不作答复的，公民、法人或者其他组织可以自收到不予受理决定书之日起，或者行政复议期满之日起十五日内，依法向人民法院提起行政诉讼。公民、法人或者其他组织依法提出行政复议申请，行政复议机关无正当理由不予受理的，上级行政机关应当责令其受理；必要时，上级行政机关也可以直接受理。

行政复议期间具体行政行为不停止执行。但是，有下列情形之一的，可以停止执行：

1. 被申请人认为需要停止执行的；

2．行政复议机关认为需要停止执行的；

3．申请人申请停止执行，行政复议机关认为其要求合理，决定停止执行的；

4．法律规定停止执行的。

六、行政复议决定

（一）审查和举证

行政复议原则上采取书面审查的办法，但是申请人提出要求或者行政复议机关负责法制工作的机构认为有必要时，可以向有关组织和人员调查情况，听取申请人、被申请人和第三人的意见。

另外，在行政复议过程中，被申请人不得自行向申请人和其他有关组织或者个人收集证据。

（二）作出决定

行政复议机关负责法制工作的机构应当对被申请人作出的具体行政行为进行审查，提出意见，经行政复议机关的负责人同意或者集体讨论通过后，按照下列规定作出行政复议决定：

1．具体行政行为认定事实清楚，证据确凿，适用依据正确，程序合法，内容适当的，决定维持。

2．被申请人不履行法定职责的，决定其在一定期限内履行。

3．具体行政行为有下列情形之一的，决定撤销、变更或者确认该具体行政行为违法；决定撤销或者确认该具体行政行为违法的，可以责令被申请人在一定期限内重新作出具体行政行为：主要事实不清、证据不足的；适用依据错误的；违反法定程序的；超越或者滥用职权的；具体行政行为明显不当的。

4．被申请人不按照本法关于举证责任的规定提出书面答复、提交当初作出具体行政行为的证据、依据和其他有关材料的，视为该具体行政行为没有证据、依据，决定撤销该具体行政行为。

（三）作出决定的期限

行政复议机关应当自受理申请之日起六十日内作出行政复议决定；但是法律规定的行政复议期限少于六十日的除外。情况复杂，不能在规定期限内作出行政复议决定的，经行政复议机关的负责人批准，可以适当延长，并告知申请人和被申请人；但是延长期限最多不超过三十日。

（四）行政复议决定的履行

行政复议决定书一经送达，即发生法律效力。被申请人应当履行行政复议决定。被申请人不履行或者无正当理由拖延履行行政复议决定的，行政复议机关或者有关上级行政机关应当责令其限期履行。申请人逾期不起诉又不履行行政复议决定的，或者不履行最终裁决的行政复议决定的，按照下列规定分别处理：

1. 维持具体行政行为的行政复议决定，由作出具体行政行为的行政机关依法强制执行，或者申请人民法院强制执行；

2. 变更具体行政行为的行政复议决定，由行政复议机关依法强制执行，或者申请人民法院强制执行。

思考题：

1. 行政复议的范围有哪些？

2. 如何申请行政复议？

第四节　国家赔偿法

一、《中华人民共和国国家赔偿法》概述

国家赔偿，是指由国家承担因国家机关及其工作人员的行为所造成的侵权赔偿责任。我国《宪法》规定：“由于国家机关和国家机关工作人员侵犯公民权利而受到损失的人，有依照法律规定

取得赔偿的权利。”

1989年制定《行政诉讼法》后，全国人民代表大会常务委员会法制工作委员会就开始组织起草国家赔偿法。经过四年多的努力，1994年5月12日，《中华人民共和国国家赔偿法》（以下简称《国家赔偿法》）经第八届全国人民代表大会常务委员会第七次会议通过，自1995年1月1日施行。2010年4月29日，第十一届全国人民代表大会常务委员会第十四次会议修正，自2010年12月1日起施行。该法共六章四十二条，对行政赔偿和刑事赔偿的范围，赔偿义务机关，赔偿的方式和计算标准，赔偿的程序等，作了全面、具体的规定。这部法律的出台，扩大了公民权利的救济途径，健全了我国国家责任制度，标志着我国国家赔偿法律制度的全面确立。

二、行政赔偿

行政赔偿是指国家行政机关（含法律、法规授权组织）违法行使行政职权，侵犯公民、法人或其他组织的合法权益并造成损害，由国家承担赔偿责任的制度。

（一）行政赔偿的范围

行政赔偿的范围是指国家承担行政赔偿责任的领域，即国家对哪些违法行政行为造成的哪些损害予以赔偿。

1．侵犯人身权的赔偿

依照《国家赔偿法》第三条和其他法律条款之规定，行政机关及其工作人员在行使行政职权时有下列侵犯人身权情形之一的，受害人有取得赔偿的权利：

（1）违法拘留或者违法采取限制公民人身自由的行政强制措施的；

（2）非法拘禁或者以其他方法非法剥夺公民人身自由的；

（3）以殴打、虐待等行为或者唆使、放纵他人以殴打、虐待等行为造成公民身体伤害或者死亡的；

（4）违法使用武器、警械造成公民身体伤害或者死亡的；

（5）造成公民身体伤害或者死亡的其他违法行为。

2．侵犯财产权的赔偿

根据《国家赔偿法》第四条和其他法律有关条款之规定，行政机关及其工作人员在行使行政职权时有下列侵犯财产权情形之一的，受害人有取得赔偿的权利：

（1）违法实施罚款、吊销许可证和执照、责令停产停业、没收财物等行政处罚；

（2）违法对财产采取查封、扣押、冻结等行政强制措施的；

（3）违反国家规定征收财物、摊派费用的；

（4）造成财产损害的其他违法行为。

3．不属于国家赔偿的情形

属于下列情形之一的，国家不承担赔偿责任：

（1）行政机关工作人员与行使职权无关的个人行为；

（2）因公民、法人和其他组织自己的行为致使损害发生的；

（3）法律规定的其他情形。

盖某户口原本在甘泉路200号403室。2007年4月25日，因案外人何某的申请，甘泉路派出所将盖某的户口迁至该市交通路2107号。盖某认为甘泉路派出所未经其同意迁移户口违法，提出诉讼。2007年11月21日上海市普陀区人民法院作出行政判决，确认甘泉路派出所迁移盖某户口的具体行政行为违法。判决后，双方均未提出上诉。2008年，盖某向甘泉路派出所提出书面申请，以甘泉路派出所违法行为致使何某顺利地将房屋售出为由，要求甘泉路派出所赔偿损失人民币20万元。甘泉路派出所作出不予行政赔偿决定，认为盖某的申请事项不符合《中华人民共和国国家赔偿法》规定。盖某不服，遂诉诸法院。一审法院判决驳回盖某的诉讼请求。盖某不服，提起上诉。二审法院最终驳回上诉，维持原判。

本案中甘泉路派出所作出的将盖某户口迁出的行为已被确认违法，对此，双方没有争议，但与何某将房屋出售给他人后，导致其丧失对原售后公房的居住使用权或者财产权，请求赔偿的“损害事实”与甘泉路派出所作出的迁移户口行政行为之间，并无直接因果关系，所以派出所不承担赔偿责任。

（二）行政赔偿请求人

《国家赔偿法》第六条规定：“受害的公民、法人或者其他组织有权要求赔偿；受害的公民死亡，其继承人和其他有扶养关系的亲属有权要求赔偿；受害的法人或者其他组织终止，承受其权利的法人或者其他组织有权要求赔偿。”

（三）行政赔偿义务机关

行政赔偿义务机关是指国家处理赔偿请求，支付赔偿费用，参加赔偿诉讼的行政机关或法律、法规、规章授权的组织。

行政机关及其工作人员行使行政职权侵犯公民、法人和其他组织的合法权益造成损害的，该行政机关为赔偿义务机关。

两个以上行政机关共同行使行政职权时侵犯公民、法人和其他组织的合法权益造成损害的，共同行使行政职权的行政机关为共同赔偿义务机关。

法律、法规授权的组织在行使授予的行政权力时侵犯公民、法人和其他组织的合法权益造成损害的，被授权的组织为赔偿义务机关。

受行政机关委托的组织或者个人在行使受委托的行政权力时侵犯公民、法人和其他组织的合法权益造成损害的，委托的行政机关为赔偿义务机关。

赔偿义务机关被撤销的，继续行使其职权的行政机关为赔偿义务机关；没有继续行使其职权的行政机关的，撤销该赔偿义务机关的行政机关为赔偿义务机关。

经复议机关复议的，最初造成侵权行为的行政机关为赔偿义务机关，但复议机关的复议决定加重损害的，复议机关对加重的部分履行赔偿义务。

（四）行政赔偿程序

1．申请与受理

行政赔偿的申请必须由符合条件的赔偿请求人以书面形式提出。赔偿义务机关应当自收到赔偿申请书之日起 10 日内，对赔偿申请进行审查，分别作出处理：对申请是否符合赔偿范围及有关申请规定的，作出决定予以受理或裁定不予受理，并书面通知赔偿请求人。

2．审理

赔偿义务机关受理赔偿案件后，应当指定专人负责审理，全面审查核实相关的证据材料，并提出处理意见，制作赔偿处理决定书。

3．执行

赔偿处理决定书及有关文书，应当按有关规定在规定时限内执行，并制作笔录，由执行人和赔偿请求人签字盖章。并保管相关案卷材料。

三、刑事赔偿

刑事赔偿是指公安机关、国家安全机关、检察机关、审判机关、监狱管理机关及其工作人员违法行使职权，侵犯当事人人身权、财产权造成损害而给予的赔偿。

（一）刑事赔偿范围

1. 侵犯人身权利的赔偿

按照《国家赔偿法》的规定，侵犯人身权的刑事赔偿包括以下五种情形：

（1）对没有犯罪事实或者没有事实证明有犯罪重大嫌疑的人错误拘留的；

（2）对没有犯罪事实的人错误逮捕的；

（3）依照审判监督程序再审改判无罪，原判刑罚已经执行的；

（4）刑讯逼供或者以殴打等暴力行为或者唆使他人以殴打等暴力行为造成公民身体伤害或者死亡的；

（5）违法使用武器、警械造成公民身体伤害或者死亡的。

佘祥林，湖北省京山县雁门口镇人。1994 年 1 月 20 日，佘妻张在玉因患精神病失踪，张的家人怀疑张在玉被丈夫佘祥林杀害。同年 4 月，雁门口镇吕冲村一水塘发现一具女尸，经张在玉亲属辨认死者与张在玉特征相符，公安机关立案侦查。佘祥林因涉嫌犯故意杀人罪于同年 4 月 28 日被京山县检察院批准逮捕。1994 年 10 月 13 日原荆州地区中级法院一审判处佘祥林死刑，佘提出上诉。1995 年 1 月 6 日湖北省高级法院作出裁定，以事实不清，证据不足发回重审。1995 年 5 月 15 日原荆州地区检察分院将此案退回补充侦查。1996 年 2 月 7 日，京山县检察院补充侦查后再次退查。1997 年因行政区划变更，京山县检察院于 1997 年 11 月 23 日将此案呈送荆门市检察院起诉。1998 年 6 月 15 日京山县法院以故意杀人罪判处佘祥林有期徒刑 15 年，附加剥夺政治权利 5 年。佘不服提出上诉，同年 9 月 22 日，荆门市中级法院裁定驳回上诉，维持原判。之后，佘祥林在沙洋监狱服刑。2005 年 3 月 28 日，佘妻张在玉突然从山东回到京山。4 月 13 日，京山县人民法院经重新开庭审理，宣判佘祥林无罪。佘祥林冤案被雪昭之后，他获得了70余万元的国家赔偿。

此案因司法机关在认定事实和证据时主观上存在过错，对佘祥林错误执行刑罚，所以应当给予刑事赔偿。

2．侵犯财产权利的赔偿

行使侦查、检察、审判、监狱管理职权的机关及其工作人员在行使职权时有下列侵犯财产权情形之一的，受害人有取得赔偿的权利：

（1）违法对财产采取查封、扣押、冻结、追缴等措施的；

（2）依照审判监督程序再审改判无罪，原判罚金、没收财产已经执行的。

3．不属于国家赔偿的情形

根据《国家赔偿法》的规定，对下列情形造成的损害，国家不承担赔偿责任：

（1）因公民自己故意作虚伪供述，或者伪造其他有罪证据而被羁押或者被判处刑罚的。

（2）不负刑事责任的人被羁押。即据《中华人民共和国刑法》第十七条、第十八条规定，已满十四周岁不满十六周岁的人，除犯故意杀人、故意伤害致人重伤或者死亡、强奸、抢劫、贩卖毒品、放火、爆炸、投毒罪外，不负刑事责任；精神病人在不能辨认或者不能控制自己行为的时候造成危害结果，经法定程序鉴定确认的，不负刑事责任。

（3）不追究刑事责任的人被羁押的。依照《中华人民共和国刑事诉讼法》第十五条之规定，不追究刑事责任的情形有：情节显著轻微、危害不大，不认为是犯罪的；犯罪已过追诉时效期限的；经特赦令免除刑罚的；依照刑法告诉才处理的犯罪，没有告诉或者撤回告诉的；犯罪嫌疑人、被告人死亡的；其他法律规定免予追究刑事责任的。

（4）司法工作人员行使与行使职权无关的个人行为。

（5）因公民自伤、自残等故意行为致使损害发生的。这类行为是由公民自己实施的，而非刑事司法机关及其工作人员所为，由此造成的损害与刑事司法机关行使职权的行为没有因果关系。

（6）法律规定的其他情形。如不可抗力、意外事件、正当防卫、紧急避险等情况造成的损害，国家也不承担刑事赔偿责任。

（二）刑事赔偿请求人

刑事赔偿请求人是指因行使侦查、检察、审判和监狱管理职权的机关及其工作人员在行使职权时违法侵害其人身权或财产权，依照《国家赔偿法》的有关规定有权提起国家赔偿请求的人，包括受害的公民、法人或者其他组织及其死亡或终止后，承担该请求权的公民、法人或者其他组织。

（三）刑事赔偿义务机关

刑事赔偿义务机关，是指接受刑事赔偿请求、对请求人提出的赔偿事由进行审查并作出刑事赔偿决定、代表国家履行赔偿义务的主体。

《国家赔偿法》第二十一条规定："行使国家侦查、检察、审判、监狱管理职权的机关及其工作人员在行使职权时侵犯公民、法人和其他组织的合法权益造成损害的，该机关为赔偿义务机关。"按照这一规定，我国刑事赔偿义务机关按照不同情况分别是公安机关、国家安全机关、军队保卫部门以及检察机关、审判机关和监狱管理部门。

（四）赔偿程序

1．申请

赔偿请求人申请刑事赔偿，应当先向赔偿义务机关提出，提交刑事赔偿申请书，提交申请书确有困难的，申请人也可以向赔偿义务机关口头提出，由赔偿义务机关的工作人员记入笔录。

赔偿请求人可以委托一至两人为代理人，并向赔偿义务机关提交授权委托书。

2．受理

赔偿义务机关在收到申请人的赔偿申请书后，应予以审查，决定是否受理。赔偿义务机关决定受理的，应当自收到申请之日起两个月内依照规定给予赔偿；逾期不予赔偿或者赔偿请求人对赔偿数额有异议的，赔偿请求人可以自期限届满之日起三十日内向赔偿义务机关的上一级机关申请复议。如果赔偿义务是人民法院的，赔偿请求人可以直接向其上一级人民法院赔偿委员会申请作出赔偿决定。

3．决定

复议机关应当自收到申请之日起两个月内作出决定。赔偿请求人不服复议决定的，可以在收到复议决定之日起三十日内向复议机关所在地的同级人民法院赔偿委员会申请作出赔偿决定；复议机关逾期不作决定的，赔偿请求人可以自期限届满之日起三十日内向复议机关所在地的同级人民法院赔偿委员会申请作出赔偿决定。

四、国家赔偿方式和计算标准

（一）国家赔偿方式

国家赔偿方式，是指国家机关及其工作人员违法行使职权或不依法履行职责的行为而承担赔偿责任的各种形式。

国家赔偿基于便于计算、简便易行的原则。《国家赔偿法》第三十二条规定："国家赔偿以支付赔偿金为主要方式。能够返还财产或者恢复原状的，予以返还财产或者恢复原状。"也就是说，国家遇有损害赔偿时，一般给予金钱赔偿，只有以其他方式更为简便易行或只能以其他方式赔偿时，才采取其他方式。

（二）国家赔偿标准

国家赔偿标准，是由《国家赔偿法》所规定的赔付受害人损害程度的标准。

1. 人身权损害赔偿的计算标准

《国家赔偿法》第三十三条规定："侵犯公民人身自由的，每日赔偿金按照国家上年度职工日平均工资计算。"第三十四条规定："造成身体伤害的，应当支付医疗费、护理费，以及赔偿因误工而减少的收入。减少的收入每日的赔偿金按照国家上年度职工日平均工资计算，最高额为国家上年度职工年平均工资的五倍；造成部分或者全部丧失劳动能力的，应当支付医疗费、护理费、残疾生活辅助具费、康复费等因残疾而增加的必要支出和继续治疗所必需的费用，以及残疾赔偿金。残疾赔偿金根据丧失劳动能力的程度按照国家规定的伤残等级确定，最高不超过国家上年度职工年平均工资的二十倍。造成全部丧失劳动能力的，对其扶养的无劳动能力的人，还应当支付生活费；侵犯公民生命健康权造成死亡的，应当支付死亡赔偿金、丧葬费，总额为国家上年度职工年平均工资的二十倍。对死者生前扶养的无劳动能力的人，还应当支付生活费。被扶养的人是未成年人的，生活费给付至十八周岁止；其他无劳动能力的人，生活费给付至死亡时止。"

2. 财产权损害赔偿的计算标准

根据《国家赔偿法》第三十六条的规定，侵犯公民、法人和其他组织的财产权造成损害的，应按照下列规定处理：

（1）处罚款、罚金、追缴、没收财产或者违法征收、征用财产的，返还财产；

（2）查封、扣押、冻结财产的，解除对财产的查封、扣押、冻结，造成财产损坏或者灭失的，依照本条第三项、第四项的规定赔偿；

（3）应当返还的财产损坏的，能够恢复原状的恢复原状，不能恢复原状的，按照损害程度给付相应的赔偿金；

（4）应当返还的财产灭失的，给付相应的赔偿金；

（5）财产已经拍卖或者变卖的，给付拍卖或者变卖所得的价款；变卖的价款明显低于财产价值的，应当支付相应的赔偿金；

（6）吊销许可证和执照、责令停产停业的，赔偿停产停业期间必要的经常性费用开支；

（7）返还执行的罚款或者罚金、追缴或者没收的金钱，解除冻结的存款或者汇款的，应当支付银行同期存款利息；

（8）对财产权造成其他损害的，按照直接损失给予赔偿。

五、监狱承担国家赔偿相关规定

为了保障公民、法人和其他组织的合法权益，促进司法行政机关依法行使职权，司法部于 1995 年 9 月 8 日以司法部令第 40 号发布了《司法行政机关行政赔偿、刑事赔偿办法》，对监狱承担国家赔偿做了如下规定。

（一）赔偿范围

1．监狱部门及其工作人员在行使职权时，有下列侵犯人身权情形之一的，应当予以刑事赔偿：

（1）刑讯逼供或者体罚、虐待服刑人员，造成身体伤害或死亡的；

（2）殴打或者唆使、纵容他人殴打服刑人员，造成严重后果的；

（3）侮辱服刑人员造成严重后果的；

（4）对服刑期满的服刑人员无正当理由不予释放的；

（5）违法使用武器、警械、戒具造成公民身体伤害、死亡的；

（6）其他违法行为造成服刑人员身体伤害或者死亡的。

2．属于下列情形之一的，司法行政机关不予赔偿：

（1）与行使司法行政机关管理职权无关的机关工作人员的个人行为；

（2）服刑人员、被劳动教养人员自伤自残的行为；

（3）因公民、法人和其他组织自己的行为致使损害发生的；

（4）法律规定的其他情形。

（二）赔偿程序

监狱、劳动教养管理所的赔偿案件由监狱、劳动教养管理所受理、承办和审核。

请求赔偿应由请求人填写《行政（刑事）赔偿申请登记表》。特殊情况不能以书面方式提出的，可以口头方式提出，由受理机关承办人员代为填写并作出笔录，当事人签名。

司法行政机关对符合法定赔偿条件，决定予以赔偿的，制作《行政（刑事）赔偿决定书》。

对不符合法定赔偿条件，决定不予赔偿的，制作《不予赔偿决定书》。

《行政（刑事）赔偿决定书》和《不予赔偿决定书》由机关负责人签署，加盖机关印章，并送达赔偿请求人。

（三）复议

对监狱、劳动教养管理所作出的决定不服的复议申请，分别由监狱、劳动教养管理所所属的省一级或地区一级司法行政机关负责。

负责复议的司法行政机关收到复议申请后，应及时调取案卷和有关材料进行审查。对事实不清的，可以要求原承办案件的司法行政机关补充调查，也可以自行调查。

对复议申请进行审查后，按照下列情形，分别作出复议决定：

1．原决定事实清楚，适用法律正确的，予以维持；

2．原决定认定事实不清楚、适用法律错误，或赔偿方式、赔偿数额不当的，撤销原决定，重新作出决定。

复议决定作出后，应制作《行政（刑事）复议决定书》，复议决定书由机关负责人签署，加盖机关印章。

思考题：

1. 行政赔偿的概念是什么？行政赔偿的范围有哪些？
2. 刑事赔偿的例外情形是什么？

第五节　治安管理处罚法

一、《中华人民共和国治安管理处罚法》概述

违反治安管理行为，是指扰乱公共秩序，妨害公共安全，侵犯人身权利、财产权利，妨害社会管理，具有社会危害性，尚不够刑事处罚的，由公安机关依法应当给予治安管理处罚的行为。

从事治安管理活动的专门机关是国家公安机关。国家赋予公安机关管理的专门职能，其他任何部门，群众团体或个人都无权取代或干涉。在我国，公安机关的任务是维护国家、社会和人民生命财产的安全，它分别由治安、侦察、保卫等部门共同完成。治安管理是公安机关职能的一个重要方面，在公安机关整个职能工作中占有重要地位，是其他职能机构所无法代替的。

《中华人民共和国治安管理处罚法》（以下简称《治安管理处罚法》）经第十届全国人民代表大会常务委员会第十七次会议于2005年8月28日通过，并于2006年3月1日起实施，共六章一百一十九条。主要内容包括总则、处罚的种类和适用、违反治安管理的行为和处罚、处罚程序、执法监督和附则。

二、处罚的种类及适用

（一）治安管理处罚的种类

治安管理处罚，是指公安机关依据治安管理法律法规的规定，对违反治安管理，尚不够刑事处罚的人实施的一种强制性的行政制裁措施。

这种治安管理处罚属于行政处罚的范畴。它既不同于人民法院依据《刑法》对犯罪分子实施的刑事处罚，也不同于人民法院依据《中华人民共和国民法通则》对民事违法行为的民事处罚，也不同于行政处罚中的劳动教养。

根据《治安管理处罚法》第十条的规定，治安管理处罚的种类主要有以下几种：

1．警告；

2．罚款；

3．行政拘留；

4．吊销公安机关发放的许可证。

对违反治安管理的外国人，可以附加适用限期出境或者驱逐出境。

（二）从重处罚、减轻处罚或者不予处罚的情形

1．从重处罚的情形

根据《治安管理处罚法》第二十条的规定，违反治安管理有下列情形之一的，从重处罚：

（1）有较严重后果的；

（2）教唆、胁迫、诱骗他人违反治安管理的；

（3）对报案人、控告人、举报人、证人打击报复的；

（4）六个月内曾受过治安管理处罚的。

2．减轻或不予处罚的情形

根据《治安管理处罚法》第十九条的规定，违反治安管理有

下列情形之一的，可以减轻处罚或者不予处罚：

（1）情节特别轻微的；

（2）主动消除或者减轻违法后果，并取得被侵害人谅解的；

（3）由于他人胁迫或者诱骗的；

（4）主动投案，向公安机关如实陈述自己的违法行为的；

（5）有立功表现的。

（三）应给予行政拘留处罚而不执行行政拘留处罚的情形

根据《治安管理处罚法》第二十一条的规定，违反治安管理行为人有下列情形之一，依照本法应当给予行政拘留处罚的，不执行行政拘留处罚：

1．已满十四周岁不满十六周岁的；

2．已满十六周岁不满十八周岁，初次违反治安管理的；

3．七十周岁以上的；

4．怀孕或者哺乳自己不满一周岁婴儿的。

（四）对醉酒的人违反治安管理的处理

《治安管理处罚法》第十五条规定："醉酒的人违反治安管理的，应当给予处罚。醉酒的人在醉酒状态中，对本人有危险或者对他人的人身、财产或者公共安全有威胁的，应当对其采取保护性措施约束至酒醒。"醉酒的人因饮酒过量而导致精神过度兴奋或神志不清，尽管如此，其违反治安管理，也应该受到处罚。

三、几种违反治安管理的行为和处罚

（一）扰乱公共场所、交通工具秩序行为的认定与处罚

1．扰乱公共场所秩序的行为，是指扰乱车站、港口、码头、机场、商场、公园、展览馆或者其他公共场所秩序，尚不够刑事处罚的行为。比如，在公共场所内故意违反公共行为规则，聚众起哄闹事；在人群聚集地进行煽动性的讲演、游说；进行游行或

者静坐示威，造成交通阻塞，秩序混乱等情形。

华某是北京市某工厂的工人。为了寻开心、看热闹，从2003年开始，先后多次冒名谎报火警，致使消防部门多次白白出动了消防车和消防警。2006年5月，华某再次给长辛店消防队打电话报火警说："长辛店崔二里32号着火了！快来救火！"消防队出动4辆消防车，火速赶到现场。一打听才知是假火警。谎报火警的华某被丰台公安局查获，以谎报险情故意扰乱公共秩序对其处以十日治安拘留。

根据《治安管理处罚法》第二十三条第二项的规定，扰乱公共场所秩序的，处警告或者二百元以下罚款；情节较重的，处五日以上十日以下拘留，可以并处五百元以下罚款。聚众实施本行为的，对首要分子处十日以上十五日以下拘留，可以并处一千元以下罚款。

2．扰乱交通工具秩序的行为，是指扰乱公共汽车、电车、火车、船舶、航空器或其他公共交通工具上的秩序，尚不够刑事处罚的行为。如下述案例中在飞机上违反规定使用手机的行为。

2007年1月13日，某航班在从广州机场起飞后不久，机长突然发现飞机罗盘的指示和飞机航线存在严重偏差，计算机系统显示飞机偏航10海里。机长立即通知乘务员进行检查，发现有位旅客正在使用手机，经机组人员予以制止后飞机才得以正常飞行，否则后果将不堪设想。事后，公安机关对涉案人员予以罚款处罚。

《治安管理处罚法》第二十三条第三项规定："扰乱交通工具秩序的，处警告或者二百元以下罚款。情节较重的，处五日以上十日以下拘留，可以并处五百元以下罚款。聚众实施本行为的，对首要分子处十日以上十五日以下拘留，可以并处一千元以下罚款。”

（二）扰乱大型群众性活动秩序行为的认定与处罚

扰乱大型群众性活动秩序的行为，是指强行进入场内；违反规定在场内燃放烟花爆竹或者其他物品；展示侮辱性标语、条幅等物品；围攻裁判员、运动员或者其他工作人员；向场内投掷杂物，不听制止；其他扰乱大型群众性活动秩序，尚不够刑事处罚的行为。

北京奥运会期间，各项赛事安全检查相当严格。在奥运会男子足球决赛前，一李姓男子经过安检仪时，安检仪发出警鸣。安检人员要求李某拿出身上可疑物品。李某态度蛮横地说：“我身上什么都没有，有也是我自己的，你们没资格查！”由于每次检测都有警鸣，安检人员拒绝李某入场。李某大怒说道：“我有票，你们凭什么不让我进去！”并强行推开一名安检人员，闯过安检口，造成现场秩序混乱。随后李某被民警强行带离体育场，并处以 200 元罚款的处罚。

根据《治安管理处罚法》第二十四条的规定，扰乱文化、体育等大型群众性活动秩序的，处警告或者二百元以下罚款；情节严重的，处五日以上十日以下拘留，可以并处五百元以下罚款。

（三）寻衅滋事行为的认定与处罚

寻衅滋事的行为，是指出于不正当的目的，故意无理挑起事端，滋生是非，破坏社会秩序，尚不够刑事处罚的行为。如结伙斗殴，追逐、拦截、辱骂他人的行为，强拿硬要或者任意损毁、占用公私财物的行为等。

根据《治安管理处罚法》第二十六条的规定，寻衅滋事的，处五日以上十日以下拘留，可以并处五百元以下罚款；情节较重的，处十日以上十五日以下拘留，可以并处一千元以下罚款。

（四）非法限制他人人身自由行为的认定与处罚

非法限制他人人身自由的行为，是指行为人故意非法实施的以强制方法拘束、限定他人人身自由，情节轻微，尚不够刑事处罚的行为。

根据《治安管理处罚法》第四十条第三项的规定，非法限制他人人身自由的，处十日以上十五日以下拘留，可以并处五百元以上一千元以下罚款；情节较轻的，处五日以上十日以下拘留，并处二百元以上五百元以下罚款。

（五）盗窃公私财物行为的认定与处罚

盗窃公私财物的行为，是指行为人以非法占有为目的，秘密窃取公私财物，情节轻微，尚不够刑事处罚的行为。如，趁夜晚无人看守之机秘密盗窃他人果园的果实、趁在建筑工地劳动之机顺手牵羊偷拿工地钢材等。

根据《治安管理处罚法》第四十九条的规定，盗窃公私财物的，处五日以上十日以下拘留，可以并处五百元以下罚款；情节较重的，处十日以上十五日以下拘留，可以并处一千元以下罚款。

（六）拒绝、阻碍执行公务行为的认定与处罚

拒绝、阻碍执行公务的行为，是指阻碍国家机关工作人员依法执行职务，尚不够刑事处罚的行为。

2006 年 11 月某日上午，公安机关从赵某开设的旅馆抓获 4 名吸毒人员时，赵某以影响其营业为由，不仅不协助公安机关查获吸毒人员，反而起哄，辱骂人民警察是“强盗”“土匪”，阻拦警察抓获违法分子，致使 2 名吸毒人员逃走。公安机关遂以阻碍

执行公务为由对赵某处以 10 日治安拘留。

根据《治安管理处罚法》第五十条第一、二项的规定，拒绝、阻碍执行公务的，处警告或者二百元以下罚款；情节较重的，处五日以上十日以下拘留，可并处五百元以下罚款。阻碍人民警察依法执行职务的，从重处罚。

（七）卖淫、嫖娼行为的认定与处罚

卖淫、嫖娼的行为，是指不特定的异性之间或者同性之间以金钱、财物为媒介发生不正当性关系，尚不够刑事处罚的行为。

根据《治安管理处罚法》第六十六条规定，卖淫、嫖娼的，处十日以上十五日以下拘留，可以并处五千元以下罚款；情节较轻的，处五日以下拘留或者五百元以下罚款。

四、治安管理处罚决定及执行

（一）治安管理处罚的决定机关

《治安管理处罚法》第九十一条规定："治安管理处罚由县级以上人民政府公安机关决定；其中警告、五百元以下的罚款可以由公安派出所决定。"

（二）决定的程序

1．查明事实

公安机关在办理行政案件中必须查明违法事实；违法事实不清的，不得作出行政处罚决定。

2．公安机关的告知义务

公安机关在行使行政职权过程中，要向被处罚人告知作出处罚决定的事实、理由及依据和被处罚人依法享有的权利。

3．被处罚人的陈述和申辩

在被处罚人知道被处罚的事实、理由和依据，了解了处罚决定内容后，被处罚人可以行使陈述、申辩权。

4. 案件的审查

公安机关领导对案件审查批复是办理治安案件的必经步骤，是审查复核的重要方式。把调查取证和审核分离，不仅可以避免办案单位作出处罚决定时先入为主，还有利于统一法律的实施。

5. 处理决定

在案件调查终结后，公安机关负责人应当根据治安案件不同的情况，依照《治安管理处罚法》和相关规定分别作出处理决定。

（三）当场处罚程序

当场处罚程序，是指公安人员在依法执行职务时，对违法事实清楚，证据确凿、情节较轻的违反治安管理行为，依照法律规定，当场作出裁决决定的法律活动。《治安管理处罚法》设定当场处罚程序，有利于提高治安管理行政执行效率。

当场处罚程序的适用范围：

1. 事实清楚，证据确凿；

2. 处警告或者二百元以下罚款的治安管理处罚。

适用当场处罚程序的案件是违法事实简单的一般案件，造成的后果并不严重，所以适用的处罚也较轻微。

（四）治安管理处罚的执行

1. 行政拘留的执行

行政拘留的计算时间，一般是从被拘留人进入拘留所时算起。对于被处罚人在公安机关讯问、查证的时间，不计入拘留时间。拘留期限届满，即予以解除。

2. 罚款的执行

公安机关依法实施罚款处罚，应当依照有关法律、行政法规的规定，将罚款决定与罚款收缴分离；收缴的罚款应当全部上缴国库。

《治安管理处罚法》规定："受到罚款处罚的人应当自收到治安管理处罚决定书之日起十五日内，到作出处罚决定的公安机关指定的银行缴纳罚款。"

有被处五十元以下罚款，被处罚人对罚款无异议的；边远、水上、交通不便地区，经被处罚人提出到银行交纳罚款有困难的；被处罚人在当地没有固定住所，不当场收缴事后难以执行的情形之一的，执法人员可以当场收缴罚款。银行及执法人员在收缴罚款后必须向被处罚人出具财政部门统一制发的罚款收据。

思考题：

1. 治安管理处罚的种类有哪些？

2. 根据《治安管理处罚法》的规定，对醉酒违反治安管理的行为应如何处罚？

3. 根据《治安管理处罚法》的规定，对寻衅滋事的行为应如何处罚？

第六节　禁　毒　法

一、《中华人民共和国禁毒法》概述

2007 年 12 月 29 日，第十届全国人民代表大会常务委员会第三十一次会议通过了《中华人民共和国禁毒法》（以下简称《禁毒法》），该法共七章七十一条，自 2008 年 6 月 1 日起施行。主要内容包括总则、禁毒宣传教育、毒品管制、戒毒措施、禁毒国际合作、法律责任和附则。

毒品问题是困扰当今世界几乎所有国家的严重社会问题。对中华民族而言，毒害更是心头永远难以平复之痛。灾难深重的中国近代史，就是以中国人民反对英帝国主义鸦片贸易而引发的鸦片战争为开端的。曾给中华民族造成深重灾难与屈辱的毒品，是导致近代中华民族素质减弱、巨额财富流失和使中国沦为半殖民地半封建社会的罪恶根源。因此，毒品违法犯罪行为历来为我国法律所严厉禁止。新中国成立以后，针对为害中华民族一个多世纪的毒品问题，国家开展了一场大规模的禁烟禁毒运动，取得了令世人瞩目的成就。

但是，自 20 世纪 80 年代开始，国际贩毒集团和贩毒分子利用我国改革开放之机以及地理上毗邻“金三角”毒源地的位置，通过中国将境外毒品跨国贩运至国际毒品市场。我国境内毒品违法犯罪活动又死灰复燃且呈国际化趋势。禁毒，势在必行，任重道远。

二、国家对毒品的管制措施

（一）毒品的范围

《禁毒法》第二条规定：“本法所称毒品，是指鸦片、海洛因、甲基苯丙胺（冰毒）、吗啡、大麻、可卡因，以及国家规定管制的其他能够使人形成瘾癖的麻醉药品和精神药品。

根据医疗、教学、科研的需要，依法可以生产、经营、使用、储存、运输麻醉药品和精神药品。”

（二）具体管制措施

1. 国家对麻醉药品药用原植物种植实行管制。禁止非法种植罂粟、古柯植物、大麻植物以及国家规定管制的可以用于提炼加工毒品的其他原植物。禁止走私或者非法买卖、运输、携带、持有未经灭活的毒品原植物种子或者幼苗。

发现非法种植、买卖、运输、携带毒品原植物的应当予以制止并依法追究行为人法律责任。

2. 国家确定的麻醉药品药用原植物种植企业，必须按照国家有关规定种植麻醉药品药用原植物。为避免麻醉药品注入非法渠道危害人们的健康及防止不法分子蓄意盗取麻醉药品牟取暴利，国家将麻醉药品药用原植物种植企业的提取加工场所和储存仓库，列为国家重点警戒目标，采取严格的保护措施。

3．国家对麻醉药品和精神药品实行管制，对麻醉药品和精神药品的实验研究、生产、经营、使用、储存、运输实行许可和查验制度。对易制毒化学品的生产、经营、购买、运输实行许可制度。

4．国家对麻醉药品、精神药品和易制毒化学品的进、出口实行许可制度。禁止走私麻醉药品、精神药品和易制毒化学品。

5．禁止非法传授麻醉药品、精神药品和易制毒化学品的制造方法。公安机关接到举报或者发现存在非法传授麻醉药品、精神药品和易制毒化学品制造方法的，应当及时依法予以查处，对构成犯罪的，应当依法予以打击。

6．加强娱乐场所巡查制度，发现有毒品违法犯罪活动的，应当立即向公安机关报告。对依法查获的毒品，吸食、注射毒品的用具，毒品违法犯罪的非法所得及其收益，以及直接用于实施毒品违法犯罪行为的本人所有的工具、设备、资金，应当收缴，依照规定处理。

三、戒毒措施

1．国家鼓励吸毒人员自愿戒毒，自动到具备戒毒治疗资质的医疗机构接受戒毒治疗。戒毒治疗不得以营利为目的。戒毒治疗收取费用的，应当按照省、自治区、直辖市人民政府价格主管部门会同卫生行政部门制定的收费标准执行。

2．对吸毒成瘾人员，公安机关可以责令其接受社区戒毒，同时通知吸毒人员户籍所在地或者现居住地的城市街道办事处、乡镇人民政府。社区戒毒的期限为三年。

3．对吸毒人员有多次吸食、注射毒品等情形的，由县级以上人民政府公安机关决定在一定时期内通过行政措施对其强制隔离戒毒。具体情形有：

（1）拒绝接受社区戒毒的；

（2）在社区戒毒期间吸食、注射毒品的；

（3）严重违反社区戒毒协议的；

（4）经社区戒毒、强制隔离戒毒后再次吸食、注射毒品的。

4. 怀孕或者正在哺乳自己不满一周岁婴儿的妇女吸毒成瘾的，不适用强制隔离戒毒。不满十六周岁的未成年人吸毒成瘾的，可以不适用强制隔离戒毒。

5. 强制隔离戒毒场所应当根据戒毒人员吸食、注射毒品的种类及成瘾程度等，对戒毒人员进行有针对性的生理、心理治疗和身体康复训练。

四、违反《禁毒法》相关规定应承担的法律责任

（一）走私、贩卖、运输、制造毒品的

根据《中华人民共和国刑法》（以下简称《刑法》）第三百四十七条的规定："走私、贩卖、运输、制造毒品，无论数量多少，都应当追究刑事责任，予以刑事处罚。"

（二）非法持有毒品的

根据《刑法》的规定，非法持有毒品达到一定数量的，给予不同的刑罚处罚。

对非法持有毒品未达到规定数量的，根据《治安管理处罚法》相关规定予以治安处罚。

（三）向他人提供毒品的

向他人提供毒品通常不以营利为目的，也不需要对方支付金钱，因此，相对于贩卖毒品而言，责任相对较轻。《刑法》第三百五十五条规定："依法从事生产、运输、管理、使用国家管制的麻

醉药品、精神药品的人员，违反国家规定，向吸食、注射毒品的人提供国家规定管制的能够使人形成瘾癖的麻醉药品、精神药品的，处三年以下有期徒刑或者拘役，并处罚金；情节严重的，处三年以上七年以下有期徒刑，并处罚金。”

对吸毒人员相互之间，不以支付金钱为交换形式的提供毒品行为，可以根据《治安管理处罚法》予以拘留、罚款的处罚。

思考题：

1.《禁毒法》规定的毒品范围有哪些？

2. 对非法持有毒品的犯罪行为有关法律是如何规定的？

附：行政法常用法律制度索引

1.《中华人民共和国行政许可法》（2003 年 8 月 27 日通过）

2.《中华人民共和国行政处罚法》（1996 年 3 月 17 日通过）

3.《中华人民共和国行政复议法》（1999 年 4 月 29 日通过）

4.《中华人民共和国行政诉讼法》（1989 年 4 月 4 日通过）

5.《中华人民共和国国家赔偿法》（1994 年 5 月 12 日通过，2010 年 4 月 29 日修正）

6.《中华人民共和国治安管理处罚法》（2005 年 8 月 28 日通过）

7.《中华人民共和国禁毒法》（2007 年 12 月 29 日通过）

第四章 刑 法

刑法是规定犯罪、刑事责任和刑罚的法律，是掌握政权的统治阶级为了维护本阶级政治上的统治和经济上的利益，根据其阶级意志，规定哪些行为是犯罪并应当负刑事责任，给予犯罪人何种刑事处罚的法律。刑法有广义刑法与狭义刑法之分。广义刑法是指一切规定犯罪、刑事责任和刑罚的法律规范的总和，包括刑法典、单行刑事法规以及非刑事法律中的刑事责任条款。狭义刑法是指刑法典。本章主要介绍我国刑法典。

罪犯学习《刑法》有助于进一步知罪、认罪，增强守法观念，习得守法行为，减少重新犯罪。

第一节 刑法概述

一、我国《刑法》的颁布

《中华人民共和国刑法》的任务，是用刑罚同一切犯罪行为作斗争，以保卫国家安全，保卫人民民主专政的政权和社会主义制度，保护国有财产和劳动群众集体所有的财产，保护公民私人所有的财产，保护公民的人身权利、民主权利和其他权利，维护社会秩序、经济秩序，保障社会主义建设事业的顺利进行。

迄今为止，我国《刑法》经历了三个阶段。

（一）首次制定

《中华人民共和国刑法》，于 1979 年 7 月 1 日经第五届全国人民代表大会第二次会议通过并自 1980 年 1 月 1 日起施行。这是建国以后我国首次制定刑法，共有一百九十二个条文，规定了一百多个罪名。

（二）全面修正

1997 年 3 月 14 日第八届全国人民代表大会第五次会议对《中华人民共和国刑法》进行了全面修正并自 1997 年 10 月 1 日起施行。修正后的《刑法》条文总数增加到四百五十二条，规定了四百多个罪名。同时修正后的《刑法》将各类犯罪分为十大章，即危害国家安全罪，危害公共安全罪，破坏社会主义市场经济秩序罪，侵犯公民人身权利、民主权利罪，侵犯财产罪，妨害社会管理秩序罪，危害国防利益罪，贪污贿赂罪，渎职罪，军人违反职责罪。每一章又包括若干个具体的犯罪。

（三）部分修正

修正后的《刑法》在施行中，截至 2011 年 2 月 25 日《中华人民共和国刑法修正案（八）》通过之日，全国人民代表大会常务委员会相继通过《关于惩治骗购外汇、逃汇和非法买卖外汇犯罪的决定》和八个《刑法修正案》等形式，对其进行了不同程度的修改。其中《中华人民共和国刑法修正案（八）》（以下简称《刑法修正案（八）》）修改的规模最大，共有五十个条文，分别涉及刑法总则和分则的相关内容，包括废除了十三种死刑罪名，延长了死缓罪犯和无期徒刑罪犯经过减刑后最低实际服刑的时间，增加了危险驾驶罪等罪名，修改了部分犯罪的构成要件，补充规定了入户盗窃、携带凶器盗窃和扒窃均构成盗窃罪等。

现行《刑法》由第一编总则，第二编分则和附则组成。总则包括刑法的任务、基本原则和适用范围，犯罪，刑罚，刑罚的具体运用以及其他规定；分则规定了十大类犯罪，涉及四百五十多个罪名；附则规定了本法和两个附件的适用和施行期限。

二、刑法的原则

（一）罪刑法定原则

罪刑法定原则是指法律明文规定为犯罪行为的，依照法律定罪处刑；法律没有明文规定为犯罪行为的，不得定罪处刑。这一原则也可理解为“法无明文规定不为罪，法无明文规定不处罚”。按照罪刑法定原则，只有对《刑法》规定为犯罪的行为才能依照法定程序定罪处刑。

（二）适用刑法平等原则

适用刑法平等原则是指对任何人犯罪，在适用法律上一律平等，不允许任何人有超越法律的特权。这是“中华人民共和国公民在法律面前一律平等”的宪法原则在《刑法》中的具体体现。适用刑法平等原则还要求，司法机关在办理刑事案件过程中，必须“以事实为根据，以法律为准绳”，切实做到有法可依，有法必依，执法必严，违法必究。

（三）罪刑相适应原则

罪刑相适应原则又称“罪刑相当原则”或“罪刑均衡原则”，它是指犯罪行为的危害程度大小与国家对其适用的刑罚轻重应当适应。罪刑相适应原则要求人民法院在适用刑罚的时候，应当根据犯罪分子所犯罪行的大小确定依法应当承担的刑事责任，做到重罪重判、轻罪轻判、无罪不判，不枉不纵，罚当其罪。

思考题：

1. 刑法的任务是什么？
2. 如何理解罪刑法定原则？
3. 我国现行《刑法》规定了多少章犯罪？有多少个罪名？

第二节　犯　　罪

一、什么是犯罪

（一）犯罪的概念

犯罪是指危害统治阶级的根本利益，危害社会秩序和公民合法权益，依照法律规定应当受到刑罚处罚的行为。我国刑法规定：一切危害国家主权、领土完整和安全，分裂国家、颠覆人民民主专政的政权和推翻社会主义制度，破坏社会秩序和经济秩序，侵犯国有财产或者劳动群众集体所有的财产，侵犯公民私人所有的财产，侵犯公民的人身权利、民主权利和其他权利，以及其他危害社会的行为，依照法律应当受刑罚处罚的，都是犯罪，但是情节显著轻微危害不大的，不认为是犯罪。

（二）犯罪的特征

由犯罪概念我们不难发现，构成犯罪必须同时具备三个特征：一是社会危害性，所有犯罪都是危害社会的行为；二是刑事违法性，所有犯罪都触犯了刑事法律；三是应受刑罚处罚性，所有犯罪都须达到应当受到刑罚处罚的程度。如果个别行为虽然危害社会且触犯了刑事法律，但“情节显著轻微危害不大”（如数额不大的一般盗窃行为），则不认为是犯罪，可由有关部门给予批评教育或治安处罚。

（三）犯罪构成要件

《刑法》所规定的每一种犯罪行为，其主客观表现形式都是不一样的，每一种犯罪都有具体的目的、动机、手段和方法。比如杀人、放火、抢劫、盗窃等犯罪，犯罪人有不同的目的和行为，同样是杀人罪，犯罪手段也不一样。犯罪构成要件就是从各种不同犯罪行为的主客观表现中抽象出共同的规律，研究犯罪在主客观方面所具有的法定条件，解决构成犯罪的规格和标准问题。

我国《刑法》规定有四百多种犯罪，从构成要件上进行分析，每一种犯罪都具备四个方面的要件：即犯罪主体、犯罪的主观方面、犯罪的客观方面和犯罪客体。

1. 犯罪主体是指实施犯罪行为的人。每一种犯罪，都必须有犯罪主体，有的犯罪是一个人实施的，犯罪主体就是一人，有的犯罪是数人实施的，犯罪主体就是数人。根据《刑法》规定："公司、企业、事业单位、机关、团体实施的危害社会的行为，法律规定为单位犯罪的，应当负刑事责任。"因此，单位也可以成为犯罪主体。

2. 犯罪的主观方面是指犯罪主体对其实施的犯罪行为及其结果所具有的心理状态。犯罪主观方面的心理状态有两种，即故意和过失。比如犯盗窃罪，犯罪人希望将他人财物窃为己有；犯故意伤害罪，犯罪人希望造成他人身体受到损伤的结果。有的犯罪是过失性质的，如失火罪，犯罪人就具有疏忽大意的心理状态。在单位构成犯罪的情况下，该单位对犯罪行为负有责任的人员也同样具有主观心理状态。

3. 犯罪的客观方面是指犯罪行为的具体表现。比如犯诈骗罪，犯罪人具有虚构事实、欺骗他人的行为；贩毒罪具有贩卖毒品的行为，等等。

4. 犯罪客体是指《刑法》所保护而被犯罪行为所侵害的社会关系。犯罪客体和犯罪对象是不同的，犯罪对象是犯罪行为所直接针对的对象，如杀人罪、伤害罪，犯罪对象是具体的被害人；而犯罪客体是指《刑法》所保护的公民人身权利不受非法侵害的这种社会关系。

（四）犯罪与违法的关系

犯罪与违法既有联系又有区别。（1）犯罪必然违法，但违法不等于犯罪。（2）犯罪是违反《刑法》和相关刑事法律应受刑罚处罚的行为，而违反任何法律法规都称违法，违法行为可能适用《刑法》调整，也可能适用其他法律法规调整。如辱骂和殴打他人肯定是违法行为，但如果辱骂尚未达到情节严重的程度或者殴打他人尚未造成一定的后果（轻伤或重伤），则不构成犯罪，但该违法行为仍应当受到相应的处罚并承担民事赔偿责任。再如酒后开车也是违法行为，在通常情况下应当按照交通管理法规给予行政处罚，但如果达到“醉驾”的程度或造成了严重后果，就可能构成危险驾驶罪或交通肇事罪。

二、故意犯罪和过失犯罪

（一）故意犯罪

故意犯罪是指明知自己的行为会发生危害社会的结果，并且希望或者放任这种结果发生因而构成犯罪的行为。故意犯罪又可分为直接故意犯罪和间接故意犯罪两种：直接故意犯罪即明知自己的行为会发生危害社会的结果，并积极追求和希望这种结果发生的犯罪；间接故意犯罪即明知自己的行为会发生危害社会的结果，并对这种结果的发生持听之任之的放任态度的犯罪。依照《刑法》规定，对故意犯罪都应当追究刑事责任。

（二）过失犯罪

过失犯罪是指应当预见自己的行为可能发生危害社会的结果，因为疏忽大意而没有预见，或者已经预见而轻信能够避免，以致发生危害结果的行为。过失犯罪又可分为疏忽大意的过失犯罪和过于自信的过失犯罪两种：疏忽大意的过失犯罪是指应当预见自己的行为可能发生危害社会的结果，因为疏忽大意没有预见，以致发生危害结果的犯罪；过于自信的过失犯罪是指已经预见自己的行为可能发生危害社会的结果，但轻信能够避免，以致发生危害结果的犯罪。

关于过失犯罪的刑事责任，《刑法》的规定是："法律有规定的才负刑事责任。"所谓"法律有规定"，是指刑法分则的具体规定，如"交通肇事罪"、"重大责任事故罪"以及其他条款中有关"过失犯前款罪的，处……"的内容。换句话说，如果法律对某种过失行为没有规定为犯罪，则不能对其定罪处刑。

三、刑事责任年龄和刑事责任能力

(一) 刑事责任年龄

刑事责任年龄是指《刑法》规定的行为人对自己危害社会的行为承担刑事责任时所必须达到的年龄或依法可以从宽处罚的年龄。我国《刑法》对刑事责任年龄从四个方面做了具体规定：

1．完全不负刑事责任年龄

完全不负刑事责任年龄是指不满十四周岁的未成年人，不负刑事责任。当然，如果这些未成年人实施危害行为是受人教唆或指使，则应当依法追究教唆者和指使者的刑事责任。

2．相对刑事责任年龄

相对刑事责任年龄是指已满十四周岁不满十六周岁的未成年人，实施了"故意杀人、故意伤害致人重伤或者死亡、强奸、抢劫、贩卖毒品、放火、爆炸、投毒"八种犯罪行为之一的，就构成犯罪并承担刑事责任。

3．完全刑事责任年龄

完全刑事责任年龄是指已满十六周岁的人实施了我国《刑法》规定为犯罪的行为，均构成犯罪并承担相应的刑事责任。

4．减轻刑事责任年龄

减轻刑事责任年龄是指我国《刑法》规定的对特定的年龄段

行为人可以或者应当从轻处罚、减轻处罚的年龄。具体是指以下几种情形：

（1）已满十四周岁不满十八周岁的人犯罪，应当从轻或者减轻处罚；

（2）对不满十八周岁的人犯罪不适用死刑；

（3）对被判处拘役、三年以下有期徒刑的犯罪分子中不满十八周岁或者已满七十五周岁的人，同时犯罪情节较轻、有悔罪表现、没有再犯罪的危险、宣告缓刑对所居住社区没有重大不良影响的，应当宣告缓刑；

（4）对已满七十五周岁的人故意犯罪的，可以从轻或者减轻处罚，如果是过失犯罪，应当从轻或者减轻处罚；

（5）审判时已满七十五周岁的人，不适用死刑，但以特别残忍手段致人死亡的除外。

根据有关司法解释，上述年龄中所指的“周岁”，都按照公历的年、月、日计算，从周岁生日的第二天起算。

此外，为了体现对未成年人“教育、感化、挽救”的刑事政策，给予其改过自新的机会，我国《刑法》还规定了对犯罪的时候不满十八周岁被判处五年有期徒刑以下刑罚的人，免除前科规定的报告义务。为了确保《刑法》规定的这个制度能够在司法实践中得到顺利实施，在 2012 年 3 月 14 日第十一届全国人民代表大会第五次会议通过的《中华人民共和国刑事诉讼法修正案》（以下简称《刑事诉讼法修正案》）中，从操作程序上再次重申：犯罪的时候不满十八周岁，被判处五年有期徒刑以下刑罚的，司法机关和有关部门应当对相关犯罪记录予以封存。犯罪记录被封存的，不得向任何单位和个人提供，但司法机关为办案需要或者有关单位根据法律法规规定进行查询的除外。依法进行查询的单位，应当对被封存的犯罪记录的情况予以保密。

（二）刑事责任能力

刑事责任能力是指行为人构成犯罪和承担刑事责任所必须具备的辨认和控制自己行为的能力。我国《刑法》对行为人的刑事责任能力根据不同的情形做了相应的规定：

1．精神病人的刑事责任

精神病人在不能辨认或者不能控制自己行为的时候造成危害结果，经法定程序鉴定确认的，不负刑事责任，但是应当责令他的家属或者监护人严加看管和医疗；在必要的时候，由政府强制医疗。间歇性的精神病人在精神正常的时候犯罪，应当负刑事责任。

2．尚未完全丧失辨认或者控制自己行为能力的精神病人的刑事责任

这种人属于相对刑事责任能力人，又称为限制刑事责任能力人，对其危害社会构成犯罪的行为应当负刑事责任，但是可以从轻或者减轻处罚。

3．醉酒的人的刑事责任

我国《刑法》明确规定："醉酒的人犯罪，应当负刑事责任。"

《刑法修正案（八）》还规定："醉酒驾驶机动车的，处拘役，并处罚金。"可见，不仅醉酒不能成为免除刑事处罚的理由，对于醉酒后驾驶机动车的，无论是否造成危害后果，都构成犯罪（危险驾驶罪）。当然，如果醉酒驾车的行为同时构成其他犯罪（如"交通肇事罪"或"以危险方法危害公共安全罪"）的，应当依照处罚较重的规定定罪处罚。

4．又聋又哑的人、盲人犯罪的刑事责任

按照《刑法》规定，又聋又哑的人或者盲人犯罪，可以从轻、减轻或者免除处罚。其适用对象是两种人：一是又聋又哑的人；二是盲人。这一规定中所指的"又聋又哑"，实际上是两个条件（聋

和哑）都必须同时具备，缺一不可，方可适用“从轻、减轻或者免除处罚”。至于对聋哑人和盲人的认定，应当以专门机构的鉴定为据。

四、正当防卫

正当防卫是指为了使国家、公共利益、本人或者他人的人身、财产和其他权利免受正在进行的不法侵害，对不法侵害人所采取的制止其不法侵害且没有明显超过必要限度的行为。由此可见，正当防卫是一种正当的行为，是国家法律赋予公民在自己或他人面对正在进行的不法侵害时能够挺身而出、见义勇为的法律武器。不仅如此，我国《刑法》还规定：“对正在进行行凶、杀人、抢劫、强奸、绑架以及其他严重危及人身安全的暴力犯罪，采取防卫行为，造成不法侵害人伤亡的，不属于防卫过当，不负刑事责任。”这就是由正当防卫所派生的对“暴力犯罪”实行的“无限制防卫原则”。当然，在司法实践中，有的人在不法侵害已经结束或不法侵害尚未发生时进行防卫，就属于事后防卫或假想防卫，由于其不符合正当防卫成立的基本条件，故不能认定为正当防卫。

2009 年 5 月 10 日晚，邓某、黄某等人酒后到某宾馆娱乐城玩乐，黄某强迫要求宾馆女服务员邓某某陪其洗浴，遭到拒绝。两人极为不满，对邓某某进行纠缠、辱骂。在其他服务员的劝解下，邓某某两次欲离开房间，均被邓某拦住并被推坐在身后的单人沙发上。当邓某再次逼近邓某某时，邓某某从随身携带的包内掏出一把水果刀，起身刺向邓某，致其左颈、左小臂、右胸、右肩受伤。黄某上前对邓某某进行阻拦时，也被刺伤右肘关节内侧。邓某因伤势严重，经抢救无效死亡，黄某经鉴定为轻伤。事后，邓某某主动向公安机关投案自首。人民法院审理认为，邓某某实施的行为具有防卫性质，但超过了必要限度，属防卫过当，已构成故意伤害罪。鉴于其案发后主动投案自首，且被鉴定为心境障碍，属部分刑事责任能力人，遂依法对邓某某判决免予刑事处罚。

在此案例中，人民法院之所以认定被告人邓某某的行为属于防卫过当，一是身为宾馆服务员的邓某某是在面对正在遭受的不法侵害时而采取的行为，具有防卫的性质；二是当时邓某和黄某实施的不法侵害具体表现为纠缠、辱骂、推坐，尚未达到“暴力犯罪”的程度，故不适用“无限制防卫原则”；三是邓某某持刀刺人致一死一伤的严重后果，超过了必要限度造成重大损害，属防卫过当。本案中人民法院对邓某某免予刑事处罚的事实和法律依据主要有：一是《刑法》规定对防卫过当的行为“应当减轻或者免除处罚”；二是对犯罪后自首的“可以从轻或者免除处罚”；三是对具有部分刑事责任能力的人“可以从轻或者减轻处罚”。因此，人民法院的判决是正确的。

思考题：

1. 什么是犯罪？犯罪有哪些特征？
2. 我国《刑法》是如何划分刑事责任年龄的？
3. 如何正确理解和运用正当防卫？

第三节 刑 罚

一、什么是刑罚

刑罚是国家创制的、对犯罪分子适用的特殊制裁方法，是对犯罪分子某种利益的剥夺，并且表现出国家对犯罪分子及其行为的否定评价。

刑罚是对犯罪人适用的最严厉的法律制裁方法。它不仅可以剥夺犯罪人的财产权利，如判处罚金和没收财产，而且还可以剥夺犯罪人的自由权利和生命权利，如判处有期徒刑、无期徒刑或者死刑。

（一）刑罚的适用对象

刑罚适用的对象只能是被确定为有罪的人或单位，它不能对无罪和尚未依照法定程序确定为有罪的人适用，也不能株连其子女、亲属等无辜之人。

（二）刑罚适用的主体

刑罚适用的主体只能是国家依法设立的审判机关，审判权只能由人民法院依法独立行使，其他任何单位和个人都无权行使这一权力。

（三）刑罚的执行机关

刑罚必须由特定的国家司法机关执行。具体包括：被判处死刑和罚金、没收财产的罪犯由人民法院执行；被判处死刑缓期二年执行、无期徒刑、有期徒刑的罪犯，由公安机关依法将该罪犯送交监狱执行刑罚；根据《刑事诉讼法修正案》的规定，被判处有期徒刑的罪犯，在被交付执行刑罚前，剩余刑期在三个月以下的，由看守所代为执行；被判处拘役的罪犯，由公安机关执行；被判处管制、宣告缓刑和裁定假释的罪犯，依法实行社区矫治。

二、刑罚的功能

刑罚的功能是指国家制定、适用、执行刑罚所直接产生的社会效应，包括对犯罪人的效应即特殊预防功能和对社会其他成员的效应即一般预防功能。

（一）刑罚的特殊预防功能

刑罚的这种功能主要体现在：一是通过对犯罪人适用刑罚，

限制或消除犯罪人再犯罪的条件；二是对犯罪人适用刑罚，使其亲身体验受刑之苦，从而逐渐消除犯罪动机，打消犯罪意念；三是通过对犯罪人适用刑罚，对犯罪人进行各种形式的教育改造和感化矫治，促使其成为奉公守法的新公民。

（二）刑罚的一般预防功能

刑罚的这种功能主要体现在：一是震慑功能，对社会上的不稳分子包括已经或可能产生犯罪意图但尚未实施的人产生威吓作用，使其不敢轻举妄动，以身试法；二是教育功能，通过对犯罪人适用刑罚，促使其他社会成员通过这些身边发生的实际案例，受到现实的法制教育，知道罪与非罪界限和一旦犯罪将受到刑罚处罚，从而提高其法制观念，自觉遵纪守法；三是安抚功能，从一定程度上平息民愤，稳定社会秩序。

三、刑罚的目的

刑罚的目的是指国家通过制定刑法并采用刑罚作为制裁犯罪的法律制裁方法所希望达到的目的。法律制裁方法包括民事法律制裁方法、行政法律制裁方法和刑事法律制裁方法。在所有的法律制裁方法中，刑罚是最为严厉的，它不仅可以剥夺犯罪人的财产，还可以剥夺犯罪人的自由甚至生命。因此，国家通过对犯罪人适用这种最严厉的法律制裁方法的目的就是两个：一是惩罚犯罪，二是预防犯罪。

四、刑罚的种类

刑罚的种类，又称刑种，是指刑法规定的刑罚的种类和行刑方式。从理论上可以将刑罚划分为生命刑（死刑）、自由刑（无期徒刑、有期徒刑、拘役、管制）、财产刑（罚金、没收财产）、资格刑（剥夺政治权利）、名誉刑（剥夺犯罪人的名誉）。我国《刑法》规定的刑罚分为两大类：主刑和附加刑。

（一）主刑

主刑又称“基本刑”或“单独刑”，是指只能独立适用的刑罚。我国《刑法》规定的主刑有以下五种：

1. 管制

管制是指对犯罪人不予关押，但限制其一定自由，实行社区矫正的一种刑罚方法。管制的期限为三个月以上二年以下，数罪并罚时，管制的期限可以达到三年。按照《刑法修正案（八）》的规定，人民法院在对犯罪分子判处管制时，可以根据犯罪情况，同时禁止犯罪分子在服刑期间从事特定活动（如饮酒），进入特定区域、场所（如网吧），接触特定的人（如有前科的人）。被管制的罪犯在劳动中应当同工同酬，这是管制刑作为“非监禁刑”与“监禁刑”的重大区别之一。管制期满，执行机关应即向本人和其所在单位或者居住地的群众宣布解除管制。

2. 拘役

拘役是指短期剥夺犯罪人人身自由的一种刑罚方法。拘役的期限为一个月以上六个月以下，数罪并罚时可以为一年。被判处拘役的犯罪分子，由公安机关就近执行，即在判决发生法律效力后交付公安机关所属的监管部门（拘役所或看守所）执行。

3. 有期徒刑

有期徒刑是指剥夺犯罪人一定期限人身自由的一种刑罚方法，这是使用频率最高的刑种。有期徒刑的期限，除被判处死刑缓期二年执行的犯罪分子在缓期执行期满后减为有期徒刑和对被判处数个有期徒刑而适用数罪并罚的外，为六个月以上十五年以下。被判处有期徒刑的犯罪人，在监狱或者其他执行场所执行；凡有劳动能力的，都应当参加劳动，接受教育和改造。有期徒刑的刑期从判决执行之日起计算，判决执行以前先行羁押的，羁押一日折抵刑期一日。这里所指的“先行羁押”，主要是指拘留和逮捕，同时，对于那些虽然不是拘捕的刑事强制措施，而是由司法机关采取的事实上剥夺了犯罪嫌疑人的人身自由且与本次被定罪判刑的行为系同一行为（如被劳动教养、收容审查或行政拘留等）的，也应当视为“先行羁押”，按照“羁押一日折抵刑期一日”的方法折抵刑期。

4．无期徒刑

无期徒刑是指剥夺犯罪人终身自由的一种刑罚方法。被判处无期徒刑的犯罪分子的执行机关和执行方式与有期徒刑罪犯相同，即都在监狱或者其他刑罚执行机关执行，凡有劳动能力的，都应当参加劳动，接受教育和改造。依照《刑法修正案（八）》的规定，无期徒刑罪犯经过减刑以后实际执行的刑期不能少于十三年。

5．死刑

死刑又称“极刑”、“生命刑”，是指剥夺犯罪人生命的一种刑罚，适用于罪行极其严重的犯罪分子，也是最严厉的刑罚。死刑包括判处死刑立即执行和死刑缓期两年执行的死刑执行制度。

（1）死刑立即执行。依照《刑法》《刑事诉讼法》的规定，对于被判处死刑立即执行的，除依法由最高人民法院判决的以外，都应当在对案件进行两审终审之后，按照死刑复核程序报请最高人民法院核准。目前，我国《刑法》规定对五十五种犯罪可以适用死刑。同时，现行《刑法》还规定对“三种人”不适用死刑：一是对犯罪的时候不满十八周岁的人不适用死刑；二是对审判的时候怀孕的妇女不适用死刑；三是对审判的时候已满七十五周岁的人不适用死刑，但以特别残忍手段致人死亡的除外。

（2）死刑缓期执行。对于应当判处死刑的犯罪分子，如果不是必须立即执行的，可以判处死刑同时宣告缓期二年执行，这就是我们通常简称的“死缓”。对于被判处死刑缓期执行的，由高级人民法院判决或者核准。依照《刑法修正案（八）》的规定，判处死刑缓期执行的，在死刑缓期执行期间，如果没有故意犯罪，二年期满以后，减为无期徒刑；如果确有重大立功表现，二年期满以后，减为二十五年有期徒刑；如果故意犯罪，查证属实的，由最高人民法院核准，执行死刑。对被判处死刑缓期执行的累犯以及因故意杀人、强奸、抢劫、绑架、放火、爆炸、投放危险物质或者有组织的暴力性犯罪被判处死刑缓期执行的犯罪分子，人民法院可以在判决的同时决定对其限制减刑。被限制减刑的死缓罪犯，经过减刑以后实际执行的刑期分两种情形：一是死刑缓期执行期满后依法减为无期徒刑的，不能少于二十五年；二是死刑缓期执行期满后依法减为二十五年有期徒刑的，不能少于二十年。

（二）附加刑

附加刑又称“从刑”，是指补充主刑适用的刑罚方法。我国《刑法》规定的附加刑有罚金、没收财产和剥夺政治权利。同时，依照《刑法》规定，附加刑既可以附加于主刑适用，也可以独立适用。

1. 罚金

罚金是指人民法院判处犯罪人向国家强制性缴纳一定数额金钱的刑罚方法。

在司法实践中，“罚金”最容易与“罚款”混为一谈，以为都是向国家缴纳一定数额的金钱而误认为“是一回事”。其实，两者除了执行的主体、适用的范围和对象等方面有明显不同外，最主要的区别在于性质不同：罚金是一种刑罚，只适用于构成犯罪的人；罚款则是一种行政处罚，适用于一般违法人员。

2. 剥夺政治权利

剥夺政治权利是指剥夺犯罪人参与管理国家和行使政治权利的刑罚方法。适用剥夺政治权利的对象包括以下四种情形：一是对于危害国家安全的犯罪分子应当附加剥夺政治权利；二是对于故意杀人、强奸、放火、爆炸、投毒、抢劫等严重破坏社会秩序的犯罪分子，可以附加剥夺政治权利；三是对故意伤害、盗窃等严重破坏社会秩序的犯罪，犯罪分子主观恶性较深、犯罪情节恶劣、罪行严重的，也可以依法附加剥夺政治权利；四是对于被判处死刑、无期徒刑的犯罪分子应当剥夺政治权利终身。

剥夺政治权利的期限有以下四种情况：（1）除对于被判处死刑、无期徒刑的犯罪分子应当剥夺政治权利终身外，被判处有期徒刑的罪犯附加剥夺政治权利的期限为一年以上五年以下；（2）被判处管制的犯罪分子，剥夺政治权利的期限与管制的期限相等，同时执行；（3）被判处徒刑、拘役的，附加剥夺政治权利的刑期，从徒刑、拘役执行完毕之日或者从假释之日起计算；剥夺政治权利的效力当然施用于主刑执行期间。例如，阎某因犯抢劫罪被判处有期徒刑十年，附加剥夺政治权利三年，其实际执行的附加剥夺政治权利的期限即为十三年，包括主刑有期徒刑执行期间的十年和有期徒刑刑满释放后的三年；（4）死刑缓期执行减为有期徒刑或者无期徒刑减为有期徒刑的时候，应当把附加剥夺政治权利的期限改为三年以上十年以下。

3．没收财产

没收财产是指将犯罪分子所有财产的一部或全部强制无偿地收归国有的刑罚方法。没收财产是没收犯罪分子个人所有财产的一部或者全部。没收全部财产的，应当对犯罪分子个人及其扶养的家属保留必需的生活费用。《刑法》规定：“在判处没收财产的时候，不得没收属于犯罪分子家属所有或者应有的财产。没收财产以前犯罪分子所负的正当债务，需要以没收的财产偿还的，经债权人请求，应当偿还。”这里所指的“正当债务”，仅限于犯罪分子在判决生效前所负他人的合法债务，故对犯罪分子在被判刑前的赌债、毒资等“债务”，法律不予保护，“债权人”也不得要求优先受偿。

（三）非刑罚处罚的其他处罚方法

《刑法》除规定了主刑和附加刑外，还规定了几种非刑罚处罚的其他方法。

1. 对于犯罪的外国人，可以独立适用或者附加适用驱逐出境。独立适用的，在判决生效后立即将犯罪的外国人驱逐出境；附加适用的，待主刑执行完毕后，再将其驱逐出境。

2. 由于犯罪行为使被害人遭受经济损失的，对犯罪分子除依法给予刑事处罚外，并应根据情况判处赔偿经济损失；如果承担民事赔偿责任的犯罪分子同时被判处罚金，其财产不足以全部支付的，或者被判处没收财产的，应当优先承担对被害人的民事赔偿责任。

3. 对于犯罪情节轻微不需要判处刑罚的，可以免予刑事处罚，但是可以根据案件的不同情况，予以训诫或者责令具结悔过、赔礼道歉、赔偿损失，或者由主管部门予以行政处罚或者行政处分。

4. 对于犯罪分子违法所得的一切财物，应当予以追缴或者责令退赔；对被害人的合法财产，应当及时返还；违禁品和供犯罪所用的本人财物，应当予以没收。没收的财物和罚金，一律上缴国库，不得挪用和自行处理。

思考题：

1. 结合自己因犯罪被处以刑罚，谈谈刑罚的功能是什么。
2. 主刑有哪些种类？如何理解“羁押一日折抵刑期一日”？
3. 附加刑有哪些种类？

第四节　常见犯罪行为及其处罚

一、危害国家安全罪

（一）危害国家安全罪的概念

危害国家安全罪，是指故意危害中华人民共和国的主权、领土完整与安全、颠覆国家政权、推翻社会主义制度的行为。危害国家安全罪是一个概括性罪名，是对各种危害国家安全的犯罪行为共同特征的概括。危害中华人民共和国国家安全的犯罪行为，是我国《刑法》中规定的危害性最大的一类犯罪，因此，《刑法》分则在第一章就对危害国家安全罪进行了规定。

（二）危害国家安全罪的构成要件

1．客体

本类犯罪侵犯的客体是中华人民共和国的国家安全。

2．客观方面

本类犯罪在客观方面表现为实施了危害中华人民共和国国家安全的行为。

3．主体

本类犯罪主体是自然人犯罪主体，且多为一般犯罪主体。对于大多数危害国家安全的犯罪来说，不论是中国公民、外国公民或无国籍人，只要具有刑事责任能力且年满十六周岁，都可以成为犯罪主体。

4．主观方面

本类犯罪在主观方面只能由故意构成，具有危害中华人民共和国国家安全的故意，即行为人必须具有明知自己的行为会发生危害国家安全的结果，并且希望或者放任这种结果发生的心理态度。

（三）危害国家安全罪常见的罪名

危害国家安全罪是一个类罪名，它包括背叛国家罪；分裂国家罪；煽动分裂国家罪；武装叛乱、暴乱罪；颠覆国家政权罪；煽动颠覆国家政权罪；资助危害国家安全犯罪活动罪；投敌叛变罪；叛逃罪；间谍罪；为境外窃取、刺探、收买、非法提供国家秘密、情报罪；资敌罪十三个具体罪名。

二、以危险方法危害公共安全罪

（一）以危险方法危害公共安全罪的概念

以危险方法危害公共安全罪是指以放火、决水、爆炸以及投放毒害性、放射性、传染病病原体等物质以外，而与这些危险方法的危害程度相当的其他危险方法危害公共安全的行为。

（二）以危险方法危害公共安全罪的构成要件

2008年5月，某公司职工孙某某（29岁）购买了一辆别克轿车后，在未取得驾驶证的情况下长期驾驶该车，并多次违反交通法规。同年12月14日中午，孙某某与其父母一道为亲属祝寿，大量饮酒。当日17时许，孙某某驾驶其别克轿车行至成龙路“蓝谷地”路口时，从后面撞向与其同向行驶的一辆比亚迪轿车尾部。肇事后，孙某某继续驾车超速行驶。行至成龙路“卓锦城”路段时，越过中心黄色双实线，先后与对面车道正常行驶的长安奔奔轿车、长安奥拓轿车、福特蒙迪欧轿车、奇瑞QQ轿车等4辆轿车相撞，造成4人死亡、1人重伤、公私财产损失5万余元的严重后果。经鉴定，孙某某驾驶的车辆碰撞前瞬间的行驶速度为134~138km/h，案发时其每100ml血液中乙醇含量为135.8mg。案发后，孙某某的亲属赔偿被害人经济损失11.4万元。人民法院认定被告人孙某某的行为已构成以危险方法危害公共安全罪，鉴于其案发后真诚悔罪，终审判决无期徒刑，剥夺政治权利终身。

1. 客体

侵犯的客体是公共安全，即不特定的多数人的生命、健康及重大公私财产安全及公共生产、生活安全。这里所指的“不特定”，是指犯罪行为危害的对象不是针对某一个或某几个人的人身权利或财产权利，而是危害不特定多数人的生命、健康、财产的安全，且其行为一经实施，其危害后果的严重性和广泛性往往难以预料且无法控制。前述案例中孙某某无证驾车且不计后果超速行驶的行为所危及的就是“不特定”的对象的人身安全，最终造成了“四死一伤”的严重后果。

2. 客观方面

犯罪的客观方面表现为行为人使用了除放火、决水、爆炸以及投放危险物质以外的其他危害公共安全的方法，而这些危险方法的危害程度与放火、决水、爆炸以及投放危险物质相当，如制造、贩卖毒酒、私设电网或开车在集会场所对着密集的人群横冲直撞等，其危害性都非常大。前述案例客观方面表现为孙某某醉酒且无证驾车，超速违规行驶，严重危害了公共安全。

3. 主体

犯罪主体是一般主体，即年满十六周岁以上、具备刑事责任能力的人均可构成本罪。前述案例的主体孙某某年满二十九岁具备刑事责任能力。

4. 主观方面

犯罪的主观方面表现为故意，包括直接故意和间接故意。前述案例就属于间接故意犯罪的类型。

（三）以危险方法危害公共安全罪的刑事责任

《刑法》第一百一十四条和第一百一十五条对以危险方法危害

公共安全罪规定的法定刑幅度有两个：

1．以其他危险方法危害公共安全，尚未造成严重后果的，处三年以上十年以下有期徒刑；

2．以其他危险方法致人重伤、死亡或者使公私财产遭受重大损失的，处十年以上有期徒刑、无期徒刑或者死刑。

三、非法持有、私藏枪支、弹药罪

（一）非法持有、私藏枪支、弹药罪的概念

非法持有、私藏枪支、弹药罪是指非法持有、私藏枪支、弹药，危害公共安全的行为。

（二）非法持有、私藏枪支、弹药罪的构成要件

1．客体

侵犯的客体是公共安全，具体是对国家有关枪支、弹药的持有、配备及配置管理制度的侵犯。这里所指的“枪支”，是指以火药或压缩气体为动力，利用管状器具发射金属弹丸或其他物质，足以致人伤亡或失去知觉的各种手枪、步枪、冲锋枪等军用枪支、体育比赛枪支以及狩猎枪支、自制土枪等枪支；这里所指的“弹药”，是指供前述各种枪支所用的弹药。

2．客观方面

犯罪的客观方面表现为行为人未经批准而非法持有、私藏枪支、弹药的行为。本罪为选择性罪名，可根据行为人具体实施的犯罪行为确定相应的罪名，如非法持有枪支罪、非法持有弹药罪、非法私藏枪支罪、非法私藏弹药罪等。

3．主体

犯罪主体是一般主体，即年满十六周岁，具备刑事责任能力的人均可成为本罪主体。

4. 主观方面

犯罪的主观方面是故意，即明知是枪支、弹药而予以非法持有、私藏。

（三）非法持有、私藏枪支、弹药罪的刑事责任

《刑法》第一百二十八条对此罪规定了两个法定刑幅度：一是违反枪支管理规定，非法持有、私藏枪支、弹药的，处三年以下有期徒刑、拘役或者管制；二是情节严重的，处三年以上七年以下有期徒刑。

四、交通肇事罪

（一）交通肇事罪的概念

交通肇事罪是指违反交通管理法规因而发生重大责任事故，危害公共安全的行为。

（二）交通肇事罪的构成要件

2010 年 9 月 28 日凌晨 3 时 40 分，22 岁的唐某无证驾车撞上一对骑摩托车的中年夫妇，致妇女当场死亡，男子受伤。随后，唐某驾车逃逸。交通民警根据遗留在现场的线索，确定了肇事车辆并找到了唐某的父亲（某砖厂的老板）。唐父谎称并不知情，说车被他新招的工人小彭借走回老家去了。但交通民警两次赴小彭的老家都没有找到小彭和肇事车辆。其实，自得知儿子肇事后，唐父先给了小彭 3000 元让他去修车，修好后再开到外地去避风头，后来又往小彭的卡上打了 10 000 元。接下来，唐父又让唐某的表姐买下了肇事车辆并过户。真相大白后，肇事者唐某和其父分别涉嫌交通肇事罪和包庇罪被依法追究刑事责任。

1．客体

侵犯的客体是交通安全管理秩序和交通安全。前述案例中唐某无证驾驶侵犯了交通安全管理秩序，危害了公共安全。

2．客观方面

犯罪的客观方面表现为行为人违反交通管理法规，发生重大责任事故致人重伤、死亡或者致使公私财产遭受重大损失的行为。最高人民法院 2000 年 11 月在《关于审理交通肇事刑事案件具体应用法律若干问题的解释》中，对交通肇事造成人身伤亡及财产损失构成犯罪并处以刑罚的标准做了具体规定，包括对“肇事后逃逸”、“因逃逸致人死亡”、“其他特别恶劣情节”以及交通肇事后为逃避法律追究，将被害人带离事故现场后隐藏或者遗弃，致使被害人无法得到救助而死亡或者严重残疾的定性和处理等。前述案例客观方面表现为唐某违反交通管理法规，无证驾驶，造成了一死一伤的严重后果。

3．主体

犯罪主体是一般主体，即年满十六周岁、具备刑事责任能力的人均可成为本罪主体。前述案例中唐某 22 岁，具备刑事责任能力。

4．主观方面

犯罪的主观方面表现为过失，包括疏忽大意的过失和过于自信的过失。前述案例唐某主观方面为过失。

（三）交通肇事罪的刑事责任

《刑法》对交通肇事罪的刑事责任按照不同的危害后果和情节规定了三个法定刑幅度：一是违反交通运输管理法规，因而发生重大事故，致人重伤、死亡或者使公私财产遭受重大损失的，处三年以下有期徒刑或者拘役；二是交通肇事后逃逸或者有其他特别恶劣情节的，处三年以上七年以下有期徒刑；三是因逃逸致人死亡的，处七年以上有期徒刑。

五、危险驾驶罪

（一）危险驾驶罪的概念

危险驾驶罪是指在道路上驾驶机动车追逐竞驶，情节恶劣的，或者在道路上醉酒驾驶机动车的行为。这是《刑法修正案（八）》中新增的罪名，该修正案已自2011年5月1日起施行。

（二）危险驾驶罪的构成要件

2011年5月1日凌晨40分，在A市蜀金路西单商场路口，一辆外地牌号的黑色捷达车被交警拦下接受检查。司机蔡某承认开车前喝了酒。经当场测试，每100ml血液中酒精含量达188mg。根据当日开始生效施行的《中华人民共和国刑法修正案（八）》和《中华人民共和国道路交通安全法》中有关醉酒驾驶的规定，蔡某的行为已涉嫌危险驾驶罪。为此，蔡某被公安机关刑事拘留，后经人民法院依法审理，以蔡某犯危险驾驶罪对其判处拘役。

1．客体

侵犯的客体是交通安全管理秩序和交通安全。前述案例中蔡某违反了《中华人民共和国道路交通安全法》危及公共交通安全。

2．客观方面

犯罪的客观方面表现为行为人违反交通管理法规，在道路上驾驶机动车追逐竞驶情节恶劣或者在道路上醉酒驾驶机动车的行为。本罪属于危险犯，即只要实施了追逐竞驶或醉酒驾驶的行为，即使尚未造成人员伤亡的实际后果，就构成此罪。按有关交通法规的规定，这里所指的“醉驾”，即醉酒驾车，是指案发时车辆驾驶人员血液中的酒精含量等于或者大于80mg/100ml的驾驶行为。前述案例客观方面表现为蔡某醉酒驾驶。

3．主体

犯罪主体是一般主体，即年满十六周岁，具备刑事责任能力的人均可成为本罪主体。

4．主观方面

犯罪的主观方面表现为故意，包括直接故意和间接故意。当然，这里所指的“故意”仅指实施“追逐竞驶”和“醉酒驾车”行为时的心理状态而言，并不包括对可能发生的危害后果持希望或放任发生的心理状态，否则，行为人则可能构成故意犯罪。前述案例蔡某醉酒驾车主观方面为故意。

（三）危险驾驶罪的刑事责任

根据《刑法修正案（八）》的规定，在《刑法》第一百三十三条（交通肇事罪）之后增加一条作为第一百三十三条之一，其中第一款对危险驾驶罪的法定刑规定为“处拘役，并处罚金”，第二款规定：“有前款行为，同时构成其他犯罪的，依照处罚较重的规定定罪处罚。”对此罪规定的主刑为拘役。尽管该条对本罪适用的刑罚（拘役）没有规定幅度，但按照《刑法》总则对拘役刑种的规定，拘役的期限为一个月以上六个月以下。故人民法院在对构成危险驾驶罪的行为人在适用刑罚时仍应当根据犯罪的事实和情节等具体情况作出罚当其罪的判决。此外，对于因为危险驾驶行为造成其他危害结果又构成其他犯罪（如“交通肇事罪”或“以危险方法危害公共安全罪”）的，则应当依照《刑法》的相关规定以其他相关的犯罪追究刑事责任。

六、非国家工作人员受贿罪

（一）非国家工作人员受贿罪的概念

非国家工作人员受贿罪是指公司、企业或者其他单位的工作人员利用职务上的便利，索取他人财物或者非法收受他人财物，为他人谋取利益，数额较大的行为。

（二）非国家工作人员受贿的构成要件

1．客体

侵犯的客体是国家对公司、企业的管理秩序，其实质是一种不正当竞争。

2．客观方面

犯罪的客观方面表现为公司、企业或者其他单位的工作人员利用职务上的便利，索取他人财物或者非法收受他人财物的行为。

3．主体

犯罪主体属于特殊主体，即必须是公司、企业或者其他单位的工作人员，但这些人员不具有国家工作人员的身份。如果是国有公司、企业或者其他国有单位中从事公务的人员和国有公司、企业或者其他国有单位委派到非国有公司、企业以及其他单位从事公务的人员实施了这一行为的，则应当依照受贿罪的规定定罪处罚。

4．主观方面

犯罪的主观方面是故意，即是一种商品经济中的不正当交易。

（三）非国家工作人员受贿罪的刑事责任

《刑法》第一百六十三条规定："非国家工作人员利用职务上的便利，索取他人财物或者非法收受他人财物，为他人谋取利益，数额较大的，处五年以下有期徒刑或者拘役；数额巨大的，处五年以上有期徒刑，可以并处没收财产。"

七、故意杀人罪

（一）故意杀人罪的概念

故意杀人罪是指故意非法剥夺他人生命的行为，是侵犯公民人身权利罪中最严重的一种犯罪。

（二）故意杀人罪的构成要件

2007 年，年近八旬的曾婆婆摔了一跤后瘫痪在床，生活不能自理，随后儿子杨某将其接到家中赡养。其间，曾婆婆多次向邻居宋大爷（76 岁）流露：现在不仅拖累后人，而且本人也受苦，希望早点死了算了，请求宋大爷为她买点农药。宋大爷看到曾婆婆“活着痛苦”，心一软就答应了。不久后，宋大爷将购买的灭鼠用的“豌豆药”压碎后放在曾婆婆的床旁边后离去。当晚，曾婆婆服毒，经抢救无效死亡。法医鉴定曾婆婆系磷化物中毒死亡。2010 年 6 月 17 日，当地人民法院经审理认定，宋某（宋大爷）明知自己提供毒药的行为会帮助曾某（曾婆婆）自杀，而对该危害结果持放任态度，对曾某的自杀起到了不可或缺的作用，与曾某的死亡之间具有刑法上的因果关系，已构成故意杀人罪。鉴于宋某是帮助长期瘫痪在床的被害人自杀等具体情况，犯罪情节较轻，主观恶性较小，遂对其适用“情节较轻”的法定刑判处有期徒刑三年，缓刑四年。

1．客体

侵犯的客体是他人的生命权利。前述案例中宋某侵犯了曾婆婆的生命权利。

2．客观方面

犯罪的客观方面表现为实施了非法剥夺他人生命的行为。这种行为包括直接实施剥夺他人生命的行为和帮助他人实施自杀的行为在内。前者如刀砍、斧劈、枪击、投毒等，后者如帮助他人自杀（如本案中宋某的行为）即为自杀者提供毒药、制造条件等。前述案例客观方面表现为宋某实施了帮助曾婆婆自杀的行为。

3．主体

犯罪主体是年满十四周岁以上，具备刑事责任能力的人。前述案例宋某符合主体要求。

4．主观方面

犯罪的主观方面为故意，包括直接故意和间接故意。前述案例中宋某帮助曾婆婆自杀主观方面为直接故意。

（三）故意杀人罪的刑事责任

《刑法》第二百三十二条规定："故意杀人的，处死刑、无期徒刑或者十年以上有期徒刑；情节较轻的，处三年以上十年以下有期徒刑。"在我国《刑法》所规定的法定刑中，绝大多数都是按"由轻到重"的顺序排列的，但故意杀人罪的法定刑却是一个例外，它是按照"由重到轻"的顺序排列的，即首先是"处死刑"，然后才是其他的刑种和刑期，体现了国家对这种极其严重的侵犯公民人身权利的犯罪从严惩处的立法精神。当然，由于死刑是所有的刑罚中最重的、剥夺人的生命的刑罚，在适用时必须慎之又慎。故最高司法机关根据国家"少杀慎杀"的刑事政策，在有关司法解释中明确指出，对故意杀人犯罪是否判处死刑，不仅要看是否造成了被害人死亡结果，还要综合考虑案件的全部情况，如对于因婚姻家庭、邻里纠纷等民间矛盾激化引发的故意杀人犯罪，在是否适用死刑时就应当与发生在社会上的严重危害社会治安的其他故意杀人犯罪案件有所区别。对于被害人一方有明显过错或对矛盾激化负有直接责任，或者被告人有法定从轻处罚情节的，一般不应判处死刑立即执行。

八、故意伤害罪

（一）故意伤害罪的概念

故意伤害罪是指故意伤害他人身体的行为。

（二）故意伤害罪的构成要件

2008 年 3 月，十余名在校大学生聚集在校区附近的一家餐馆为同学举行生日宴，朱某因向同学李某敬酒被拒绝，感到自己颜面扫地，遂将酒杯朝李某脚下一摔，骂对方是“敬酒不吃吃罚酒！”还称“早就看你不顺眼了！”见李某提起酒瓶站起身时，朱某当即摸出随身携带的弹簧刀向李某刺去，然后离开现场。李某经闻讯赶来的“120”急救中心医生检查确认已经死亡。后经法医鉴定，李某系大腿股动脉被锐器刺伤致大量失血死亡。朱某在逃跑途中经父母规劝主动向公安机关投案自首。刑事诉讼过程中，在家人的支持下，朱某与被害人家属就民事赔偿达成了协议并已履行完毕。人民法院认定被告人朱某行为已构成故意伤害罪，鉴于其犯罪后自首且积极赔偿，获得了被害人家属的谅解，遂依法减轻，判处有期徒刑八年。

1．客体

侵犯的客体是他人的身体健康权。前述案例中朱某侵犯了李某的身体健康。

2．客观方面

犯罪的客观方面表现为实施了非法侵害他人身体健康的行为并造成了一定的后果，如轻伤、重伤或死亡。目前在司法实践中对人体损伤程度的判定标准是司法部、最高人民法院、最高人民检察院、公安部制定的《人体重伤鉴定标准（试行）》和《人体轻伤鉴定标准（试行）》等规范性文件。前述案例客观方面表现为朱某刺伤李某并导致了李某的死亡。

3．主体

本罪主体一般为年满十六周岁以上，具备刑事责任能力的人。

但由于故意伤害他人致人重伤或者死亡的行为属于暴力犯罪，故《刑法》规定故意伤害他人致人重伤或者死亡的，其刑事责任年龄为年满十四周岁以上。前述案例中朱某符合主体要求。

4. 主观方面

犯罪的主观方面为故意，包括直接故意和间接故意。前述案例朱某实施伤害行为主观方面为间接故意。

（三）故意伤害罪的刑事责任

根据《刑法》第二百三十四条和相关司法解释的规定，故意伤害他人身体的刑事责任为：故意伤害他人身体的，处三年以下有期徒刑、拘役或者管制；致人重伤的，处三年以上十年以下有期徒刑；致人死亡或者以特别残忍手段致人重伤造成严重残疾的，处十年以上有期徒刑、无期徒刑或者死刑。本法另有规定的，依照规定。

九、绑架罪

（一）绑架罪的概念

绑架罪是指使用暴力、胁迫、欺骗、麻醉或者其他方法，绑架他人以勒索财物或作为人质的行为。

（二）绑架罪的构成要件

2004年5月的一天，无业人员蒋某、胡某、郑某三人（均已满16周岁）决定"找点钱来花"。三人到了县城后，在宾馆开了一间房，经策划决定采取绑架的方法去"弄钱"。胡某自告奋勇提供了准备绑架的对象及其家庭的情况。第二天，胡某买了绳子、透明胶等作案工具。晚上，由胡某出面将刚下晚自习的被害人金某（9岁）骗了出来，与蒋某、郑某会合后，同乘一辆出租车到县城旁的护城河边，将金某绑了起来，问了他家里的电话后，便将金某杀害，并将尸体扔进护城河中。随后，三人回到宾馆给被害人金某家里打电话，要求其父母赶紧送钱来“赎人”。次日凌晨，三人被公安干警抓获，并对整个犯罪事实供认不讳，在公安干警的押解下，指认了作案现场和抛尸现场，并找到了金某的尸体。最后，经人民法院审理认为，三被告人的行为均已构成绑架罪，根据各被告人的罪责大小依法作出了判决。

1．客体

侵犯的客体是复杂客体，主要是他人的人身权利，同时也可能侵害他人的财产权利或其他权利。前述案例中胡某等人侵犯的是金某的人身权和金某家人的财产权。

2．客观方面

犯罪的客观方面表现为使用了暴力、胁迫、欺骗、麻醉或者其他方法绑架他人的行为。“绑架他人”，是指违背被害人或其监护人的意志，强行将其非法抓捕、拘禁或者劫持；“作为人质”，是指以释放被害人作为实现其一定目的的交换条件。前述案例客观方面表现为胡某等人实施了绑架和杀害金某的行为。

3．主体

犯罪主体为一般主体，即年满十六周岁，具备刑事责任能力的人均可以构成本罪主体。前述案例中胡某等人均具备主体要求。

4．主观方面

犯罪的主观方面为故意，且是直接故意。其直接故意的内容通常为勒索财物，但也可能是基于其他政治或报复泄愤的目的。按照《刑法》规定：“以勒索财物为目的偷盗婴幼儿的，以绑架罪论处。”前述案例中胡某等人的主观方面为直接故意。

（三）绑架罪的刑事责任

《刑法修正案（八）》对绑架罪的法定刑做了修改，即根据这类犯罪大多为结伙作案的特点，为分化瓦解犯罪分子，体现宽严相济的刑事政策，补充规定了“情节较轻”的法定刑。这样，根据修正后的《刑法》第二百三十九条，绑架罪的法定刑幅度有三个：一是基本的法定刑为处十年以上有期徒刑或者无期徒刑，并处罚金或者没收财产；二是情节较轻的法定刑为处五年以上十年以下有期徒刑，并处罚金；三是在犯罪过程中致使被绑架人死亡或者杀害被绑架人的，处死刑，并处没收财产。

十、强奸罪

（一）强奸罪的概念

强奸罪是指以暴力、胁迫或者其他手段，违背妇女意志，强行与其性交的行为。

（二）强奸罪的构成要件

任某某与少女郑某某（16岁）系同村村民，又是近邻。2009年冬季，被告人任某某先后两次窜至郑某某家，见其父母未在家，遂将郑某某按倒在炕上实施奸淫。事后，任某某得知被害人家人向公安机关报案，即潜逃在外。经精神病司法鉴定，被害人郑某某精神发育迟滞（中度），无性防卫能力。2010年6月15日，公安机关根据举报将外逃潜回家中的任某某抓获。经人民法院审理认为，被告人任某某明知被害人郑某某精神发育迟滞，而强行与被害人发生性行为，已触犯刑律，构成强奸罪，判处有期徒刑七年零六个月。

1. 客体

侵犯的客体是妇女的性自由权利。本罪侵害的对象是特定的，即只能是妇女，包括幼女、少女和成年妇女。对于奸淫不满14周岁的幼女的，以强奸论，从重处罚。近年来，有的地方曾发生对男子实施性侵犯的案件，这类行为如果达到构成犯罪的程度，可以依照《刑法》规定的其他罪名（如故意伤害罪）定罪处罚。前述案例任某某侵犯了郑某某的性自由权利。

2．客观方面

犯罪的客观方面表现为采用了暴力、胁迫或者其他手段，强行与被害妇女性交的行为。这里所指的“其他手段”，包括利用被害人系无行为能力人（如精神病患者）、或采用麻醉等手段使被害妇女处于不知反抗、不敢反抗和不能反抗的状态而实施的行为。出于对不满十四周岁幼女的特别保护，按照法律规定和有关司法解释，不论行为人采取暴力或非暴力的手段，或者对被害人的实际年龄是否明知不满十四周岁，只要与不满十四周岁的幼女发生了性行为，就构成此罪。前述案例客观方面表现为任某某利用郑某某精神发育迟滞，无性防卫能力，强行对郑某某多次实施奸淫的行为。

3．主体

犯罪主体为年满十四周岁，具备刑事责任能力的男性。由于强奸罪属于暴力犯罪，故《刑法》规定构成强奸罪的刑事责任年龄为年满十四周岁以上。通常情况下，强奸罪的犯罪主体为男性，女性不能独立成为本罪主体，但可能成为共同犯罪中的共犯（包括教唆犯）。前述案例中任某某符合主体要求。

4．主观方面

犯罪的主观方面为直接故意，且有违背妇女意志与之性交的目的。前述案例中任某某实施强奸行为主观方面为直接故意。

（三）强奸罪的刑事责任

《刑法》第二百三十六条对强奸罪规定的法定刑幅度有两个：一是基本的法定刑为处三年以上十年以下有期徒刑；二是加重的法定刑为处十年以上有期徒刑、无期徒刑或者死刑。其中加重的法定刑适用于以下几种情形：强奸妇女、奸淫幼女情节恶劣的；强奸妇女、奸淫幼女多人的；在公共场所当众强奸妇女的；二人以上轮奸的；致使被害人重伤、死亡或者造成其他严重后果的。

十一、拐卖妇女、儿童罪

（一）拐卖妇女、儿童罪的概念

拐卖妇女、儿童罪以出卖为目的，拐骗、绑架、收买、贩卖、接送、中转妇女、儿童的行为。

（二）拐卖妇女、儿童罪的构成要件

1．客体

侵犯的客体为妇女、儿童的人身权利和人格尊严，侵犯的对象为妇女、儿童。

2．客观方面

犯罪的客观方面表现为实施了拐骗、绑架、收买、贩卖、接送、中转妇女、儿童的行为。鉴于近年来拐卖妇女、儿童的犯罪日益猖獗，也出现了一些新情况、新问题，如在不少情况下，拐卖妇女、儿童的行为并不是一“拐”二“卖”这么简单，它实际上表现为一个过程，形成了一个链条。因此，我国《刑法》明确规定，行为人只要以出卖为目的，在拐卖妇女、儿童的过程中，实施了拐骗、绑架、收买、贩卖、接送、中转妇女、儿童的行为之一的，就构成此罪。本罪为选择性罪名，可根据行为人具体实施的犯罪行为确定相应的罪名，如拐卖妇女罪，拐卖儿童罪，拐卖妇女、儿童罪等。

3．主体

犯罪主体为一般主体，即年满十六周岁以上，具备刑事责任能力的人均可以构成本罪主体。

4．主观方面

犯罪的主观方面为直接故意，且具有出卖的目的。

（三）拐卖妇女、儿童罪的刑事责任

《刑法》第二百四十条对拐卖妇女、儿童罪规定了三个法定刑幅度：

1．基本法定刑

处五年以上十年以下有期徒刑，并处罚金。

2．加重法定刑

处十年以上有期徒刑或者无期徒刑，并处罚金或者没收财产。加重法定刑适用于以下八种情形：拐卖妇女、儿童集团的首要分子；拐卖妇女、儿童三人以上的；奸淫被拐卖的妇女的；诱骗、强迫被拐卖的妇女卖淫或者将被拐卖的妇女卖给他人迫使其卖淫的；以出卖为目的，使用暴力、胁迫或者麻醉方法绑架妇女、儿童的；以出卖为目的，偷盗婴幼儿的；造成被拐卖的妇女、儿童或者其亲属重伤、死亡或者其他严重后果的；将妇女、儿童卖往境外的。

3．情节特别严重的法定刑

对情节特别严重的拐卖妇女、儿童罪，处死刑，并处没收财产。

十二、虐待罪

（一）虐待罪的概念

虐待罪是指对共同生活的家庭成员，有能力履行赡养扶助义务而不履行，经常以冻饿、禁闭、打骂、有病不给治、强迫超体力劳作、限制自由、凌辱人格等方式，从肉体或精神上进行摧残、折磨、迫害，情节恶劣的行为。

（二）虐待罪的构成要件

1．客体

侵犯的客体是家庭成员在家庭生活中的平等权利和被害人的人身权利。

2．客观方面

犯罪的客观方面表现为经常性地对家庭成员进行各种形式的摧残、迫害，并且达到了情节恶劣的程度。虐待情节是否恶劣是认定其是否构成犯罪的主要标志。

3．主体

犯罪主体为特殊主体，即对被害人有赡养扶助义务且具有赡养扶助能力的家庭成员。

4．主观方面

犯罪的主观方面为直接故意，即行为人有意识地对被害人进行摧残或迫害。至于行为人是基于何种动机（如嫌弃被害人或为了再婚）而实施虐待行为，对构成此罪没有影响。

（三）虐待罪的刑事责任

《刑法》第二百六十条对虐待罪规定了两个法定刑幅度：一是基本法定刑为处二年以下有期徒刑、拘役或者管制；二是加重法定刑为处二年以上七年以下有期徒刑，适用于因虐待行为而致使被害人重伤、死亡的情形。

十三、遗弃罪

（一）遗弃罪的概念

遗弃罪是指对于年老、年幼、患病或者其他没有独立生活能力的人，负有扶养义务而拒绝扶养，情节恶劣的行为。

（二）遗弃罪的构成要件

1．客体

侵犯的客体是被害人依法应当受到扶养的权利，侵害的对象为没有独立生活能力的家庭成员。这里所指的“扶养”，包括行为人对父母的赡养、对子女的抚养和对其他家庭人员（如配偶）的扶助在内。

2．客观方面

犯罪的客观方面表现为对于年老、年幼、患病或者其他没有独立生活能力的人负有赡养扶助义务而拒绝履行的行为。这种犯罪行为通常表现为不作为，即不给吃饱、不给穿暖、不给治疗等，且达到了“情节恶劣”的程度，如致使被害人生活处于极度困境，或者引起被遗弃人重伤、死亡、精神失常等。

3．主体

犯罪主体为特殊主体，即对被遗弃者在法律上负有赡养扶助义务且具有赡养扶助能力的人。

4．主观方面

犯罪的主观方面为故意，即行为人明知自己具有法律上的赡养扶助义务且有赡养扶助能力而拒不履行这种法律义务。

（三）遗弃罪的刑事责任

《刑法》第二百六十一条对本罪规定的法定刑为处五年以下有期徒刑、拘役或者管制。

十四、抢劫罪

（一）抢劫罪的概念

抢劫罪是指以非法占有为目的，对财物的所有人、保管人使用暴力、胁迫或者其他手段，强行劫取公私财物的行为。

（二）抢劫罪的构成要件

正在某地少年犯管教所服刑的刘某有一个不幸的童年。在他一岁半时，先是母亲离开了家，后来听爷爷说母亲是被父亲赶出家门的，紧接着父亲也离家到外地打工。从此以后，刘某就跟爷爷奶奶一起生活，没有享受过母爱，接受过父母的教育。11 岁时，刘某偷偷爬上了一辆货运火车，离开了家乡，开始了流浪生活。2006 年 9 月的一天深夜，年仅 15 岁的刘某伙同他人在滨河路对在此散步的情侣实施抢劫，并连续作案三起，共抢劫现金 2 万多元，且手段残忍，致一人重伤、一人轻伤。作案后，几个人各奔东西，又相继落入法网。2007 年 7 月，刘某被人民法院以抢劫罪被判处有期徒刑九年。

1．客体

侵犯的客体是公私财物的所有权和被害人的人身权利。前述案例刘某侵犯了他人的财物所有权和人身权。

2．客观方面

犯罪的客观方面表现为行为人对财物的所有人、保管人或者护卫者当场使用暴力、胁迫或者其他手段，公然强行夺取或迫使被害人当场交出财物的行为。这里所指的“其他方法”是指与暴力、胁迫方法相当的使被害人不知反抗、不能反抗或丧失反抗能力的方法。前述案例客观方面表现为刘某使用暴力公然夺取他人财物的行为。

3．主体

犯罪主体为年满十四周岁，具备刑事责任能力的人。由于抢劫罪属于暴力犯罪，故《刑法》规定构成抢劫罪的刑事责任年龄为年满十四周岁以上。前述案例中，刘某十五岁，符合主体条件。

4．主观方面

犯罪的主观方面为直接故意，并具有非法占有公私财物的目的。前述案例中刘某实施抢劫主观方面为直接故意。

（三）抢劫罪的刑事责任

抢劫犯罪既是侵犯财产的犯罪，又是严重侵犯公民人身权利的、常见多发的暴力性犯罪，因此，历来是打击的重点。《刑法》第二百六十三条在明确规定本罪的基本法定刑为“处三年以上十年以下有期徒刑，并处罚金”的基础上，又采取列举的方法对该罪的加重法定刑作出了明确规定。即对有下列八种情形之一的，处十年以上有期徒刑、无期徒刑或者死刑，并处罚金或者没收财产：入户抢劫的；在公共交通工具上抢劫的；抢劫银行或者其他金融机构的；多次抢劫或者抢劫数额巨大的；抢劫致人重伤、死亡的；冒充军警人员抢劫的；持枪抢劫的；抢劫军用物资或者抢险、救灾、救济物资的。

（四）转化的抢劫罪

犯盗窃、诈骗、抢夺罪，为窝藏赃物、抗拒抓捕或者毁灭罪证当场使用暴力或者以暴力相威胁的，依照抢劫罪的规定定罪处罚。

十五、抢夺罪

（一）抢夺罪的概念

抢夺罪是指以非法占有为目的，乘人不备，公然夺取数额较大的公私财物的行为。

（二）抢夺罪的构成要件

一段时间以来，某县城几乎每天在下班和放学的高峰期都会发生几起抢夺提包、金项链、戒指、手机的案件，而且行为人都是骑摩托车，戴墨镜和手套作案，人称“摩托帮”，被害人大多为在校学生和中老年妇女，一时间闹得人心惶惶。为此，公安机关组成专案组，蹲点定时守候，发现蛛丝马迹即开始顺藤摸瓜，终于一举破获全案。原来这是一起有组织的抢夺团伙。以蒲某为首，大多为两三人一组，每到黄昏和夜晚，这伙人就分别骑上摩托车在学校、工厂、农贸市场等人多的地方伺机作案。作案后对抢得的财物，无论数量和品种，都交给蒲某统一处置和“论功行赏”。公安机关将其一网打尽后，城区治安秩序恢复正常，蒲某等为首者和参与者分别被处以无期徒刑和有期徒刑。

1．客体

侵犯的客体为公私财物的所有权，犯罪对象为公私财物。前述案例蒲某等人侵犯了他人的财物所有权。

2．客观方面

犯罪的客观方面表现为行为人对财物的所有人、保管人采取了乘其不备、公然夺取的行为，且被夺取的财物数额较大。如果行为人是携带凶器抢夺，则构成转化型抢劫，应当依照抢劫罪的规定定罪处罚。前述案例客观方面表现为蒲某等人飞车夺取财物的行为。

3．主体

犯罪主体为一般主体，即年满十六周岁以上，具备刑事责任能力的人都可以构成本罪主体。

4．主观方面

犯罪的主观方面为故意，并具有非法占有公私财物的目的。前述案例中蒲某等人实施抢夺主观方面为故意。

（三）抢夺罪的刑事责任

《刑法》第二百六十七条对抢夺罪规定了三个法定刑幅度：一

是数额较大的，处三年以下有期徒刑、拘役或者管制，并处或者单处罚金；二是数额巨大或者有其他严重情节的，处三年以上十年以下有期徒刑，并处罚金；三是数额特别巨大或者有其他特别严重情节的，处十年以上有期徒刑或者无期徒刑，并处罚金或者没收财产。

（四）抢夺罪与抢劫罪比较

1．抢夺罪行为人直接针对的是被害人的财物实施暴力，抢劫罪行为人是直接对被害人人身实施暴力，这是两者的关键区别。

2．抢夺罪表现为乘人不备，公然夺取财物的行为；抢劫罪表现为使用暴力、胁迫或其他手段，使被害人处于不能、不敢、不知反抗的程度，当场取得财物。

3．抢夺罪以数额较大为要件，抢劫罪没有数额要求。

4．携带凶器抢夺的依照抢劫罪的规定定罪处罚。根据《最高人民法院关于审理抢劫、抢夺刑事案件适用法律若干问题的意见》，此处“凶器”为枪支、爆炸物、管制刀具等国家禁止个人携带的器械。

十六、盗窃罪

（一）盗窃罪的概念

盗窃罪是指以非法占有为目的，秘密窃取数额较大的公私财物，或者多次盗窃、入户盗窃、携带凶器盗窃、扒窃的行为。

（二）盗窃罪的构成要件

2011 年 5 月 6 日上午，某省会城市一立交桥下，黄某正摆摊等人找他粉刷墙壁。10 时左右，一名中年妇女前来雇请黄某帮她粉刷墙壁，黄某即跟她来到其所住的小区。该妇女住在楼顶，当时楼顶左边有两间房，其中一间房门是锁着的，由其邻居曾某居住。该妇女要黄某粉刷自己所住房屋的墙壁和屋顶。由于隔壁上锁的那间房窗户未关，黄某趁该妇女下楼买涂料之机，从窗户翻到隔壁的窗台上，跳入房中，发现衣柜顶上有钱包，便从中抽出两张百元大钞塞进裤兜内。很快，该妇女的邻居曾某发现自己的钱被盗，立即报警。民警依据线索，将黄某抓住。法庭上，被告人黄某对上述事实供认不讳，但辩称其盗窃数额未达到“较大”的起点，属于治安违法，不构成犯罪。经人民法院审理，认定被告人黄某的行为属于入户盗窃，根据自2011年5月1日起开始施行的《刑法修正案（八）》的规定，入户盗窃不以“数额较大”为构成犯罪的要件，因此，黄某的行为已构成盗窃罪，其无罪辩护的理由不能成立。最后，人民法院依法判处黄某拘役四个月，并处罚金1000元。

1．客体

侵犯的客体是公私财物的所有权，侵犯的对象是公私财物。前述案例中黄某侵犯了曾某的钱物所有权。

2．客观方面

犯罪的客观方面表现为秘密窃取数额较大的公私财物或者多次盗窃、入户盗窃、携带凶器盗窃、扒窃的行为。其中，对“入户盗窃”、“携带凶器盗窃”和“扒窃”这三种盗窃行为并没有规定必须达到“数额较大”才构成此罪，因此，对这三种类型的盗窃行为而言，是否达到数额较大的起点，对构成盗窃罪的客观方面要件没有影响。前述案例客观方面表现为黄某秘密窃取曾某钱财的行为。

3．主体

犯罪主体为一般主体，即年满十六周岁以上，具备刑事责任能力的人都可以构成本罪主体。

4．主观方面

犯罪的主观方面为直接故意犯罪，且具有非法占有的目的。

前述案例黄某犯罪主观方面为直接故意。

（三）盗窃罪的刑事责任

根据《刑法修正案（八）》，修正后的《刑法》第二百六十四条规定，盗窃罪的法定刑有三个幅度：一是基本的法定刑，即盗窃公私财物数额较大的，或者多次盗窃、入户盗窃、携带凶器盗窃、扒窃的，处三年以下有期徒刑、拘役或者管制，并处或者单处罚金；二是数额巨大或者有其他严重情节的，处三年以上十年以下有期徒刑，并处罚金；三是数额特别巨大或者有其他特别严重情节的，处十年以上有期徒刑或者无期徒刑，并处罚金或者没收财产。

十七、敲诈勒索罪

（一）敲诈勒索罪的概念

敲诈勒索罪是指以非法占有为目的，对他人使用威胁或要挟的方法，强行索取数额较大的公私财物的行为。

（二）敲诈勒索罪的构成要件

1．客体

侵犯的客体是公私财物的所有权和公民的人身权利，侵害的对象是公私财物。

2．客观方面

犯罪的客观方面表现为使用威胁或要挟的方法，迫使被害人不得已向行为人交出财物。

3．主体

犯罪主体为一般主体，即年满十六周岁以上，具备刑事责任能力的人都可以构成本罪主体。

4．主观方面

犯罪的主观方面为直接故意，且具有非法占有他人财物之目的。

（三）敲诈勒索罪的刑事责任

《刑法》第二百七十四条对敲诈勒索罪规定了三个法定刑幅度：敲诈勒索公私财物，数额较大或者多次敲诈勒索的，处三年以下有期徒刑、拘役或者管制，并处或者单处罚金；数额巨大或者有其他严重情节的，处三年以上十年以下有期徒刑，并处罚金；三是数额特别巨大或者有其他特别严重情节的，处十年以上有期徒刑，并处罚金。

十八、诈骗罪

（一）诈骗罪的概念

诈骗罪是指以非法占有为目的，使用虚构事实或者隐瞒真相的方法，骗取数额较大的公私财物的行为。

（二）诈骗罪的构成要件

22 岁的女子严某和年近六旬的邓某，相识后成为情人，但邓某并未兑现与妻子离婚后再和严某结婚的承诺。后来，严某与他人结婚，并决定报复邓某。此后，严某相继编造出车祸等种种理由，让邓某给自己汇款。邓某四处借债，为她前后汇去八万多元，直到后来怀疑严某在骗他才报警。检察机关以严某的行为构成诈骗罪向人民法院提起公诉，理由是，构成诈骗罪须具备两个条件：一是虚构事实或隐瞒真相，另一个是使对方产生误解，心甘情愿地把自己的钱、物拿出来。在本案中，严某以非法占有为目的，用各种编造的理由来骗得邓某的信任，使邓某把钱拿出来，符合诈骗罪的构成要件。最后，人民法院经过依法审理，认定严某的行为已构成诈骗罪，对其判处有期徒刑四年零六个月。

1．客体

侵犯的客体是公私财物的所有权，侵害的对象为公私财物。前述案例中严某侵犯了邓某钱款的所有权。

2．客观方面

犯罪的客观方面表现为使用了虚构事实或者隐瞒真相的方法，骗取被害人的信任，从而“自愿”交出财物。虚构事实的手段是多种多样的，包括如假冒身份、伪造证件等；隐瞒真相包括故意掩盖客观存在的事实，使被害人陷于错误认识而上当受骗。前述案例客观方面表现为严某虚构事实骗取邓某钱款的行为。

3．主体

犯罪主体为一般主体，即年满十六周岁以上，具备刑事责任能力的人都可以成为本罪主体。前述案例中严某符合主体要求。

4．主观方面

犯罪的主观方面为直接故意，且具有非法占有公私财物的目的。前述案例中严某骗取钱财主观方面为直接故意。

（三）诈骗罪的刑事责任

《刑法》第二百六十六条对诈骗罪规定了三个法定刑幅度：一是诈骗公私财物，数额较大的，处三年以下有期徒刑、拘役或者管制，并处或者单处罚金；二是数额巨大或者有其他严重情节的，处三年以上十年以下有期徒刑，并处罚金；三是数额特别巨大或者有其他特别严重情节的，处十年以上有期徒刑或者无期徒刑，并处罚金或者没收财产。本法另有规定的，依照规定。

十九、职务侵占罪

（一）职务侵占罪的概念

职务侵占罪是指公司、企业或者其他单位的人员，利用职务上的便利，非法将本单位数额较大的财物占为己有的行为。

（二）职务侵占罪的构成要件

1．客体

侵犯的客体是公司、企业或者其他单位对本单位财物的所有权，侵害的对象是本单位的财物。

2．客观方面

犯罪的客观方面表现为利用职务上的便利，将本单位数额较大的财物非法占为己有。这里所指的“利用职务上的便利”包括利用其主管、经手、管理本单位财务的便利。

3．主体

犯罪主体为特殊主体，即公司、企业或者其他单位的人员，包括董事、监事和其他职工。对于国有公司、企业或者其他国有单位中从事公务的人员和国有公司、企业或者其他国有单位委派到非国有公司、企业以及其他单位从事公务的人员有职务侵占行为的，依照贪污罪的规定定罪处罚。

4．主观方面

犯罪的主观方面为直接故意，且具有非法占有本单位财物的目的。

（三）职务侵占罪的刑事责任

《刑法》第二百七十一条对职务侵占罪规定了两个法定刑幅度：数额较大的，处五年以下有期徒刑或者拘役；数额巨大的，处五年以上有期徒刑，可以并处没收财产。

二十、妨害公务罪

（一）妨害公务罪的概念

妨害公务罪是指以暴力、胁迫方法阻碍国家机关工作人员依法执行职务、阻碍各级人民代表大会代表依法执行代表职务、在自然灾害和突发事件中阻碍红十字会工作人员依法履行职责的行为，或者以暴力、威胁以外的方法故意阻碍国家安全机关、公安机关依法执行国家安全工作任务，造成严重后果的行为。

（二）妨害公务罪的构成要件

1．客体

侵犯的客体是国家机关工作人员、红十字会工作人员以及人大代表依法执行职务和履行职责的活动。

2．客观方面

犯罪的客观方面表现为阻碍国家机关工作人员、红十字会工作人员以及人大代表依法执行职务或履行职责的行为。

3．主体

犯罪主体为一般主体，即年满十六周岁以上，具备刑事责任能力的人都可以构成本罪主体。

4．主观方面

犯罪的主观方面为直接故意。

（三）妨害公务罪的刑事责任

《刑法》第二百七十七条规定，对构成妨害公务罪的，处三年以下有期徒刑、拘役、管制或者罚金。

二十一、寻衅滋事罪

（一）寻衅滋事罪的概念

寻衅滋事罪是指随意殴打、追逐、拦截、辱骂、恐吓他人或者强拿硬要、任意损毁、占用公物、起哄闹事，破坏社会秩序的行为。

（二）寻衅滋事罪的构成要件

1．客体

侵犯的客体是社会公共秩序，即人们应当共同遵守的规则和正常的社会秩序。

2．客观方面

犯罪的客观方面表现为行为人实施了下列寻衅滋事的行为之一：随意殴打他人，情节恶劣的；追逐、拦截、辱骂、恐吓他人，情节恶劣的；强拿硬要或者任意损毁、占用公私财物，情节严重的；在公共场所起哄闹事，造成公共场所秩序严重混乱的。

3．主体

犯罪主体为一般主体，即年满十六周岁以上，具备刑事责任能力的人都可以构成本罪主体。

4．主观方面

犯罪的主观方面为故意，包括直接故意和间接故意，且通常情况下行为人具有寻求精神刺激、称王称霸、为所欲为的心理状态。

（三）寻衅滋事罪的刑事责任

《刑法》第二百九十三条对寻衅滋事罪规定了两个法定刑幅度：基本的法定刑为处五年以下有期徒刑、拘役或者管制；纠集他人多次寻衅滋事，严重破坏社会秩序的，处五年以上十年以下有期徒刑，可以并处罚金。

二十二、聚众斗殴罪

（一）聚众斗殴罪的概念

聚众斗殴罪是指出于私仇宿怨、争霸一方或者其他不良动机，为了达到不正当目的，纠集多人成帮结伙相互进行斗殴的行为。

（二）聚众斗殴罪的构成要件

2011 年 8 月 9 日晚，陈某得知其朋友褚某在集镇饭店就餐时被朱某等人殴打后，纠集了郝某等十余人，持砍刀、火药枪和猎枪到该饭店内对仍在此就餐的朱某等人实施殴打，致朱某等三人轻伤、两人轻微伤，并将饭店砸毁，造成经济损失十万余元。人民法院经审理认为陈某、郝某等人的行为已构成聚众斗殴罪，根据各被告人的地位作用和罪责大小，依法追究刑事责任并判令其赔偿被害人的经济损失。

1．客体

侵犯的客体是社会公共秩序和他人的人身安全。前述案例中陈某等人侵犯了社会治安秩序和朱某等人的人身安全。

2．客观方面

犯罪的客观方面表现为具有下列行为之一：多次聚众斗殴的；聚众斗殴人数多、规模大、社会影响恶劣的；在公共场所或者交通要道聚众斗殴，造成社会秩序严重混乱的；持械聚众斗殴的。前述案例客观方面表现为陈某等人持械斗殴的行为。

3．主体

犯罪主体为一般主体，即年满十六周岁以上，具备刑事责任能力的首要分子和其他积极参加者都可以构成本罪主体。前述案例中陈某、郝某的行为符合主体条件。

4．主观方面

犯罪的主观方面为故意，包括直接故意和间接故意。前述案例中陈某等人主观方面为间接故意。

（三）聚众斗殴罪的刑事责任

《刑法》第二百九十二条对聚众斗殴罪的刑事责任区别不同情况做了规定：（1）聚众斗殴的，对首要分子和其他积极参加的，处三年以下有期徒刑、拘役或者管制。（2）对多次聚众斗殴；聚众斗殴人数多、规模大、社会影响恶劣的；在公共场所或者交通要道聚众斗殴，造成社会秩序严重混乱的；持械聚众斗殴的首要分子和其他积极参加的，处三年以上十年以下有期徒刑。（3）对聚众斗殴，致人重伤、死亡的，依照故意伤害罪、故意杀人罪的规定定罪处罚。

在前述案例中，如陈某等人的行为造成了被害人重伤或死亡的结果，则就不再以聚众斗殴罪定性处理，而应当以故意杀人罪或故意伤害罪定罪处罚。

二十三、容留他人吸毒罪

（一）容留他人吸毒罪的概念

容留他人吸毒罪是指容留他人吸食、注射毒品的行为。

（二）容留他人吸毒罪的构成要件

1．客体

侵犯的客体是社会治安秩序和他人的身心健康。

2．客观方面

犯罪的客观方面表现为实施了容留他人吸食、注射毒品的行为。

3．主体

犯罪主体为一般主体，即年满十六周岁以上，具备刑事责任能力的人都可以构成本罪主体。

4．主观方面

犯罪的主观方面为直接故意，即明知他人吸食、注射毒品而故意容留，行为人主观上是否具有贪财图利的动机不影响犯罪的构成。

（三）容留他人吸毒罪的刑事责任

《刑法》第三百五十四条规定：“容留他人吸食、注射毒品的，处三年以下有期徒刑、拘役或者管制，并处罚金。”

二十四、引诱、容留、介绍卖淫罪

（一）引诱、容留、介绍卖淫罪的概念

引诱、容留、介绍卖淫罪是指引诱、容留、介绍卖淫，败坏

社会风气，妨害社会管理秩序的行为。

（二）引诱、容留、介绍卖淫罪的构成要件

刘某在经营其与他人合伙开设的“夜总会”中，明知不少年轻貌美的女青年以“服务员”、“陪酒”等身份前来应聘，却实际上是从事色情服务，也清楚那些成双成对的男女在里面是做“那方面的事”，可为了“生意兴隆”并从中获取巨额利润，大开绿灯，甚至主动引诱、介绍“业务”，提供各种方便条件。结果，不仅这个“夜总会”成了当地藏污纳垢的地方，而且败坏社会风气，影响社会治安，酿成了不少凶杀、抢劫等刑事案件。人民法院审理认为，刘某的行为已构成引诱、容留、介绍卖淫罪，对其依法追究刑事责任。

1. 客体

侵犯的客体是社会治安秩序和良好的社会道德风尚。前述案例中刘某侵犯了社会秩序和良好的社会道德。

2. 客观方面

犯罪的客观方面表现为实施了引诱、容留、介绍卖淫中的一种或多种的行为。本罪为选择性罪名，可根据行为人具体实施的犯罪行为确定相应的罪名，如引诱卖淫罪，容留卖淫罪，介绍卖淫罪，引诱、容留、介绍卖淫罪等。前述案例客观方面表现为陈某容留他人卖淫的行为。

3. 主体

犯罪主体为一般主体，即年满十六周岁以上，具备刑事责任能力的人都可以构成本罪主体。在司法实践中，虽然不少情况下行为人实施本罪是利用本单位的条件实施的，但法律并没有明确规定为单位犯罪，故对单位的有关人员实施的这些行为仍应以个人犯罪论处。但如果是这些单位的主要负责人实施这种行为并构成犯罪的，从重处罚。前述案例中陈某符合主体要求。

4．主观方面

犯罪的主观方面为故意，行为人主观上是否具有贪财图利的动机不影响犯罪的构成。前述案例中陈某主观方面为故意。

（三）引诱、容留、介绍卖淫罪的刑事责任

《刑法》第三百五十九条对引诱、容留、介绍卖淫罪规定了两个法定刑幅度：基本的法定刑幅度为处五年以下有期徒刑、拘役或者管制，并处罚金；情节严重的，处五年以上有期徒刑，并处罚金。

二十五、走私、贩卖、运输、制造毒品罪

（一）走私、贩卖、运输、制造毒品罪的概念

走私、贩卖、运输、制造毒品罪是指明知是毒品而进行走私、贩卖、运输、制造的行为。

（二）走私、贩卖、运输、制造毒品罪的构成要件

1．客体

侵犯的客体是国家对麻醉药品和精神药品的管理制度。犯罪的对象为毒品，包括鸦片、海洛因、甲基苯丙胺、吗啡、可卡因以及其他国务院规定管制的其他能够使人形成瘾癖的麻醉药品和精神药品。

2．客观方面

犯罪的客观方面表现为实施了走私、贩卖、运输、制造毒品中的一种或多种行为。对多次走私、贩卖、运输、制造毒品未经处理的，毒品数量累计计算。毒品的数量以查证属实的走私、贩卖、运输、制造毒品的数量计算，不以纯度折算。本罪为选择性罪名，可根据行为人具体实施的犯罪行为确定相应的罪名，如走私毒品罪、贩卖毒品罪、运输毒品罪、制造毒品罪等。

3．主体

犯罪主体为一般主体，即十六周岁以上，具备刑事责任能力的人都可以构成本罪主体。但由于贩卖毒品罪是一种危害特别严重的犯罪，因此，我国《刑法》规定年满十四周岁以上的人就可以构成贩卖毒品罪。

4．主观方面

犯罪的主观方面为故意，即行为人明知是毒品而予以走私、贩卖、运输、制造。

（三）走私、贩卖、运输、制造毒品罪的刑事责任

为了加大对毒品犯罪的打击力度，《刑法》第三百四十七条对走私、贩卖、运输、制造毒品罪的法定刑做了非常明确而严厉的规定：

1．走私、贩卖、运输、制造毒品，有下列情形之一的，处十五年有期徒刑、无期徒刑或者死刑，并处没收财产：

（1）走私、贩卖、运输、制造鸦片一千克以上、海洛因或者甲基苯丙胺五十克以上或者其他毒品数量大的；

（2）走私、贩卖、运输、制造毒品集团的首要分子；

（3）武装掩护走私、贩卖、运输、制造毒品的；

（4）以暴力抗拒检查、拘留、逮捕，情节严重的；

（5）参与有组织的国际贩毒活动的。

2．走私、贩卖、运输、制造鸦片二百克以上不满一千克、海洛因或者甲基苯丙胺十克以上不满五十克或者其他毒品数量较大的，处七年以上有期徒刑，并处罚金。

3．走私、贩卖、运输、制造鸦片不满二百克、海洛因或者甲基苯丙胺不满十克或者其他少量毒品的，处三年以下有期徒刑、拘役或者管制，并处罚金；情节严重的，处三年以上七年以下有期徒刑，并处罚金。

4．单位犯罪的，对单位判处罚金，并对其直接负责的主管人员和其他直接责任人员，依照上述法定刑处罚。

5．利用、教唆未成年人走私、贩卖、运输、制造毒品，或者向未成年人出售毒品的，从重处罚。

二十六、非法持有毒品罪

（一）非法持有毒品罪的概念

非法持有毒品罪是指违反国家毒品管制法规，明知是毒品而予以私藏或保存，数量较大的行为。

（二）非法持有毒品罪的构成要件

1．客体

侵犯的客体是国家的禁毒管理制度即国家对麻醉药品和精神药品的管理制度。

2．客观方面

犯罪的客观方面表现为行为人实施了非法持有、私藏、保存较大数量的毒品的行为。

3．主体

犯罪主体为一般主体，即年满十六周岁以上，具备刑事责任能力的人都可以构成本罪主体。

4．主观方面

犯罪的主观方面为故意，即明知是毒品且没有合法依据而予以持有、私藏、保存。如果行为人持有、私藏、保存毒品的目的是为了走私、贩卖、运输毒品，则构成走私、贩卖、运输毒品罪。

（三）非法持有毒品罪的刑事责任

《刑法》第三百四十八条对非法持有毒品罪规定的法定刑幅度为：非法持有鸦片一千克以上、海洛因或者甲基苯丙胺五十克以上或者其他毒品数量大的，处七年以上有期徒刑或者无期徒刑，并处罚金；非法持有鸦片二百克以上不满一千克、海洛因或者甲基苯丙胺十克以上不满五十克或者其他毒品数量较大的，处三年以下有期徒刑、拘役或者管制，并处罚金；情节严重的，处三年以上七年以下有期徒刑，并处罚金。

二十七、组织、领导、参加黑社会性质组织罪

（一）组织、领导、参加黑社会性质组织罪的概念

组织、领导、参加黑社会性质组织罪是指组织、领导、参加以暴力、威胁或其他手段，有组织地进行违法犯罪活动，称霸一方，为非作恶，欺压、残害群众，严重破坏经济、社会生活秩序的黑社会性质的组织的行为。所谓“黑社会性质的组织”，应当同时具备以下特征：一是形成较稳定的犯罪组织，人数较多，有明确的组织者、领导者，骨干成员基本固定；二是有组织地通过违法犯罪活动或者其他手段获取经济利益，具有一定的经济实力，以支持该组织的活动；三是以暴力、威胁或者其他手段，有组织地多次进行违法犯罪活动，为非作恶，欺压、残害群众；四是通过实施违法犯罪活动，或者利用国家工作人员的包庇或者纵容，称霸一方，在一定区域或者行业内，形成非法控制或者重大影响，严重破坏经济、社会生活秩序。

（二）组织、领导、参加黑社会性质组织罪的构成要件

1. 客体

侵犯的客体是社会管理秩序，侵害的对象是社会公众的安全。

2. 客观方面

犯罪的客观方面表现为实施了组织、领导、参加以暴力、威胁或其他手段，有组织地进行违法犯罪活动的行为。本罪为选择性罪名，可根据行为人具体实施的犯罪行为确定相应的罪名，如组织、领导黑社会性质组织罪，参加黑社会性质组织罪等。

3．主体

犯罪主体为一般主体，即年满十六周岁以上，具备刑事责任能力的人都可以构成本罪主体。

4．主观方面

犯罪的主观方面为故意。

（三）组织、领导、参加黑社会性质组织罪的刑事责任

修正后的《刑法》第二百九十四条根据行为人在组织、领导、参加黑社会性质组织的犯罪活动中地位作用的不同规定了相应的法定刑：组织、领导黑社会性质的组织的，处七年以上有期徒刑，并处没收财产；积极参加的，处三年以上七年以下有期徒刑，可以并处罚金或者没收财产；其他参加的，处三年以下有期徒刑、拘役、管制或者剥夺政治权利，可以并处罚金。同时规定，如果犯组织、领导、参加黑社会性质组织罪又有其他犯罪行为的，依照数罪并罚的规定处罚。

二十八、脱逃罪

（一）脱逃罪的概念

脱逃罪，是指依法被关押的罪犯、被告人、犯罪嫌疑人擅自逃离监管场所的行为。

（二）脱逃罪的构成要件

1991 年 7 月，因抢劫犯罪被判处有期徒刑六年、服刑仅一年多的冯某越狱潜逃。近二十年来，他有家不敢回，孤身一人辗转在河南、湖北、陕西、山西四省偏僻的矿山、农村或建筑工地，长期以捡破烂、修锅底、做建筑小工为生，淘过金、挖过煤。由于是逃犯身份，受了欺侮从不敢讨个说法，不敢和别人交朋友，也不敢和人喝酒，害怕一不小心暴露了身份，被警察抓住。为了

结束逃亡生活，他曾抱有一丝幻想，认为逃跑的时间一长也就“算了”，但心里又不踏实，忍不住走进一家律师事务所，问这么多年过去了原来的刑期可不可以“作废”。律师告诉他，“法律的债没有免债条款，除了回去自首，别无他法。”终于，走投无路的冯某2010年7月回到老家，在父亲的陪同下，主动到当地公安机关投案自首。人民法院鉴于冯某主动投案自首的情节，判决对其脱逃行为免予刑事处罚，继续执行原判刑罚（余刑）。重新穿上囚服后，冯某说：“反而感到浑身轻松，因为脱掉了十九年的假面具，终于可以本来面目见人了！在外逃亡的日子其实比在监狱还难过！”

1．客体

侵犯的客体是司法机关对依法被关押的罪犯、被告人、犯罪嫌疑人行使的剥夺或暂时控制其人身自由的监管权和监管场所的监管秩序。前述案例中冯某侵犯了监狱的监管秩序和监管权。

2．客观方面

犯罪的客观方面表现为从看守所、监狱等监管场所逃跑或在押解途中逃跑的行为。前述案例客观方面表现为冯某从监狱潜逃的行为。

3．主体

犯罪主体为特殊主体，即依法被关押的罪犯、被告人、犯罪嫌疑人才构成此罪。前述案例中冯某符合主体要求。

4．主观方面

犯罪的主观方面为故意。前述案例中冯某潜逃主观方面为故意。

（三）脱逃罪的刑事责任

《刑法》第三百一十六条规定：“依法被关押的罪犯、被告人、犯罪嫌疑人脱逃的，处五年以下有期徒刑或者拘役。”司法实践中，有的罪犯认为，只要脱逃成功，只要脱逃的时间超过了“余刑”，就万事大吉了。显然，这种认识是错误的，如有这种行为更是危险的。尽管我国《刑法》设立的追诉时效制度规定了不同的犯罪经过一定的期限就可以不再追诉，但《刑法》还规定了几种不受追诉时效限制的例外情形，其中就包括在司法机关立案侦查或者在人民法院受理案件以后，逃避侦查或者审判的，不受追诉期限的限制。同时还规定犯罪行为有连续或者继续状态的，从犯罪行为终了之日起计算追诉时效。由于脱逃行为始终处于连续状态，只要在被抓获或主动投案自首之前，都处于犯罪行为的“连续或者继续状态”，故对脱逃罪的追诉时效自然就应“从犯罪行为终了之日起计算”，换句话说，对脱逃的罪犯将实行“终身追逃”，永远都不会“过期作废”。

二十九、破坏监管秩序罪

(一)破坏监管秩序罪的概念

破坏监管秩序罪是指依法被关押的罪犯故意破坏监管秩序，情节严重的行为。

(二)破坏监管秩序罪的构成要件

贾某因犯盗窃罪被判处有期徒刑五年，押送监狱执行刑罚。服刑期间的一天上午10时许，贾某因违犯监规不按规定出早操，被管教民警杨某叫到值班室谈话。在谈话过程中，贾某提起身边的暖水瓶朝民警杨某的头部猛砸下去，水瓶胆破碎，致杨某头、面、颈、肩部被烫伤，烫伤面积为4.6%，经法医鉴定为轻微伤。另查明，贾某在服刑期间曾因违犯监规、破坏监管秩序而多次被管教民警批评教育，并因此被禁闭十五天。人民法院审理认为，贾某身为被依法关押的罪犯，经常违犯监规，在多次受到批评及禁闭处分后，仍不思悔改，又殴打监管人员，情节严重，其行为构成破坏监管秩序罪。同时，贾某在刑罚执行完毕以前又犯新罪，应数罪并罚，遂对贾某犯破坏监管秩序罪判处有期徒刑一年零六个月，与前罪没有执行完毕的刑罚实行数罪并罚，决定执行有期徒刑二年零六个月。

1. 客体

侵犯的客体是监狱的监管秩序。前述案例中贾某侵犯了监狱的监管秩序。

2. 客观方面

犯罪的客观方面表现为被关押的罪犯实施了破坏监所管理秩序的行为，且达到情节严重的程度。这些破坏行为主要有以下四类：殴打监管人员的；组织其他被监管人破坏监管秩序的；聚众闹事，扰乱正常监管秩序的；殴打、体罚或者指使他人殴打、体罚其他被监管人的。前述案例客观方面表现为贾某实施了殴打民警、破坏监管秩序的行为。

3. 主体

犯罪主体为特殊主体，主体包括已被人民法院判处拘役以上刑罚而在监狱、少年犯管教所、看守所服刑的罪犯。前述案例中贾某符合主体要求。

4. 主观方面

犯罪的主观方面为故意，且表现为直接故意犯罪。至于行为人是基于何种动机实施破坏监管秩序的行为，对构成此罪没有影响。前述案例中贾某破坏监管秩序主观方面为故意。

（三）破坏监管秩序罪的刑事责任

《刑法》第三百一十五条规定，依法被关押的罪犯，有殴打监管人员；组织其他被监管人破坏监管秩序；聚众闹事扰乱正常监管秩序的；殴打、体罚或者指使他人殴打、体罚其他被监管人的行为之一，情节严重的，处三年以下有期徒刑。当然，如果破坏监管秩序的行为还构成了其他犯罪（如致人重伤、死亡），则应当依照牵连犯的法律适用原则，按处罚较重的法律规定定罪处刑。

三十、贪污罪

（一）贪污罪的概念

贪污罪是指国家工作人员利用职务上的便利，侵吞、窃取、骗取或者以其他手段非法占有公共财物的行为。

（二）贪污罪的构成要件

1．客体

侵犯的客体是国家对公职人员的廉洁管理制度和公共财物的所有权，侵害的对象为公共财物。

2．客观方面

犯罪的客观方面表现为国家工作人员利用自己职权范围内主管或经管公共财物的权力和地位所形成的便利条件，采取侵吞、窃取、骗取或者以其他手段非法占有公共财物的行为。对多次贪污未经处理的，按照累计贪污数额处罚。

3．主体

犯罪主体为特殊主体，即只有国家工作人员才构成此罪。这里所指的国家工作人员，包括受国家机关、国有公司、企业、事业单位、人民团体委托管理、经营国有财产的人员。对于不具备国家工作人员身份和前述情形的人采取非法手段占有本单位或他人的财物的，将依照其他相关的罪名（如职务侵占罪）追究刑事责任。

4．主观方面

犯罪的主观方面为故意，且具有非法占有公共财物的目的。

（三）贪污罪的刑事责任

《刑法》第三百八十三条对贪污罪的刑事责任根据情节轻重分别规定了不同的法定刑幅度：

1. 个人贪污数额在十万元以上的，处十年以上有期徒刑或者无期徒刑，可以并处没收财产；情节特别严重的，处死刑，并处没收财产。

2. 个人贪污数额在五万元以上不满十万元的，处五年以上有期徒刑，可以并处没收财产；情节特别严重的，处无期徒刑，并处没收财产。

3. 个人贪污数额在五千元以上不满五万元的，处一年以上七年以下有期徒刑；情节严重的，处七年以上十年以下有期徒刑。个人贪污数额在五千元以上不满一万元，犯罪后有悔改表现、积极退赃的，可以减轻处罚或者免予刑事处罚，由其所在单位或者上级主管机关给予行政处分。

4. 个人贪污数额不满五千元，情节较重的，处二年以下有期徒刑或者拘役；情节较轻的，由其所在单位或者上级主管机关酌情给予行政处分。

三十一、受贿罪

（一）受贿罪的概念

受贿罪是指国家工作人员利用职务上的便利，索取他人财物，或者非法收受他人财物，为他人谋取利益的行为。

（二）受贿罪的构成要件

1. 客体

侵犯的客体是国家对公职人员的廉洁管理制度，犯罪对象为贿赂，具体指的是财物，包括金钱和物品。

2. 客观方面

犯罪的客观方面表现为国家工作人员利用其本人职务上主管或经管、承办某项公务而具有的便利条件，索取贿赂或者收取贿赂，为他人谋取利益的行为。

3．主体

犯罪主体为特殊主体，即只有国家工作人员才构成此罪，如不具有国家工作人员身份的人利用职务上的便利实施了上述行为之一的，则可能构成“非国家工作人员受贿罪”。

4．主观方面

犯罪的主观方面为直接故意，其犯罪目的是为了获取财物，实现权钱交易。

（三）受贿罪的刑事责任

《刑法》第三百八十六条规定，受贿罪的刑事责任按照《刑法》对贪污罪规定的法定刑幅度执行：

1．受贿数额在十万元以上的，处十年以上有期徒刑或者无期徒刑，可以并处没收财产；情节特别严重的，处死刑，并处没收财产。

2．受贿数额在五万元以上不满十万元的，处五年以上有期徒刑，可以并处没收财产；情节特别严重的，处无期徒刑，并处没收财产。

3．受贿数额在五千元以上不满五万元的，处一年以上七年以下有期徒刑；情节严重的，处七年以上十年以下有期徒刑。受贿数额在五千元以上不满一万元，犯罪后有悔改表现、积极退赃的，可以减轻处罚或者免予刑事处罚，由其所在单位或者上级主管机关给予行政处分。

4．受贿数额不满五千元，情节较重的，处二年以下有期徒刑或者拘役；情节较轻的，由其所在单位或者上级主管机关酌情给予行政处分。

与此同时，《刑法》还特别规定，对索贿的从重处罚。

三十二、滥用职权罪

（一）滥用职权罪的概念

滥用职权罪是指国家机关工作人员滥用职权或者玩忽职守，

致使公共财产、国家和人民利益遭受重大损失的行为。

（二）滥用职权罪的构成要件

1．客体

侵犯的客体是双重客体，即不仅侵犯了国家机关公务活动的正常秩序，而且也侵犯了公民和社会组织的人身权利、财产权利等合法权益。

2．客观方面

犯罪的客观方面表现为国家机关工作人员实施了滥用职权的行为，且致使公共财产、国家和人民利益遭受重大损失。这里所指的滥用职权有两种情况：一种是不法行使权力而导致侵权行为发生，另一种是超越职权权力范围。

3．主体

犯罪主体为特殊主体，即只有国家机关工作人员才构成此罪。

4．主观方面

犯罪的主观方面表现为行为人对自己滥用职权的行为是一种故意的心理状态，包括直接故意和间接故意。

（三）滥用职权罪的刑事责任

《刑法》第三百九十七条规定，国家机关工作人员滥用职权，致使公共财产、国家和人民利益遭受重大损失的，处三年以下有期徒刑或者拘役；情节特别严重的，处三年以上七年以下有期徒刑。

三十三、玩忽职守罪

（一）玩忽职守罪的概念

玩忽职守罪是指国家机关工作人员违反职责规定，严重不负责任，不履行或不认真履行依法应当履行的职责，致使公共财产、国家和人民利益遭受重大损失的行为。

（二）玩忽职守罪的构成要件

1．客体

侵犯的客体是国家机关正常的工作秩序。

2．客观方面

犯罪的客观方面表现为违反职责要求，玩忽职守，不尽职责或义务，或者疏忽大意，不认真履行职责和义务，致使公共财产、国家和人民利益遭受重大损失。行为的方式包括作为和不作为。

3．主体

犯罪主体为特殊主体，即只有国家机关工作人员才构成此罪。

4．主观方面

犯罪的主观方面为过失，包括疏忽大意的过失和过于自信的过失。

（三）玩忽职守罪的刑事责任

《刑法》第三百九十七条规定，国家机关工作人员玩忽职守，致使公共财产、国家和人民利益遭受重大损失的，处三年以下有期徒刑或者拘役；情节特别严重的，处三年以上七年以下有期徒刑。

思考题：

1. 脱逃罪的构成要件是什么？脱逃后只要逃过了“余刑”就万事大吉了吗？

2. 我国《刑法》对破坏监管秩序罪规定的法定刑是什么？

3. 谈谈本人对自己所犯罪行的犯罪构成及所受处罚的认识。

4. 入户盗窃、扒窃和携带凶器盗窃是否必须达到“数额较大”才构成犯罪？

5. 抢劫罪与抢夺罪的主要区别是什么？

6. 因危险驾驶行为造成人员伤亡和财产损失的应当如何处罚？

附：《刑法》及与刑法相关的常用法律索引

1.《中华人民共和国刑法》（1997年3月14日修正）

2.《中华人民共和国刑法修正案（一）》（1999年12月25日施行）

3.《中华人民共和国刑法修正案（二）》（2001年8月31日施行）

4.《中华人民共和国刑法修正案（三）》（2001年12月29日施行）

5.《中华人民共和国刑法修正案（四）》（2002年12月28日施行）

6.《中华人民共和国刑法修正案（五）》（2005年2月28日施行）

7.《中华人民共和国刑法修正案（六）》（2006年6月29日施行）

8.《中华人民共和国刑法修正案（七）》（2009年2月28日施行）

9.《中华人民共和国刑法修正案（八）》（2011年2月25日施行）

10.《中华人民共和国刑事诉讼法》（2012年3月14日修正）

11.《中华人民共和国监狱法》（1994年12月29日施行）

12.《中华人民共和国看守所条例》（1990年3月17日施行）

13. 最高人民法院《关于办理减刑、假释案件具体应用法律若干问题的规定》（2011年11月21日由最高人民法院审判委员会第1532次会议通过）

14. 最高人民法院《关于〈中华人民共和国刑法修正案（八）〉时间效力问题的解释》（2011年4月20日由最高人民法院审判委员会第1519次会议通过）

第五章　监　狱　法

1994 年 12 月 29 日第八届全国人民代表大会常务委员会第十一次会议审议通过的《中华人民共和国监狱法》，是新中国颁布的第一部监狱法典。《中华人民共和国监狱法》（以下简称《监狱法》）共七章七十八条，主要包括总则、监狱、刑罚的执行、狱政管理、对罪犯的教育改造、对未成年犯的教育改造和附则。本章将对此法做简要介绍。

第一节　监 狱 概 述

一、监狱概念、性质

监狱是国家机器的重要组成部分，是国家的刑罚执行机关，是以国家强制力为后盾，依法对判处死刑缓期二年执行、无期徒刑、有期徒刑的罪犯实施监禁的场所。

《监狱法》第二条规定："监狱是国家的刑罚执行机关，依照刑法和刑事诉讼法的规定，被判处死刑缓期二年执行、无期徒刑、有期徒刑的罪犯，在监狱内执行刑罚。"

从《监狱法》的规定可以看出，我国监狱的性质有以下两点。

（一）我国监狱是人民专政的工具

监狱是国家机器的重要组成部分，是人民民主专政国家的强制机关。尽管监狱法无监狱是人民民主专政工具这一性质阐述，但这一政治属性对我国监狱来说是不言而喻的。新中国监狱的性质是由人民民主专政的国家政权性质所决定的。我国是以工人阶级领导的、以工农联盟为基础的人民民主专政的社会主义国家。对广大人民群众实行民主，对极少数犯罪分子实行专政。正是由于这种性质，决定了我国监狱是人民民主专政的工具这一本质属性。

（二）我国监狱是国家的刑罚执行机关

《监狱法》第二条规定："监狱是国家的刑罚执行机关。"《监狱法》《刑法》《刑事诉讼法》都规定："判处死刑缓期二年执行、无期徒刑、有期徒刑的罪犯，应在监狱内执行刑罚。"这就明确指出了我国监狱的法律属性是国家的刑罚执行机关。监狱作为刑罚执行机关，与公安机关、检察机关、人民法院组成了系统的执法体系。

二、我国监狱工作的方针和任务

（一）我国监狱工作方针

1995 年，国务院在国发[1995] 4 号文件《国务院关于进一步加强监狱管理和劳动教养工作的通知》中，明确指出了监狱工作要坚持"惩罚与改造相结合，以改造人为宗旨"的方针。这一方针集中体现了监狱的性质和根本任务，涵盖了监狱惩罚和改造两大职能，突出了改造人的目的。

"以改造人为宗旨"是监狱工作的总体要求。监狱工作的基本职能和任务是惩罚和改造罪犯。惩罚罪犯的社会价值基础是公正，改造罪犯的社会价值基础是功利。

"惩罚与改造相结合"是我国监狱实现监狱工作宗旨的根本途径。其基本要求是：对罪犯严格按照监狱法规进行监禁，强制其遵守监狱法规、纪律，履行义务。对于违反监狱法规、纪律和不履行义务的罪犯，给予严厉打击。同时对罪犯进行系统的、有目的的改造，进行政治思想、文化知识、职业技术教育；组织罪犯进行生产劳动，使其养成习惯，学会劳动技能。在改造过程中充分发挥管理、劳动、教育等手段的作用，使罪犯在认罪服法的基础上，痛改前非，成为遵纪守法、自食其力的公民。

（二）我国监狱工作的任务

我国监狱工作的任务包括两大方面：

1．惩罚罪犯

监狱作为刑罚执行机关，首要任务就是要把对罪犯实施惩罚落到实处。不管罪犯意愿如何，都必须无条件地接受这种不可侵犯的强制性惩罚。对罪犯实施惩罚，依法剥夺和限制他们的自由，使其失去在社会上继续犯罪的可能性，以维护社会的正常秩序，保障人民群众正常的工作和生活秩序；通过惩罚罪犯，可以平息民愤、伸张正义，可以震慑违法犯罪分子，警戒那些可能犯罪的人，达到预防犯罪和减少犯罪的目的；同时，对罪犯实施惩罚，使其体会国家法律的威严，认识自己所犯的罪行对国家和人民造成的危害，为罪犯知罪悔罪、认罪服法、老老实实接受改造创造前提条件。

2．改造罪犯

把绝大多数的罪犯改造成为拥护社会主义制度的守法公民，这是监狱的重要任务。而依法改造罪犯，就必须通过下述三个手段来实现：一是通过监管改造手段，强迫罪犯服从、遵守监规纪律；二是通过教育改造手段，对罪犯进行以法制、道德、认罪悔罪等内容的思想教育，以及文化教育和技术教育；三是通过劳动改造手段，使有劳动能力的罪犯参加劳动，通过劳动，改变好逸恶劳的不良习惯，树立劳动观念，养成劳动习惯，学会生产技能，掌握回归社会后的就业谋生手段。

三、监狱改造罪犯的原则

《监狱法》第三条明确规定了监狱改造罪犯必须遵循的原则，

即:“监狱对罪犯实行惩罚和改造相结合、教育和劳动相结合的原则,将罪犯改造成为守法公民。”

(一)惩罚和改造相结合的原则

惩罚和改造相结合,就是指监狱在执行刑罚和改造罪犯的过程中,既要对罪犯进行惩罚,又不能为惩罚而惩罚。监狱工作的一个重要任务,就是改造罪犯。惩罚是改造的前提,改造是惩罚的目的。惩罚和改造相互依存,相辅相成,缺一不可。惩罚的方式是限制罪犯的人身自由而不是体罚、虐待,惩罚的根本目的在于改造罪犯。

(二)教育和劳动相结合的原则

教育和劳动相结合,是指监狱执行刑罚必须坚持对罪犯实行教育改造和劳动改造相结合的原则,将罪犯改造成为守法公民。监狱在改造罪犯的过程中,根据罪犯的不同特点,对罪犯实施各项教育改造活动,通过教育,使罪犯明白自己犯罪给个人、家庭、社会带来的危害,增长其文化知识,提高其认识能力,使其树立正确的世界观、人生观和价值观。通过组织罪犯参加劳动,使其认识社会财富的来之不易,培养其自食其力的观念,矫正其不劳而获的恶习。通过劳动,使罪犯掌握一定的劳动技能,为其刑满释放后就业谋生创造条件。同时,劳动还可以使罪犯增强体质,促进其身心健康,有利于其回归社会后尽快适应社会环境。

教育和劳动不是孤立的,两者相互依存、密不可分,只有在教育中融入劳动方面的内容,才能真正体现教育与劳动的结合。

思考题:

1. 监狱的任务是什么?
2. 监狱改造罪犯的原则有哪些?

第二节 罪犯的权利和义务

罪犯虽然是因为犯罪受到刑事处罚的人，但作为国家的公民，服刑期间享有依法没有被剥夺或者限制的权利，同时要履行应尽的义务。

一、罪犯的权利

《监狱法》第七条规定："罪犯的人格不受侮辱，其人身安全、合法财产和辩护、申诉、控告、检举以及其他未被依法剥夺或者限制的权利不受侵犯。"罪犯作为一个特殊的群体，需要特别保护的权利主要有以下几点。

（一）人格不受侮辱

人格不受侮辱对罪犯具有特别重要的意义，因为罪犯的特定身份很容易造成一些人对其人格的忽视甚至侵害。人格权是宪法赋予每一个公民的权利。《宪法》第三十八条规定："中华人民共和国公民的人格尊严不受侵犯。禁止用任何方法对公民进行侮辱、诽谤和诬告陷害。"罪犯虽然因为犯罪而被剥夺或者限制了某些权利，但是并没有丧失作为一名公民的资格，依然享有人格尊严，也就是做人的尊严。主要包括姓名权、肖像权、名誉权等不得受到侵犯、侮辱、诽谤。比如，不得乱取外号、绰号，有权拒绝外界会见、采访。如果人格受到侮辱，包括来自其他罪犯的侮辱，可以向监狱或者监狱的上级机关提出控告，维护自己的合法权利。

（二）人身安全不受侵害

罪犯尽管因犯罪而被关押在监狱服刑，没有人身自由，但人身安全是受法律保护的，其生命权、健康权不因受到刑罚惩罚而丧失。《刑法》规定，被监管人员不得受到体罚、虐待，严重违反此规定者将被追究刑事责任。《监狱法》也规定，监狱的人民警察不得体罚罪犯、虐待、刑讯逼供、殴打罪犯或者纵容他人殴打罪犯。构成犯罪的，将被追究刑事责任，尚未构成犯罪的，也会受到行政处分。对侵害罪犯人身安全的行为，罪犯有权向纪检监察部门、监狱的管理机关或者检察院提出控告。罪犯间侵害人身安全的行为，也必须受到相应的处罚。

（三）合法财产不受侵占

《宪法》第十三条规定：“国家保护公民的合法的收入、储蓄、房屋和其他合法财产的所有权。”并规定：“国家依照法律规定保护公民的私有财产的继承权。”这些规定同样适用于罪犯。《监狱法》第七条规定罪犯的合法财产权不受侵犯。罪犯的合法财产包括入监前的合法收入、储蓄及其他合法财产和生活资料；入监后带进监狱的合法财产和生活资料；改造期间的合法收入和依法应得的合法财产及劳动报酬、奖金等。罪犯的合法财产受法律保护。例如，夫妻共有的房屋，丈夫在服刑期间，妻子没有和丈夫商量，私自将房屋卖给他人，就是一种非法处置行为，这是对罪犯合法财产的侵犯。又如，罪犯在服刑期间，其直系亲属死亡的，罪犯有权依法继承其遗产，其他亲属不能私自占有其合法遗产。

（四）辩护、申诉、控告、检举的权利

罪犯在服刑期间，依法享有辩护、申诉、控告和检举的权利。

辩护是指罪犯在服刑期间又被指控犯罪或者有余罪被追诉时，有权自己或者委托律师、其他人为其辩护。

申诉是指罪犯依照法律规定，对已经发生法律效力的判决或者裁定不服时，有权向人民法院或人民检察院提出申请要求重新审理。申诉是罪犯的合法权利，但根据法律规定，申诉“不能停止判决、裁定的执行”，申诉期间罪犯仍要服从管理。

某监狱人民警察黄某，在对罪犯杨某进行个别谈话时，发现杨某此次被判刑时法院是以累犯对其从重处罚的，而实际上杨某第一次刑满释放后距此次犯罪的时间已经超过了五年。该监狱警察当即鼓励杨某申诉，同时还亲自致函给原判法院，反映对杨某按累犯处罚有误，要求予以纠正。原判法院接受了杨某的申诉，到监狱重新开庭审理查明，原判决认定杨某第一次刑满释放的时间，没有计算第一次服刑获两次减刑共一年五个月而提前释放的时间，原审将杨某以累犯论处确有错误。于是，人民法院重新作出在原判基础上减除有期徒刑一年六个月的判决。

控告和检举是指罪犯对国家机关及其工作人员的违法失职行为或者其他公民或者其他罪犯的违法犯罪行为，有权向国家机关提出控告、检举。罪犯控告、检举时，应当实事求是，依法进行，不得捏造或者歪曲事实进行诬告陷害，否则将依法受到惩处。对于罪犯的控告、检举材料，监狱应当依法处理，或者及时转递，不得扣押和打击报复。

（五）其他未被依法剥夺或者限制的权利

除了上述权利外，罪犯还应享有其他依法未被剥夺或者限制的权利。《监狱法》其他相关条款对此做了具体、明确的规定。比如：劳动的权利、按照有关规定获得劳动报酬的权利、享有劳动保护的权利、享有劳动保险的权利；按照法律规定通信与会见亲属的权利；接受奖励的权利；获得医疗保健的权利；接受教育的权利；宗教信仰自由的权利；法定假日休息的权利；刑满释放后依法获得安置或救济，享有与其他公民平等的权利；对未成年犯、女犯、老弱病残罪犯、少数民族罪犯、外籍罪犯享有适当照顾的权利；对监狱管理、教育等工作提出合理化建议的权利；没有被剥夺政治权利的罪犯还享有选举权，等等。

二、罪犯的义务

罪犯的义务，是指国家法律规定的每个罪犯应该履行的某种法律责任。具体来说，主要包括以下几个方面。

（一）遵守国家法律、法规和监规纪律的义务

遵守法律、法规，要求罪犯不仅要遵守《宪法》，不要触犯《刑法》等刑事法律规范，而且要遵守《中华人民共和国民法通则》《中华人民共和国婚姻法》《中华人民共和国继承法》《中华人民共和国收养法》等民事法律规范。不仅要遵守根本法、基本法，还要遵守部门规章。对法律确定的公民的普遍义务要认真履行，对罪犯的特殊义务更要尽心履行。同时，必须遵守监狱各项监规纪律制度。

（二）服从管理的义务

罪犯被置身于监狱内，就必须接受惩罚，服从管理。服从管理是罪犯适应监狱生活的基础和接受监狱教育改造的前提，只有由强制服从管教转为自觉服从管教时，才有改恶从善、悔过自新、改造成为新人的可能，否则，就谈不上改造，更谈不上改造好。

不履行守法守德义务要受到处罚和谴责，不履行服从监管的义务同样要受到处罚，而且对具有《刑法》第三百一十五条所列破坏监管秩序行为之一，情节严重的，将处三年以下有期徒刑。这些破坏监管秩序的行为是：殴打监管人员的；组织其他被监管人破坏监管秩序的；聚众闹事，扰乱正常监管秩序的；殴打、体罚或者指使他人殴打、体罚其他被监管人的。因此，服从管理的义务是非常严厉的要求，如果罪犯无视法律的要求，公然抗拒监狱警察执行公务，拒不接受刑罚惩罚，必然受到国家法律的再次处罚、制裁。

（三）接受教育的义务

在监狱内接受教育，既是罪犯的法定权利，也是必须履行的义务。罪犯接受教育具有法定性，具有法律强制力。监狱对罪犯实施的教育，具有警诫、说服和感化作用。这种教育活动不仅在严格的监管条件下进行，而且有监狱人民警察的直接管理。监狱教育还有另外一层含义，即教育改造是刑罚执行工作的重要组成部分。罪犯必须要自觉接受监狱的教育安排，必须无条件地参加思想、文化、技术教育等，罪犯不得拒绝接受教育，也不得以个人的喜好选择和取舍接受或不接受哪项教育。应当努力变刑期为学期，不断提高自己的素质，树立正确的人生观、价值观和道德观，提高思想文化水平，为出狱后适应激烈的社会竞争打下良好的基础。

（四）参加劳动的义务

有劳动能力的罪犯必须参加劳动。劳动改造是监狱对罪犯进行改造的重要手段之一，罪犯在监狱服刑期间参加劳动是带有强制性的。

服刑罪犯必须参加劳动，并不是我国《监狱法》特有的规定，这也是国际惯例所确定的原则。对于组织罪犯参加劳动，各国法律都有许多具体的规定。

不少人正是因为贪图享受、好逸恶劳才走上犯罪道路的。罪犯参加劳动，一方面可以在劳动中矫正错误思想，养成劳动的习惯和品德，掌握一技之长，为刑满释放后就业创造条件；另一方面也可以通过劳动创造一定的物质财富，使因自己的犯罪对社会财富造成的损失做象征性的补偿。然而，罪犯参加劳动的根本意义，并不在于创造了多少物质财富，而在于通过劳动接受教育、改造自己、重塑自我。罪犯没有选择劳动种类、劳动场合的权利，必须服从监狱的劳动安排，遵守劳动纪律和安全作业规程，爱护劳动工具和国家财产，积极完成劳动任务。

罪犯除了上述的特定义务外，作为一个公民，还应履行《宪法》和其他法律规定的，未因服刑而实际受到限制的普通公民应尽的义务。例如：要爱护监狱的公共财物，在日常生活中要讲究卫生，发现他人有违法犯罪行为的要积极地检举、揭发，要勇于同监内不良现象作斗争等。

三、罪犯权利和义务的特点

罪犯依法享有的权利和义务因其人身被关押、自由被剥夺而与普通公民的权利和义务有所区别，又因法律对罪犯有特殊要求而独具特点。

（一）罪犯的权利和义务的不对等性

同普通公民相比，罪犯享有的权利是不完整的、不全面的。比如政治权利，有的罪犯被依法剥夺了政治权利，有的罪犯虽然没有被剥夺政治权利，但政治权利中的被选举权等权利基本处于停止行使状态。

（二）罪犯的权利和义务的广泛性

罪犯的权利和义务是十分广泛的。就权利而言，既有人身安全权、人格尊严权，又有社会经济、文化教育等方面的权利；既有婚姻家庭方面的权利，又有合法的财产权。另外，未被剥夺政治权利的罪犯还有政治方面的权利，比如，选举权等。在义务方面，罪犯除了要履行公民必须履行的基本义务外，还必须履行一些特定的义务。

（三）罪犯的权利和义务的特定性

在监狱这个特殊的环境中不仅不可能享受其他公民应享有的一切权利，而且也不可能履行其他公民应履行的一切义务，只能享受一定的法定权利，履行特定的法定义务。

（四）罪犯的权利和义务的局限性

罪犯在服刑期间的人身自由受到了限制，其活动范围只能在监禁的有限场所里，有些权利虽然未被剥夺，但实际上不可能和其他公民一样享有和行使，而且也不可能履行其他公民应履行的一切义务，比如公民有"服兵役"的权利和义务，而罪犯却无法"服兵役"等。

（五）罪犯的权利和义务的不可分割性

罪犯的权利和义务相互促进，相互依存。一方面，罪犯的权利越有保障，改造积极性就会越高，就会更加积极主动地履行法定义务；另一方面，罪犯履行法定义务的自觉性越强，监管改造秩序就越稳定，罪犯享有的法定权利就越有保障。

总之，每一名罪犯都要正确认识到权利和义务所具有的这些特点，才能树立正确的权利义务观，以对自己、他人和社会负责的态度，正确行使法定权利，依法履行法定义务，真正把自己改造成为一名守法公民。

思考题：

1. 罪犯的义务有哪些？
2. 谈谈如何处理好服刑期间的权利和义务的关系。

第三节　刑 罚 执 行

刑罚执行也称执行刑罚或行刑，是指刑罚执行机关将审判机关所做的已经发生法律效力的刑事判决或裁定依照法定程序付诸实施，并解决由此而发生的有关法律问题所进行的各种活动。具体包括收监；对罪犯提出的申诉、控告、检举的处理；监外执行；减刑、假释；释放和安置。本节将对其中部分内容加以介绍。

一、对罪犯提出的申诉、控告、检举的处理

（一）对申诉的处理

申诉，是指罪犯在刑罚执行期间，对已生效的刑事判决或裁定不服，而向司法机关提出撤销或者变更原判刑罚的请求。对罪犯申诉的处理是监狱的一项重要行刑活动。申诉权作为罪犯的一项法定权利，实际上也是其辩护权和上诉权的继续。罪犯正确行使申诉权，有助于及时纠正冤假错案，维护公民的合法权益，也有助于罪犯知法、懂法、认罪服判，保持监管秩序的稳定。

《监狱法》第二十三条、二十四条规定，监狱机关对罪犯的申诉，要及时转递，不得扣压。如果监狱机关在执行刑罚的过程中，根据罪犯的申诉，认为判决可能有错误，应当提请人民检察院或者人民法院处理。

一般来说，罪犯的申诉有三种情况：一是案件事实没有出入，原判完全正确，申诉人寻找种种借口，无理取闹，企图通过申诉，达到翻案或减轻刑罚的目的。二是申诉有一定理由，但只涉及案件次要情节和事实的某些出入，而主要罪行属实，并不影响原判的。例如，罪犯王某因犯故意伤害罪被判刑七年，人民法院在制作刑事判决书时，误将现场目击证人的名字漏印了一个字，罪犯王某就此提出申诉，人民法院裁定对此证人姓名进行更正。但是，罪犯王某仍然继续申诉，要求人民法院撤销原判，减轻刑罚。三是申诉理由充分，原判认定的主要事实或全部事实有错，可能改变原判的。

申诉只是引起再审的材料来源，不一定能引起再审，不像上诉案件依法提出后，二审法院必须重新审理。况且，人民法院未作出改判之前，原来判处的刑罚还必须继续执行。以提出了申诉为由，就不遵守监规纪律，不服从监狱人民警察的管理，必将受到处罚。

杨某入监后，其家属在会见时说，他的案子判重了，可以找人帮助他“跑跑关系”。于是，杨某向监狱提出要求申诉。监狱按程序及时向人民法院转递了他的申诉书。在法院受理期间，杨某以正在申诉为由，拒不参加劳动，经监狱民警多次警告，杨某置之不理，监狱对杨某给予警告处罚。

申诉是罪犯的基本权利，任何人不得加以限制和剥夺，但罪犯为了个人的改造前途，应选择理性的申诉。在申诉的同时，一定要严格以《监狱服刑人员行为规范》约束自己的言行，努力改造。

（二）对控告、检举的处理

控告，是指罪犯在服刑期间，向司法机关或者其他国家机关告发非法侵害其合法权益的违法犯罪行为及其违法犯罪事实，并要求依法进行处理。

为了保障罪犯的合法权益不受非法侵害，罪犯在服刑期间享有和行使控告权具有特别重要的意义。保障罪犯行使控告权，也有利于保证我国的刑事司法活动真正做到不枉不纵。

检举，是指罪犯在服刑期间，向司法机关或者其他国家机关揭发、举报非法侵害国家、集体或公民个人的合法权益的组织或个人，并要求根据其非法侵害的行为和事实依法予以处理。

检举是罪犯对侵害其本人合法权益以外的组织或个人的揭发、举报，通过检举以维护国家、集体或公民个人的合法权益。所以，罪犯在服刑期间的检举行为是接受改造，确有悔改或者立功的表现。

对罪犯控告、检举的处理是一项严肃的刑事司法活动，《监狱法》为此做了明确的规定。对罪犯提出的控告、检举材料，监狱应及时处理或者转送公安机关或人民检察院处理，公安机关或人民检察院应当将处理结果通知监狱。对罪犯的控告、检举材料，监狱应当依法及时传递，不得扣压。

当然，罪犯行使控告和检举权，要尊重事实，避免错告，避免对他人的无故损害和人力、物力、财力上的浪费。特别是不得无中生有，捕风捉影，凭空捏造，夸大事实，诬陷他人。否则将给予批评教育，行政处罚，对于诬告构成犯罪的，要依法追究刑事责任。

二、监外执行

（一）监外执行的概念和条件

监外执行，指在监狱内服刑的有期徒刑罪犯，因符合法定的原因，而暂时解除其监禁状态，并在监外继续执行刑罚的一种刑罚执行变更制度。

根据《中华人民共和国刑事诉讼法》《监狱法》及其他有关法规的规定，对有下列情形之一的罪犯，可暂予监外执行：

（1）患严重疾病，短期内有死亡危险的；

（2）原判无期徒刑、死刑缓期二年执行后减为有期徒刑，执行有期徒刑五年以上，或原判有期徒刑执行刑期（已减刑的，按减刑后的刑期计算）三分之一以上（含减刑时间），患严重疾病，长期医治无效的。但如果病情恶化有死亡危险，改造表现好的，可不受上述期限限制；

（3）身体残疾，生活难以自理的；

（4）年老多病，已失去危害社会可能的。

但是，下列罪犯不准监外执行：

（1）判处死刑缓期二年执行、无期徒刑尚未减为有期徒刑的；

（2）为逃避惩罚在狱内自伤自残的；

（3）罪行严重、民愤极大的。

另外，根据有关规定，对危害国家安全罪的罪犯、重要案犯、累犯、惯犯，应从严控制适用监外执行。

（二）暂予监外执行的程序

监狱机关对需要适用暂予监外执行的罪犯的情况要逐一审查确认。对身患严重疾病需保外就医的罪犯，必须要由省级人民政府指定的医院出具证明文件，如符合条件监狱就提出暂予监外执行的意见，连同有关证明材料报省、自治区、直辖市监狱管理机关审核批准。省、自治区、直辖市监狱管理机关对监狱提出的意见及有关证明材料进行审查，对符合条件的，作出批准决定。批准机关应当将批准的暂予监外执行决定通知执行监督机关和原判人民法院，并抄送人民检察院。监狱机关收到该决定后，为被批准暂予监外执行的罪犯办理出监手续。

根据新修正的《中华人民共和国刑事诉讼法》第二百五十八条规定，对被判处管制、宣告缓刑、假释或者暂予监外执行的罪犯，依法实行社区矫正，由社区矫正机构负责执行。

（三）监外执行罪犯应当遵守的主要规定

根据最高人民法院、最高人民检察院、公安部、司法部联合制定的《社区矫正实施办法》，暂予监外执行罪犯由交付执行的监狱将其押送至居住地，与县级司法行政机关办理交接手续，接受社区矫正，并应当遵守下列规定：

1. 定期向司法所报告遵纪守法、接受监督管理、参加教育学习、社区服务和社会活动的情况。发生居所变化、工作变动、家庭重大变故以及接触对其矫正产生不利影响人员的，社区矫正人员应当及时报告。

2. 每个月向司法所报告本人身体情况，每三个月向司法所提交病情复查情况。

3. 未经批准不得离开所居住的市、县（旗）。社区矫正人员因就医、家庭重大变故等原因，确需离开所居住的市、县（旗），在七日以内的，应当报经司法所批准；超过七日的，应当由司法所签署意见后报经县级司法行政机关批准。返回居住地时，应当立即向司法所报告。社区矫正人员离开所居住市、县（旗）不得超过一个月。

4．未经批准不得变更居住的县（市、区、旗）。社区矫正人员因居所变化确需变更居住地的，应当提前一个月提出书面申请，由司法所签署意见后报经县级司法行政机关审批。县级司法行政机关在征求社区矫正人员新居住地县级司法行政机关的意见后作出决定。经批准变更居住地的，县级司法行政机关应当自作出决定之日起三个工作日内，将有关法律文书和矫正档案移交新居住地县级司法行政机关。有关法律文书应当抄送现居住地及新居住地县级人民检察院和公安机关。社区矫正人员应当自收到决定之日起七日内到新居住地县级司法行政机关报到。

5．应当参加公共道德、法律常识、时事政策等教育学习活动，增强法制观念、道德素质和悔罪自新意识。社区矫正人员每月参加教育学习时间不少于八小时。

6．有劳动能力的社区矫正人员应当参加社区服务，修复社会关系，培养社会责任感、集体观念和纪律意识。社区矫正人员每月参加社区服务时间不少于八小时。

（四）对违反规定监外执行罪犯的处理

《社区矫正实施办法》规定，社区矫正人员有下列情形之一的，县级司法行政机关应当给予警告，并出具书面决定：

1．未按规定时间报到的；

2．违反关于报告、会客、外出、居住地变更规定的；

3．不按规定参加教育学习、社区服务等活动，经教育仍不改正的；

4. 保外就医的社区矫正人员无正当理由不按时提交病情复查情况，或者未经批准进行就医以外的社会活动且经教育仍不改正的；

5. 违反人民法院禁止令，情节轻微的；

6. 其他违反监督管理规定的。

暂予监外执行的社区矫正人员有下列情形之一的，由居住地县级司法行政机关向批准、决定机关提出收监执行的建议书并附相关证明材料，批准、决定机关应当自收到之日起十五日内依法作出决定：

1. 发现不符合暂予监外执行条件的；

2. 未经司法行政机关批准擅自离开居住的市、县（旗），经警告拒不改正，或者拒不报告行踪，脱离监管的；

3. 因违反监督管理规定受到治安管理处罚，仍不改正的；

4. 受到司法行政机关两次警告，仍不改正的；

5. 保外就医期间不按规定提交病情复查情况，经警告拒不改正的；

6. 暂予监外执行的情形消失后，刑期未满的；

7. 保证人丧失保证条件或者因不履行义务被取消保证人资格，又不能在规定期限内提出新的保证人的；

8. 其他违反有关法律、行政法规和监督管理规定，情节严重的。

三、减刑、假释

（一）减刑

减刑是对依法被判处管制、拘役、有期徒刑、无期徒刑的犯罪分子，在刑罚执行期间如果认真遵守监规，接受教育改造，确有悔改表现的，或者有立功表现的，将原判刑罚适当减轻的制度。

1. 减刑的条件

减刑并不是罪犯人人享有的一项权利，而是一种刑事奖励措施，只有符合法定条件的罪犯才能享有。根据《刑法》和《监狱法》的规定，被判处管制、拘役、有期徒刑、无期徒刑的犯罪分子，在执行期间，认真遵守监规，接受教育改造，确有悔改表现的，或者有立功表现的，可以减刑；有重大立功表现的，应当减刑。

“确有悔改表现”是指同时具备以下四个方面情形：

（1）认罪悔罪；

（2）认真遵守法律法规及监规，接受教育改造；

（3）积极参加思想、文化、职业技术教育；

（4）积极参加劳动，努力完成劳动任务。

具有下列情形之一的，应当认定为有“立功表现”：

（1）阻止他人实施犯罪活动的；

（2）检举、揭发监狱内外犯罪活动，或者提供重要的破案线索，经查证属实的；

（3）协助司法机关抓捕其他犯罪嫌疑人（包括同案犯）的；

（4）在生产、科研中进行技术革新，成绩突出的；

（5）在抢险救灾或者排除重大事故中表现突出的；

（6）对国家和社会有其他贡献的。

具有下列情形之一的，应当认定为有“重大立功表现”：

（1）阻止他人实施重大犯罪活动的；

（2）检举监狱内外重大犯罪活动，经查证属实的；

（3）协助司法机关抓捕其他重大犯罪嫌疑人（包括同案犯）的；

（4）有发明创造或者重大技术革新的；

（5）在日常生产、生活中舍己救人的；

（6）在抗御自然灾害或者排除重大事故中，有特别突出表现的；

（7）对国家和社会有其他重大贡献的。

2．减刑的限度和幅度

最高人民法院的司法解释对减刑的起始和间隔时间作出了如下规定：

（1）判处管制、拘役、有期徒刑的罪犯在刑罚执行期间，符合减刑条件的，减刑幅度为：确有悔改表现，或者有立功表现的，一次减刑一般不超过一年有期徒刑；确有悔改表现并有立功表现，或者有重大立功表现的，一次减刑一般不超过二年有期徒刑。

（2）有期徒刑罪犯的减刑起始时间和间隔时间为：被判处五年以上有期徒刑的罪犯，一般在执行一年六个月以上方可减刑，两次减刑之间一般应当间隔一年以上。被判处不满五年有期徒刑的罪犯，可以比照上述规定，适当缩短起始和间隔时间。有期徒刑的减刑起始时间自判决执行之日起计算。

确有重大立功表现的，可以不受上述减刑起始和间隔时间的限制。总之，对判处管制、拘役、有期徒刑的罪犯经过一次减刑或者几次减刑后，实际执行的刑期，不得少于原判刑期的二分之一。

（3）无期徒刑罪犯在刑罚执行期间，确有悔改表现，或者有立功表现的，服刑二年以后，可以减刑。减刑幅度为：确有悔改表现，或者有立功表现的，一般可以减为二十年以上二十二年以下有期徒刑；有重大立功表现的，可以减为十五年以上二十年以下有期徒刑。

无期徒刑罪犯经过一次或几次减刑后，其实际执行的刑期不能少于十三年，起始时间应当自无期徒刑判决确定之日起计算。但根据最高人民法院《关于〈中华人民共和国刑法修正案（八）〉时间效力问题的解释》，2011 年 4 月 30 以前犯罪，被判处无期徒刑的罪犯，减刑以后实际执行的刑期为不少于十年。

此外，司法解释明确规定：罪犯积极执行财产刑和履行附带民事赔偿义务的，可视为有认罪悔罪表现，在减刑、假释时可以从宽掌握；确有执行、履行能力而不执行、不履行的，在减刑、假释时应当从严掌握。

（4）死刑缓期执行罪犯减为无期徒刑后，确有悔改表现，或者有立功表现的，服刑二年以后可以减为二十五年有期徒刑；有重大立功表现的，服刑二年以后可以减为二十三年有期徒刑。死刑缓期执行罪犯经过一次或几次减刑后，其实际执行的刑期不能少于十五年，死刑缓期执行期间不包括在内。死刑缓期执行罪犯在缓期执行期间抗拒改造，尚未构成犯罪的，此后减刑时可以适当从严。被限制减刑的死刑缓期执行罪犯，缓期执行期满后依法被减为无期徒刑的，或者因有重大立功表现被减为二十五年有期徒刑的，应当比照未被限制减刑的死刑缓期执行罪犯在减刑的起始时间、间隔时间和减刑幅度上从严掌握。

（5）对被判处死刑缓期执行的累犯以及因故意杀人、强奸、抢劫、绑架、放火、爆炸、投放危险物质或者有组织的暴力性犯罪被判处死刑缓期执行的犯罪分子，人民法院根据犯罪情节等可以在判决的同时决定对其限制减刑。被限制减刑的死缓罪犯，经过减刑以后实际执行的刑期分两种情形：一是死刑缓期执行期满后依法减为无期徒刑的，不能少于二十五年；二是死刑缓期执行期满后依法减为二十五年有期徒刑的，不能少于二十年。

3. 减刑的程序

根据《刑法》《刑事诉讼法》《监狱法》的规定，对犯罪分子的减刑，由执行机关向中级以上人民法院提出减刑建议书。人民法院应当组成合议庭进行审理，对确有悔改或者立功事实的，裁定予以减刑。非经法定程序不得减刑。

（二）假释

假释是指对判处有期徒刑或者无期徒刑的罪犯，在执行一定刑期之后，因其遵守监规，接受教育和改造，确有悔改表现，不致再危害社会，而附条件地将其予以提前释放的制度。假释也是一种刑事奖励措施，它能在最大限度上改变罪犯自身所处的环境状况，满足他们早日回归社会与亲人团聚的强烈心理需要，对于激发罪犯积极改造的意识，消除犯罪恶习，加速促进其思想转化都有积极作用。

1．假释的条件

根据《刑法》规定，假释的条件是：

（1）被判处无期徒刑或者有期徒刑的罪犯。被判处死刑缓期二年执行的罪犯只有在减刑以后的服刑期间，符合条件的才可以适用假释。

（2）罪犯需要经过一定期限的服刑。因为，只有经过一定期限的服刑改造，才能检验罪犯是否真诚悔改，不致再危害社会。同时也只有对罪犯执行一定期限的刑罚，才能维护判决的稳定性和法律的严肃性。适用假释对实际执行刑期的要求是：被判处有期徒刑的罪犯必须执行原判刑罚的二分之一以上；被判处无期徒刑的罪犯必须实际执行十三年以上。但根据最高人民法院《关于〈中华人民共和国刑法修正案（八）〉时间效力问题的解释》，2011年4月30以前犯罪，被判处无期徒刑的罪犯，假释前实际执行的刑期为不少于十年。如果罪犯检举监内外的犯罪活动有重大立功表现，或在生产劳动中有重大发明创造等特殊情况，可以不受上述执行刑期的限制。

（3）确有悔改表现、不再危害社会的罪犯。这一条件是适用假释至关重要的条件。如果罪犯没有悔改表现，或者虽有一定悔改表现但还有可能危害社会，就不能对其适用假释。办理假释案件，判断“没有再犯罪的危险”，除应符合《刑法》第八十一条规定的情形外，还应根据犯罪的具体情节、原判刑罚情况，在刑罚执行中的一贯表现，罪犯的年龄、身体状况、性格特征、假释后生活来源以及监管条件等因素综合考虑。

（4）基本丧失劳动能力、生活难以自理的老年、身体残疾、患严重疾病的罪犯，能够认真遵守法律法规及监规，接受教育改造，应视为确有悔改表现，减刑的幅度可以适当放宽，起始时间、间隔时间可以相应缩短。假释后生活确有着落的，除法律和司法解释规定不得假释的情形外，可以依法假释。

此外，《刑法》规定："对累犯以及因故意杀人、强奸、抢劫、绑架、放火、爆炸、投放危险物质或者有组织的暴力性犯罪被判处十年以上有期徒刑、无期徒刑的罪犯，不得假释。"因前款情形和犯罪被判处死刑缓期执行的罪犯，被减为无期徒刑、有期徒刑后，也不得假释。但根据最高人民法院《关于〈中华人民共和国刑法修正案（八）〉时间效力问题的解释》，2011 年 4 月 30 以前因具有累犯情节或者系故意杀人、强奸、抢劫、绑架、放火、爆炸、投放危险物质或者有组织的暴力性犯罪被判处十年以上有期徒刑、无期徒刑的罪犯，2011 年 5 月 1 日以后仍在服刑的，不得假释。

2．假释的监督管理

由于假释是有条件的提前释放，并不能排除继续执行尚未执行的刑罚的可能性，因此适用假释需要确定一定的考验期限，以便对被假释的罪犯进行监督改造。《刑法》规定："被判处有期徒刑的罪犯的假释考验期为还没有执行完毕的刑期；被判处无期徒刑的罪犯的假释考验期为十年。"

新修正的《刑事诉讼法》第二百五十八条规定："对被判处管制、宣告缓刑、假释或者暂予监外执行的罪犯，依法实行社区矫正，由社区矫正机构负责执行。"假释期间应当遵守《社区矫正实施办法》相关规定。

被假释的罪犯，假释考验期满，如果没有再犯罪，就认为原判刑罚已经执行完毕，并公开予以宣告；如果被假释的罪犯在假释考验期内被发现判决宣告以前还有其他罪未判决或者再犯新罪，应由人民法院撤销假释，依法数罪并罚；如果被假释的罪犯，在假释考验期内有违反法律、行政法规和国务院有关部门关于假释的监督管理规定的行为，尚未构成犯罪的，应当依据法定程序撤销假释，收监执行未执行的刑罚。

3．假释的程序

对于犯罪分子的假释，由执行机关向中级以上人民法院提出假释建议书。人民法院应当组成合议庭进行审理。非经法定程序不得假释。从 2012 年 7 月 1 日起施行的《最高人民法院关于办理减刑、假释案件具体应用法律若干问题的规定》中明确要求："人民法院审理减刑、假释案件，应当一律予以公示。公示地点为罪犯服刑场所的公共区域。有条件的地方，应面向社会公示，接受社会监督。"

四、释放和安置

（一）释放的概念

释放，是指监狱对所关押的罪犯，依法解除监禁，恢复其人身自由的执法活动。一般来说，监狱的释放对象主要包括三类人员：一是刑期届满的罪犯。这类罪犯又包括了已服满原判刑期的罪犯、经过一次或数次减刑而服满剩余刑期的罪犯、经人民法院改判由长刑期变为较短刑期而刑期届满的罪犯。二是被裁定假释的罪犯。三是人民法院改判，宣告无罪的在押人员。

释放是监狱对罪犯行刑终结的重要标志，具体表现为：解除对服刑者的监禁，恢复其人身自由；宣告服刑者在服刑过程中被剥夺了的权利得到恢复，取消对其某些权利在行使上的限制。

当然，释放已标志着多数服刑者在服刑过程中，经过监管改造，消除了原有的人身危险性，成为了守法公民；标志着服刑者将以崭新的人格姿态，步入社会，开始新生。

（二）释放的程序

1．出监教育

对于即将刑满释放的罪犯，监狱应按司法部《监狱教育改造工作规定》之要求，提前三个月对其集中进行出监教育。出监教育的目的是：巩固罪犯在服刑期间的改造成果；检查罪犯在服刑过程中存在的问题，并有针对性地对其进行补课教育；对其进行政策、前途教育，让其了解适应当前的社会形势、政策，树立其刑满释放后做守法公民的信心；开展多种类型的实用职业技能培训，增强罪犯回归社会后的就业谋生能力。

2．进行出监鉴定，寄发刑满释放通知书

在罪犯刑满出狱前，监狱均要对其作出一个客观公正的鉴定。鉴定内容包括罪犯在监狱服刑期间的改造表现、奖惩情况。要将罪犯在监狱服刑的评估意见、释放时间、本人职业技能特长和回归社会后的择业意向，以及对地方做好安置帮教工作建议，填入《刑满释放人员通知书》。将《刑满释放人员通知书》连同《罪犯出监鉴定表》寄送罪犯原户籍所在地的县级公安机关和司法行政机关。

3．发放释放证明书

释放证明书是罪犯获得合法释放的凭据。释放证明书包括《释放证明书》和《假释证明书》，刑满释放和假释虽然都属释放，并且都具有从监狱释放到社会上的共同特点，但它们之间有原则性的区别。假释并不能因释放而改变罪犯身份，而且在假释考验期内，自由仍将受到一定的限制。而刑满释放不仅改变了罪犯的身份，而且完全恢复了人身自由，和社会上其他守法公民处于同等的法律地位。

（三）释放后的安置

《监狱法》规定："对刑满释放人员，当地人民政府帮助其安置生活。”“刑满释放人员丧失劳动能力又无法定赡养人、扶养人和基本生活来源的，由当地人民政府予以救济。”“刑满释放人员依法享有与其他公民平等的权利。”

我国政府历来重视对刑满释放人员工作的安置，采取了一系列的措施。在罪犯刑满释放前，劳动和社会保障部门会支持和配合监狱管理部门，开展职业技能培训与职业技能鉴定。在罪犯刑满释放后，劳动和社会保障部门要对其提供就业指导服务和就业岗位信息，刑满释放人员参加由各级劳动和社会保障部门组织的再就业定点单位培训的，经考核合格并实现就业后，可根据当地政府有关规定减免培训费用。当然，社会对劳动者素质要求会越来越高，劳动就业的竞争也会越来越强，这就要求罪犯在服刑期间，要努力学习文化技术，力争掌握一定专业知识和生产技能，为刑满就业创造条件。

对城市（含城镇）户籍的刑满释放人员，其家庭人均收入低于当地最低生活保障标准的，各级民政部门会将其纳入当地最低生活保障范围，实现“应保尽保”。城市（含城镇）户籍的刑满释放人员在服刑前已参加失业保险或正在领取失业保险金的，刑满释放后，符合条件的，可以按规定享受或恢复失业保险待遇。被判刑前已参加企业职工基本养老保险的刑满释放人员，重新就业的，需按国家有关规定接续养老保险关系，按时足额缴纳养老保险费；达到法定退休年龄的，按规定享受相应的养老保险待遇；对判刑前已领取基本养老金的刑满释放人员，可按服刑前的标准继续发给基本养老金，并参加以后的养老金调整。

农村籍的刑满释放人员，在刑满回到原籍居住地后，相关部门会及时落实责任田（山、地），因无生活来源造成生活困难的，经本人申请、村委会出具证明，乡镇司法所和民政办报县（市、区）司法局、民政局审核同意后，可领取地方政府临时社会救济。作为刑满释放人员，要体谅政府有关部门的困难，积极做一些力所能及的工作，尽量减轻政府的负担。

对于刑满后需要剥夺政治权利的，应遵守法律规定，不得行使被剥夺的权利。除此之外，刑满释放人员依法享有与其他公民平等的权利，这反映了政府对刑满释放人员的权利给予了充分的保障。但是，社会上难免有些人会对刑满释放人员抱有偏见，对人们的偏见并不是法律有了规定就能一下子消除的，罪犯对此要有心理准备。俗话说得好："不怕别人看不起，就怕自己不争气。"刑满释放人员要努力通过艰苦奋斗体现出自己的价值，做出实实在在的成绩来赢得别人的尊重。

思考题：

1. 如何正确行使申诉权？
2. 减刑的条件、程序是什么？

第四节　狱 政 管 理

狱政管理是指刑罚执行机关对罪犯执行刑罚的过程中所实施的各项具体行政管理活动。狱政管理是一项特殊的管理活动。从内容上说，狱政管理工作主要包括：分押分管；警戒；戒具和武器的使用；通信、会见；生活、卫生；奖惩；对罪犯服刑期间犯罪的处理。

一、分押分管

（一）分押分管的含义和意义

分押分管，是指我国监狱根据一定的标准，将不同类型的罪犯分类关押、分类管理、分级给予相应处遇的一种行刑制度。对罪犯实施分押分管主要有以下三点意义：

1．有利于增强改造工作的针对性

监狱执行刑罚的最终目的就是要将罪犯改造成为守法公民。而罪犯的情况错综复杂，用一个模式去改造所有的罪犯难以达到预期目的，这需要根据每一名罪犯的情况做耐心、细致的教育改造、转化工作。分押制度的实施，可以使监狱针对每一犯罪类型的罪犯进行有特定目标的教育改造工作。

2．有利于调动罪犯的改造积极性

罪犯在监狱服刑改造，除了需要监狱做大量耐心、细致的教育工作外，还必须最大限度地调动每一名罪犯自我认识、自我教育、自我改造的自觉性和积极性。罪犯自己不努力，没有改造的信心和积极性，监狱和警察的教育也收不到多大效果。实行分别管理、分级处遇制度，能使罪犯自己亲身感受到改造好的和改造差的在处遇上的差异，就会使其要想改变自己的“处遇”而努力争取，积极改造。

3．有利于防止罪犯服刑期间恶习交叉感染的可能

有人说：监狱是个大染缸。这句话虽有失偏颇，但从另一个角度也说明，监狱的确存在极少数罪犯经过一定时期服刑改造后，出狱时比入狱时的犯罪意念更加强化、犯罪手段更加狡猾、犯罪伎俩更加多样、危害后果更加严重的现象。具体事例，可从目前社会上的黑社会性质犯罪头目、恶性犯罪集团头目、重特大案件主犯多数为刑满释放人员这点得到证明。要彻底解决罪犯之间的交叉感染问题，一是要消除互相交叉感染的环境和条件，将不同类型的罪犯分开关押，对改造表现不同的罪犯分类管理；二是针对不同的罪犯特征进行分类教育，可最大限度地防止罪犯间的交叉感染，在监内形成积极向上的氛围，保证刑罚执行目的的顺利实现。

（二）分押分管的实施

1．分类关押的实施

《监狱法》第三十九条规定："监狱对成年男犯、女犯和未成年犯实行分开关押和管理，对未成年犯和女犯的改造，应当照顾其生理、心理特点。监狱根据罪犯的犯罪类型、刑罚种类、刑期、改造表现等情况，对罪犯实行分类关押，采取不同方式管理。"根据这一规定，对罪犯的分类标准具体包括两个层次：

一是以罪犯的年龄和性别为准，对成年犯和未成年犯，男犯和女犯分开关押；

二是以罪犯的犯罪类型、刑罚种类、刑期、改造表现等情况为准，在对罪犯分开关押的基础上，对不同犯罪类型、刑种、刑期、改造表现的罪犯分别关押。

2．分类管理的实施

监狱在对罪犯进行分类关押的基础上，针对不同类型的罪犯采取不同的教育矫正措施；对同类型罪犯根据改造表现的不同确定不同的管理级别，以体现区别对待的政策，便于罪犯明确改造的努力方向，为争取好的改造处遇而积极改造。

目前，我国监狱一般都将罪犯按改造表现设立为从严管理、一般管理、从宽管理三个级别。其中从严管理和从宽管理又各分为两等。所以，罪犯的级别共分为三级五等。即严管一级、严管二级、普管级、宽管二级、宽管一级。确定罪犯的级别以改造表现的考核为依据，定期进行评比，根据罪犯的改造表现实行升降制度。监狱将对不同级别的罪犯给予不同的处遇。

二、戒具和武器的使用

（一）戒具的使用

戒具是指用以预防和制止罪犯中某些危险行为发生的专门器

械。戒具是警械的一种。我国监狱机关使用的戒（警）具主要有手铐、脚镣、警绳、警棍等。

根据《监狱法》第四十五条及相关监管法规的规定，监狱在下列情况下可以使用手铐、脚镣：

1．罪犯有脱逃行为的；

2．罪犯有使用暴力行为的；

3．罪犯正在押解途中的；

4．罪犯有其他危险行为需要采取防范措施的。

根据规定，对于判处死刑等待执行的罪犯，可以使用脚镣和手铐。

监狱人民警察在不同情形之下可以根据相关规定使用警棍、警绳等戒具。

（二）武器的使用

《监狱法》第四十六条规定，人民警察和人民武装警察部队的执勤人员遇有下列情形之一，非使用武器不能制止的，按照国家有关规定，可以使用武器：

1．罪犯聚众骚乱、暴乱的；

2．罪犯脱逃或者拒捕的；

3．罪犯持有凶器或者其他危险物，正在行凶或者破坏，危及他人生命、财产安全的；

4．劫夺罪犯的；

5．罪犯抢夺武器的。

三、通信、会见

（一）通信

《监狱法》第四十七条规定：“罪犯在服刑期间可以与他人通信，但是来往信件应当经过监狱检查。监狱发现有碍罪犯改造内容的信件，可以扣留。罪犯写给监狱的上级机关和司法机关的信件，不受检查。”

按上述规定，罪犯可以与他人通信。罪犯收发信件，除写给监狱的上级机关或司法机关外，必须通过监狱有关部门的检查，不得以任何方式私自寄发信件。如果监狱发现罪犯收发的信件中有违法犯罪或可能妨碍罪犯进行改造的内容的，会将信件扣留。

《监狱法》没有对罪犯拨打亲情电话作出明确规定。但为了罪犯安心改造，保持与亲人的正常联系，监狱管理机关规定，具备条件的监狱，经过批准，罪犯可以与亲属通电话。监狱对罪犯的亲情电话有严格的管理规定，如通话时间、通话地点、通话次数、通话对象等，同时规定，罪犯拨打亲情电话必须有民警直接管理，实行监听。

（二）会见

根据规定，罪犯可以会见亲属、监护人。一般来说，每月可会见一到两次，每次会见的时间不超过一小时，每次会见的亲属原则上不超过三人。

罪犯在会见时，应当遵守监狱的有关规定。如果违反规定，监狱会中止会见。具备条件的监狱，会安排宽管级的罪犯与其亲属共餐或特优会见。

外国籍罪犯的会见，按照司法部《外国籍罪犯会见通讯规定》执行。

（三）特许离监

司法部针对罪犯在服刑期间家庭出现的一些特殊情况，制定了《罪犯离监探亲和特许离监规定》。根据该规定，同时具备以下四个条件的罪犯，可以特许离监回家探望或处理事务：

1. 原判有期徒刑以及死刑缓期二年执行、无期徒刑减为有期徒刑，剩余刑期在十年以下，改造表现较好的；

2．配偶、直系亲属或监护人病危、死亡或家中发生重大变故确需本人回家处理的；

3．由县级以上医院出具病危或死亡证明及当地村民（居民）委员会和派出所签署意见的；

4．特许离监的去处在监狱所在地的省（区、市）行政区域范围内。

特许离监，由罪犯本人或亲属提出申请，监狱会按照规定的程序进行审批。罪犯特许离监的时间为一天。

四、生活、卫生

（一）生活管理

1．伙食标准和伙食管理

罪犯伙食标准，是指有关供应罪犯伙食的质和量的规定。《监狱法》规定："罪犯的生活标准按实物量计算，由国家规定。"我国确定罪犯伙食标准的依据有以下几点：

首先是我国的基本国情和社会普通公民的平均生活水平。我国目前并不富裕，国家财政压力非常大，且还有数千万贫困人口，这样的国情必须考虑。罪犯的生活标准定得过低，不能体现我国的监管改造政策，不利于对罪犯的改造。将罪犯生活标准定得过高，一方面国家财力不允许，另一方面也不利于发挥刑罚的惩戒功能，会造成对社会治安的负面影响。所以，罪犯的生活标准不能超越社会普通公民特别是监狱所在地社区居民的平均生活水平。

其次是罪犯维护生命健康和体力的基本需要。我国制定罪犯实物量标准的主要依据要考虑维护罪犯的基本生存和健康需要，这是罪犯顺利改造的基本前提。

最后是罪犯劳动工种、时间和强度的需要。在国家统一标准的前提下，罪犯从事的劳动不同，相应的生活标准也不同。从事矿山、井下、高温、有毒等作业劳动的罪犯伙食标准应高于从事其他一般劳动的罪犯；有病住院治疗的罪犯伙食标准应高于一般罪犯；未成年犯的伙食标准高于成年犯的标准；参加劳动的罪犯伙食标准一般要高于不参加劳动的罪犯；劳动繁忙时期的伙食标准要高于劳动较闲时期的标准。

监狱会在伙食标准范围内加强管理：一是健全制度，按章办事，精打细算，防止浪费；二是尽力做好主、副食的合理搭配；三是通过培训炊事员、炊事员技能比武等措施，提高食品制作水平；四是通过自种、自养、自加工，以降低伙食成本。五是照顾少数民族罪犯的特殊伙食需要，开设少数民族罪犯“专灶”。

2．被服管理

这里所指的被服管理，就是对罪犯“穿、戴、盖”的管理。罪犯服刑期间要遵守的被服管理制度主要有：一律穿囚服；不许私自改变囚服式样，私染囚服和被褥颜色；对发放的被服要精心使用和保管，不丢失，不有意损坏，不私自交换或赠与他人；衣服、被褥勤洗常换，保持清洁卫生；遵守季节更换服装的规定，不准冬夏服混穿；爱护被服，尽力延长被服使用期限；衣被有破损，及时修复，等等。

3．监舍管理

监舍管理，就是对罪犯居住环境的管理。《监狱法》第五十三条规定：“罪犯居住的监舍应当坚固、通风、透光、清洁、保暖。”罪犯要积极配合监狱对监舍的管理，遵守相关规定，共同营造健康、文明、清洁的居住环境。做到爱护监舍的各项设施、设备，不得损坏；遵守监舍物品定置管理规定和内务管理规定；爱护监舍环境卫生，不随地吐痰、乱扔垃圾；不将劳动工具、违禁品带入监舍。

（二）卫生管理

《监狱法》第五十四条规定：“监狱应当设立医疗机构和生活、卫生设施，建立罪犯生活、卫生制度。罪犯的医疗保健列入监狱所在地区的卫生、防疫计划。”

根据这一规定，各监狱根据实际情况设立了医院或卫生所，购置了相应的医疗器械和药品。监狱对罪犯的医疗卫生实行预防为主的原则，对罪犯进行卫生常识教育，定期进行消毒、防疫工作，对患病的罪犯及时给予必要的治疗，对传染病要隔离治疗、防止蔓延。同时，监狱要建立罪犯个人卫生、监内环境卫生制度，并定期进行检查评比。

监狱是人口居住密度较大的公共生活特殊场所，要搞好疾病防治和卫生防疫工作，因此，在此生活环境中的每一个成员应共同维护和遵守相关的卫生管理制度。

五、计分考核和奖惩

为全面、准确地反映每一名罪犯的改造表现，监狱对罪犯实行计分考核制度，并根据计分考核结果实施奖惩。

（一）计分考核

计分考核就是将罪犯在监狱内的生活、学习、劳动的各个方面进行指标分解，逐项定分，根据表现情况进行加分或者扣分。

考核的内容相当广泛，涉及思想改造、生活、学习、劳动的方方面面。主要包括：思想改造方面的考核，比如认罪悔罪态度、遵守监规情况、坦白自己其他罪行或者揭发他人违法犯罪活动等；教育改造方面的考核，比如学习态度、学习纪律、学习成绩等；遵守监规纪律方面的考核，比如是否服从监狱人民警察的管理、是否遵守监狱里的各种制度、是否有打架闹事等破坏监管秩序的行为等；劳动改造方面的考核，比如劳动态度、完成劳动任务的情况、遵守劳动纪律情况等。

考核一般实行“日记载、周评议、月公布”的方式，即每天评记改造表现，每周复核评议计分考核情况，每月公布当月的计分考核情况。罪犯如果对考核结果有意见，可以向警官反映，也可以直接向监狱领导反映。监狱会根据考核结果，对罪犯给予奖励或者处罚。

(二) 奖励

奖励，包括行政奖励和刑事奖励。

1. 行政奖励

行政奖励分为表扬、记功、物质奖励、离监探亲四种。

根据《监狱法》第五十七条的规定，罪犯有下列情形之一的，监狱可以给予表扬、物质奖励或记功：

（1）遵守监规纪律，努力学习，积极劳动，有认罪服法表现的；

（2）阻止违法犯罪活动的；

（3）超额完成生产任务的；

（4）节约原材料或者爱护公物，有成绩的；

（5）进行技术革新或者传授生产技术有一定成效的；

（6）在防止或者消除灾害事故中作出一定贡献的；

（8）对国家和社会有其他贡献的。

根据司法部于 2001 年颁布的《罪犯离监探亲和特许离监规定》第二条，对具有《监狱法》第五十七条第一款规定的情形之一，同时具备下列条件的罪犯，可以批准其离监探亲：

（1）原判有期徒刑以及原判死刑缓期二年执行、无期徒刑减为有期徒刑，执行有期徒刑二分之一以上；

（2）宽管级处遇；

（3）服刑期间一贯表现好，离监后不致再危害社会；

（4）探亲对象的常住地在监狱所在的省（自治区、直辖市）行政区域范围内。

离监探亲的对象限于父母、子女、配偶。对符合离监探亲条件的罪犯每年只准离监探亲一次，时间为 3 至 7 天（不含路途时间），离监探亲的费用由罪犯自理。对逾期不归的罪犯，以脱逃论处，但因不可抗拒的原因未能按期归监的除外。

2．刑事奖励包括减刑、假释，具体条件在前面已有详述。

（三）处罚

处罚包括行政处罚和刑事处罚。

1．行政处罚

行政处罚主要包括警告、记过和禁闭三种形式。根据《监狱法》第五十八条的规定，罪犯有下列破坏监管秩序情形之一的，监狱可以给予警告、记过或者禁闭：

（1）聚众哄闹监狱，扰乱正常秩序的；

（2）辱骂或者殴打人民警察；

（3）欺压其他罪犯的；

（4）偷窃、赌博、打架斗殴、寻衅滋事的；

（5）有劳动能力拒不参加劳动或者消极怠工，经教育不改的；

（6）以自伤、自残手段逃避劳动的；

（7）在生产劳动中故意违反操作规程，或者有意损坏生产工具的；

（8）有违反监规纪律的其他行为的。

另外，作为对罪犯的防范和控制措施，可采取禁闭的情形还有：

（1）有自杀、行凶、破坏危险，加戴戒具仍不能消除危险的；

（2）有犯罪嫌疑，正在进行侦查和审理的；

（3）判处死刑或判处死刑待核准执行的；

（4）其他需要严加防范的。

对罪犯适用禁闭应按规定程序进行审批。禁闭的期限，除死刑待批和涉案正在审理的外，应为七至十五天。对禁闭十五天期满，危险仍未消除仍需禁闭的，可再按程序审批。被关押禁闭的罪犯，原则上不能会见家属。

2．刑事处罚

刑事处罚是人民法院依法定程序对在服刑期间重新犯罪或有漏罪的罪犯实施的处罚。

（1）罪犯在监狱内犯罪的案件。《监狱法》第六十条，《刑事诉讼法》第二百九十条规定，对罪犯在监狱内犯罪的案件，由监狱进行侦查。侦查终结后，写出起诉意见书或者免予起诉意见书，连同案卷材料、证据一并移送人民检察院审查决定。

（2）罪犯在脱逃期间又犯罪的案件。如所犯新罪是在犯罪地发现的，应由犯罪地公、检、法机关按照《刑事诉讼法》的规定办理；如所犯新罪是在捕回监狱后发现的，依照狱内犯罪案件的程序办理。

（3）罪犯同社会上的犯罪分子勾结作案的案件。如犯罪地在狱内的，由监狱为主进行侦查，有关公安机关协助；犯罪地在狱外的，由犯罪地公安机关侦查，监狱予以配合。

（4）罪犯在监狱服刑期间又犯罪的，即使原判刑期已满，也可以提请担负监狱检察任务的人民检察院审查批准，依法逮捕。监狱对案件侦查终结后，即时移送人民检察院决定是否起诉。

（5）罪犯漏罪的处理程序

漏罪是指罪犯在服刑期间，被发现原判决宣告以前还有未发现的没有判决的罪行。根据《刑事诉讼法》规定，罪犯在服刑期间，发现了判决的时候所没有发现的罪行，由执行机关移送人民检察院处理。

思考题：

1.《监狱法》对罪犯通信、会见有哪些规定？

2. 离监探亲和特许离监的条件分别是什么？

第五节 教育改造和劳动改造

教育，是一种影响人的心理、思想、行为的系统活动，是形成一个人个性品质、社会生活习惯的过程，是人类社会赖以生存、延续和发展的必要条件。对罪犯的教育是一种特殊的教育，它是我国监狱以罪犯为对象，以改造人为宗旨，结合生产劳动，有计划、有组织地转变罪犯的犯罪思想、矫正行为恶习、传授文化科学知识和培养劳动技能的系统活动。

一、教育改造的任务和目标

（一）教育改造的任务

《监狱教育改造工作规定》指出：“监狱教育改造工作的任务，是通过各种有效的途径和方法，教育罪犯认罪悔罪，自觉接受改造，增强法律意识和道德素养，掌握一定的文化知识和劳动技能，将其改造成为守法公民。”教育改造的任务主要有以下几点：

1. 转化犯罪思想

转化罪犯思想是教育改造的首要任务，是实现教育改造效能及整个刑罚执行效应的关键。违法犯罪是犯罪思想支配行为的结果，教育改造首先要让罪犯认罪悔罪，自觉放弃其犯罪思想，树立正确的思想观点和良好的道德品质。

2. 矫正行为恶习

矫正行为恶习是教育改造罪犯的一项基本任务。罪犯行为恶习的矫正和良好行为习惯的养成是教育改造的基本目标，也是犯罪思想转化的根本标志。监狱在改造罪犯过程中，安排适当的教育内容，采取正确的教育方法，在重视行为规范训练的同时，进行必要的法制、道德规范教育。通过教育，使罪犯明白什么是真、善、美，什么是假、恶、丑，明确什么合法、什么违法，什么可做、什么不可做，划清文明与野蛮、高尚情操与低级趣味的界限，促进自觉用法律、道德规范约束自己，克服不道德、不文明的行为，养成遵纪守法、合乎道德规范的良好行为习惯。

3．传授文化知识

传授文化知识是教育改造罪犯的基础。许多人之所以走上犯罪道路，就是文化水平低，认知能力、辨别是非能力差。对罪犯进行思想改造、培养劳动技能，都离不开文化知识。罪犯只有提高文化知识，才能提高自己的认识能力、认识水平，才能更好地接受思想教育和职业技术教育。

4．培养劳动技能

培养劳动技能是教育改造罪犯成为自食其力的守法公民的保障。罪犯中有相当一部分人沾染了好逸恶劳、吃喝玩乐、贪图享受的恶习，缺乏劳动观念和生产技能，这正是走上犯罪的根源之一。监狱通过组织劳动生产，开展职业技能培训，使其掌握生产劳动技能，为刑满释放后就业谋生打下基础，减少其重新犯罪的可能性。

（二）教育改造的目标

教育改造罪犯的主要目标是：在罪犯服刑期间，通过各种教育改造手段和方法，使其成为守法守规的罪犯。守法守规罪犯的基本条件是：认罪悔罪、遵守规范、认真学习、积极劳动。

1．认罪悔罪的要求是：承认犯罪事实，认清犯罪危害，对自己的犯罪行为表示悔恨，服从法院判决，不无理缠诉。

2．遵守规范的要求是：遵守法律、法规，遵守罪犯基本规范、生活规范、学习规范、劳动规范、文明礼貌规范。

3．认真学习的要求是：积极接受思想、文化、职业技术等教育，遵守学习纪律，学习成绩达到要求。

4．积极劳动的要求是：积极参加劳动，遵守劳动纪律，服从生产管理和技术指导，掌握基本劳动技能，严格遵守操作规程，保证劳动质量，完成劳动任务。

二、教育改造的原则

根据《监狱法》第六十一条和《监狱教育改造工作规定》，教育改造的原则有以下四点。

（一）因人施教原则

因人施教原则就是对罪犯的教育必须从罪犯实际出发，根据个体的不同特点，有针对性地开展教育改造工作。投入监狱服刑的罪犯，犯罪性质不同、刑期长短不一、表现有好有差，性格特征、文化程度、对事物的理解接受能力参差不齐，因此必须因人施教，避免在教育过程中“一锅煮”、“一刀切”。

（二）以理服人的原则

以理服人的原则就是在教育过程中，对罪犯摆事实、讲道理，做耐心、细致的说服教育工作。在解决罪犯思想问题时，要善于疏通、诱导和说服。

（三）循序渐进原则

罪犯的思想要破旧立新，会有一个思想矛盾反复斗争的过程，犯罪思想、不良恶习不可能一夜之间就消除，需要由浅入深、由表及里、统筹安排，有层次、有步骤、循序渐进地开展教育工作。

（四）注重实效原则

监狱开展的每一项教育活动，不是为了做花架子，只要罪犯认真按要求去参与，就能收到直接的、潜移默化的效果。如思想教育，罪犯不能只是带两只耳朵去听，而是要听明白并理解，从中受到启发；参加文化学习要真正学到知识，不能学了几年还是文盲；其他各项辅助教育，要达到给人以启迪、陶冶人情操、转化思想的效果。

三、教育改造的内容

《监狱教育改造工作规定》指出，“监狱教育改造工作主要包括：入监教育；个别教育；思想、文化、技术教育；监区文化建设；社会帮教；心理矫治；评选罪犯改造积极分子；出监教育等。”

（一）入监教育

入监教育是入监罪犯必须接受的、集中性的基础知识教育。一般来说，入监教育主要内容包括：

1．监狱基本知识教育。通过此项教育可使新入监罪犯对监狱的性质、任务有一个基本了解。

2．法律法规、监规纪律的基本知识教育。如监狱服刑人员行为规范、监狱有关对罪犯的考核奖惩规定等。通过这项教育可使新入监罪犯基本明白在服刑期间哪些可为，哪些不可为。

3．认罪悔罪教育。通过此项教育可促进新入监罪犯认罪服判，为安心投入改造打好思想上的基础。

4．改造前途教育。通过此项教育可使新入监罪犯树立积极改造的信心。

5．心理健康教育。通过此项教育可使新入监罪犯明白监狱开展罪犯心理矫治工作的意义，掌握一般心理问题的自我调适方法，自觉配合入监学习期间的心理测试。

6. 劳动生产岗前基本知识教育。通过此项教育可使新入监罪犯掌握将要从事的生产劳动的基本操作和安全规程。

通过入监教育，使新入监罪犯了解自己在监狱服刑期间应当享有的权利和应当履行的义务，稳定情绪，尽快熟悉监狱环境，逐渐适应监狱生活，尽快实现从社会人到罪犯的角色转变。同时，通过入监教育，使新入监罪犯对服刑生活有一个基本认识，消除对监狱生活不必要的恐惧心理，学会处理同其他罪犯的关系，为以后的改造打下基础。

入监教育的时间为两个月。入监教育结束后，监狱应对新收罪犯进行考核验收。对考核不合格的，应当延长入监教育时间，时限为一个月。

（二）个别教育

个别教育是为了解决罪犯个别的、特殊的问题而进行的面对面教育。个别谈话是个别教育的常用形式，是监狱人民警察和罪犯一对一、面对面的交流。

罪犯在服刑期间会遇到各种各样的实际情况，产生各种各样的思想。当这些问题出现时，监狱人民警察一般都会找罪犯谈话，并根据其思想状况和动态，采取针对性的教育改造措施。但是，由于罪犯的人数是监狱人民警察人数的数倍，如果遇到需要警察解决的问题自己不讲，监狱人民警察也难以一一了解。所以，罪犯遇到困难、挫折、困惑甚至是思想不愉快时，要主动向警察汇报思想，寻求帮助。一般来说，每名罪犯每个月应主动向包管警察汇报思想和改造情况一次以上。

（三）思想教育

罪犯必须接受监狱组织的思想教育。思想教育内容包括：

1. 认罪悔罪教育

认罪悔罪教育主要解决的问题有两个：一是明确认罪与改造

的关系，认罪与遵纪守法的关系，认罪与改造前途的关系。二是明确认罪悔罪的要求：承认犯罪事实，交代清楚余罪和漏罪；正确深挖犯罪根源，从主观上挖犯罪原因；正确认识犯罪危害，承认自己犯罪的危害后果，破除不认罪的种种错误想法，丢掉幻想，加深悔罪意识。

要通过认罪悔罪教育，并联系自己犯罪实际，明白什么是犯罪，认清罪与非罪的界限，承认犯罪事实；正确对待法院判决，正确处理申诉与服刑改造的关系，做到认罪服判。

2．法律常识教育

针对罪犯不懂法、不守法、法律意识淡薄等情况，开展法律常识教育，使罪犯了解基本的法律知识，树立尊重和遵守法律的意识和观念。

通过学习《宪法》《刑法》《刑事诉讼法》《监狱法》等法律知识，掌握基本法律常识，了解公民所享有的权利和应当履行的义务，理解违法犯罪的含义及其法律责任，认识自己的犯罪行为给社会带来的危害，增强法律意识，进而自觉守法。

通过学习《中华人民共和国民法通则》《中华人民共和国物权法》《中华人民共和国继承法》《中华人民共和国婚姻法》《中华人民共和国合同法》《中华人民共和国劳动法》等法律知识，了解依法解决民事纠纷的途径，懂得利用法律维护国家、集体利益和个人的合法权益。

罪犯刑满释放时，法律常识教育合格率应当达到95%以上。

3．公民道德教育

道德是人类社会生活在依靠内心信念、社会舆论和传统习惯来调整人与人之间、个人与社会之间的行为准则和规范的总和。开展公民道德教育，使罪犯明确社会主义道德的基本原则和要求，认识正确处理个人、集体、他人的关系在社会生活中的重要意义，提高道德认识水平，培养遵守社会主义道德的自觉性。道德教育的主要内容包括：

（1）集体主义教育；

（2）文明礼貌和社会公德教育；

（3）社会主义道德和中华传统美德教育；

（4）职业道德、婚姻道德、伦理道德教育；

（5）人生观、世界观、价值观教育。

罪犯刑满释放时，道德常识教育合格率应当达到95%以上。

4．劳动常识教育

劳动是人类最主要的实践活动，是人类社会赖以生存和发展的首要条件。劳动是我国《宪法》规定的公民的基本权利和基本义务之一。而在我国监狱，劳动是改造罪犯的基本手段之一。

劳动教育的主要内容有：劳动的目的和意义、劳动态度、劳动纪律、劳动安全以及《监狱法》有关劳动的规定等。

5．时事政治教育

通过开展以科学发展观、构建社会主义和谐社会等重大战略思想为重点的政治教育，开展以国家改革开放和现代化建设取得的巨大成就为重点的形势教育，开展以近期国际、国内发生的重大事件，特别是与罪犯关系密切的事件为主要内容的时事教育，使罪犯充分认识国家经济社会发展、社会和谐稳定的大好形势，消除思想疑虑，消除悲观情绪，树立改造信心，争取光明前途。

（四）文化教育

《监狱法》第六十三条规定："监狱应当根据不同情况，对罪犯进行扫盲教育、初等教育和初级中等教育，经考试合格的，由教育部门发给相应的学业证书。"

根据有关规定，尚未完成国家规定的九年制义务教育，年龄不满四十五周岁，能够坚持正常学习的罪犯，应当接受监狱组织的扫盲、小学、初中教育。

根据司法部要求，文盲罪犯应当在入监两年内脱盲。

（五）技术教育

技术教育是监狱根据罪犯在狱内劳动岗位的技能要求和刑满释放后就业的需要，开展的以提高劳动技能为目的的教育活动。包括岗位技术培训和职业技能培训。

岗位技术培训主要是根据监狱劳动改造罪犯的岗位需要进行的培训，通过培训使罪犯懂得工艺操作规程和安全生产常识，提高操作技能。

职业技能培训主要是为罪犯回归社会就业谋生的需要而开展的实用性较强的教育。

根据有关规定，年龄不满五十周岁，没有一技之长，能够坚持正常学习的罪犯，应当参加技术教育；有一技之长的，可以按照监狱的安排，选择学习其他技能。对考试、考核合格的，由劳动部门发给相应的技术等级证书。劳动部门颁发的技术等级证书在全国范围内通用，为罪犯刑满后找工作创造便利条件。

（六）监区文化建设

监区文化建设就是运用各种手段在监狱内营造有利于罪犯改造的精神环境和文化氛围的活动。开展监区文化建设，一方面能较好地体现监狱的文明执法，另一方面能使罪犯在参与监区文化建设的过程中陶冶情操，在潜移默化中革除不良习气、改造思想、矫正行为。

监区文化建设的内容和形式非常广泛，监区的绿化、美化，可为罪犯营造一个优美的改造环境，让罪犯安心服刑改造。监狱开办图书室、阅览室、阅报栏、墙报、黑板报，办好监狱新生小报，组织开展读书、评报活动，让罪犯在读书、读报中增长知识。组织收听收看有益于改造的影视节目；组织开展文艺演出、体育比赛、读书活动以及各种工艺美术活动；在重要节日参加升挂国旗仪式等都是监区文化建设的内容。

（七）社会帮教

社会帮教，是指监狱人民警察利用监狱以外的社会力量对罪犯进行教育改造的辅助教育活动。它是通过对社会教育资源的整合，实现教育改造的个别化、社会化和科学化，是监管改造机关普遍采用的一种行之有效的基本教育手段之一。它的作用在于能够使罪犯体悟到国家和社会、家庭的温暖，增强罪犯改造信心，鼓励罪犯在希望中改造；能够使罪犯感受到犯罪行为对受害者的伤害，正确认识量刑，促进罪犯责己思过，认罪服法；能够使罪犯及时感受到时代信息，开阔罪犯的眼界，调节罪犯狱内单一生活节奏，丰富罪犯的精神生活，促进罪犯的再社会化进程；同时，它还有利于争取社会对监狱工作的支持，促进监狱工作的整体进步，树立监狱良好社会形象。

我国社会帮教的种类主要是“两个延伸”，即向外延伸和向后延伸。

所谓向外延伸，是指发动罪犯亲属、罪犯原所在单位和全社会都来关心和支持监狱的改造罪犯工作。比如邀请社会知名人士来监狱做规劝、感化工作，组织表现出色的出狱人来监狱现身说法做报告，动员罪犯亲属来监狱做规劝工作，等等。其中最重要的一种形式，是监狱与罪犯亲属、原工作单位或原户口所在地的政府签订相互配合、共同教育改造罪犯的帮教安置协议。

所谓向后延伸，是监狱在罪犯出狱时，要如实向地方政府介绍其改造表现，并协助地方政府做好出狱人的安置帮教工作。地方政府相关部门，积极为刑释人员做好接收、教育、就业指导等帮教工作。

罪犯黄某，2009 年因盗窃罪判刑五年入狱后，妻子外出无音讯，家中只留下七十多岁的老父和八岁的儿子。2011年3月，黄某得知家中的房屋已成危房不能居住，儿子无钱上学的消息后情绪激动。监区人民警察反复做思想工作也不见明显效果。监狱得知此消息后，立即用电话与黄某原籍县司法局联系，请求解决好黄某家庭的实际困难。司法局领导十分重视，在十天内解决了黄某家中的一系列困难：由镇政府出资为黄某的父亲维修房屋，学校免收黄某儿子的各种学杂费保障其上学，民政部门对黄某的父亲和儿子生活困难也给予适当解决，并到监狱对黄进行帮助教育、通报家庭困难解决结果。黄某得知后，当即放下了思想包袱，投入正常的改造中。

此案例说明了社会帮教能有效解决罪犯改造过程中遇到的各种思想问题和实际问题，具有狱内教育达不到的教育效果。

（八）心理矫治

罪犯心理矫治，即矫正、治疗罪犯不良心理，以保持其心理健康。罪犯由于社会经历等原因，往往存在扭曲的心理甚至变态心理、精神障碍等，这些往往是犯罪的诱发因素，也是影响改造的重要原因。接受心理矫治，对排除心理压力、学会心理问题的自我调节和自我矫治，能起到积极作用。监狱开展对罪犯的心理矫治工作包括：心理健康教育、心理测验、心理咨询和心理疾病治疗等。

（九）评选罪犯改造积极分子

监狱除加强对罪犯进行考核，实施《监狱法》所规定的行政、刑事奖惩措施外，还应激励罪犯接受改造，注重在教育改造工作中发挥改造积极分子的典型示范作用。改造积极分子应当是其他罪犯积极改造的学习、借鉴对象，对其他罪犯的改造具有带动示范作用。

监狱改造积极分子每年评选一次，在完成年终总评的基础上，由分监区召集罪犯集体评议推荐，全体警察集体研究，报监区长办公会审议，确定人选。直属分监区或未设分监区的监区，其人选由分监区或者监区召集罪犯集体评议推荐，全体警察集体研究确定。监区或者直属分监区确定人选后，填写《改造积极分子审批表》，报监狱教育改造部门审核，在本监狱内履行公示程序后，提交监狱长办公会审定。

罪犯评选改造积极分子的条件为：

1．认罪悔罪、积极改造；

2．自觉遵守法律、法规、规章和监规纪律；

3．讲究文明礼貌，乐于助人；

4．认真学习文化知识和劳动技能，成绩突出；

5．积极参加劳动，完成劳动任务；

6．达到计分考核奖励条件。

推荐省级改造积极分子，应具备连续两年被评为监狱改造积极分子这一必备条件。

监狱对改造积极分子人选实行公示的期限为七个工作日。公示期内，如监狱人民警察或罪犯对人选提出异议，由监狱教育改造部门进行复核，并告知复核结果。

（十）出监教育

出监教育是针对罪犯在刑满释放前的最后阶段为了更好地适应社会而进行的专门教育。《监狱教育改造工作规定》指出，“监狱对即将服刑期满的罪犯，应当集中进行出监教育，时限为三个月。”

监狱出监教育应当包括形势、政策、前途教育，遵纪守法教育和必要的就业指导，开展多种类型、比较实用的职业技能培训，增强罪犯回归社会后适应社会、就业谋生的能力。同时，监狱应当适时邀请当地公安、劳动和社会保障、民政、工商、税务等部门，向罪犯介绍有关治安、就业、安置、社会保障等方面的政策和情况，教育罪犯做好出监后应对各方面问题的思想准备，使其顺利回归社会。

四、劳动改造

（一）劳动改造的概念

劳动，是人类最基本的实践活动，是人类社会赖以产生、延续和发展的前提和基础。劳动的过程，就是人们获得生存所必需的物质资料及满足人们精神需要而进行活动的过程。

劳动不仅限于以使用和消耗体力为主的体力劳动，还包括把智力运用到劳动中去，创造物质财富和精神财富的脑力劳动。

对罪犯进行劳动改造，是指组织罪犯从事一定的劳动，并进行劳动观教育和劳动技能培训，使其成为自食其力的守法公民，是我国监狱改造罪犯的基本手段之一。

（二）劳动改造的特征

1．法定性

罪犯参加劳动是监狱执行刑罚活动的组成部分，是法律所规定的。《刑法》第四十六条规定："被判处有期徒刑、无期徒刑的犯罪分子，在监狱或其他执行场所执行；凡有劳动能力的，都应当参加劳动，接受教育和改造。"《监狱法》第三条规定："监狱对罪犯实行惩罚和改造相结合、教育和劳动相结合的原则，将罪犯改造成为守法公民。"第四条规定："监狱对罪犯应当依法监管，根据改造罪犯的需要，组织罪犯从事生产劳动。"第七条规定：罪犯必须"服从管理，接受教育，参加劳动。"第六十九条进而强调指出："有劳动能力的罪犯，必须参加劳动。"可见，监狱机关要依法采取强制措施组织罪犯进行劳动，劳动改造的法定对象是监狱中的罪犯，劳动是罪犯在人身自由受到限制，行动自由受到约束的条件下必须从事的法定活动。

2. 强制性

罪犯参加劳动不以个人意愿为转移，而是由监狱依法强制执行。具体表现在：罪犯投入何地的监狱进行劳动，必须听从统一安排，不能自我选择监狱和劳动场所；投入劳动改造后，从事哪个工种、或者调换工种，由监狱根据改造和生产的需要来定；另外，罪犯的劳动，是在管制下进行的，人身自由受到一定限制，监狱有专门的警戒设施，控制罪犯在一定范围内进行劳动，劳动时要受到监规纪律及制度的约束。

3. 矫治性

监狱组织罪犯劳动，虽然在强制的条件下进行，但根本目的是通过劳动转变其犯罪思想，矫正恶习。《监狱法》第七十条明确指出：“监狱根据罪犯的个人情况，合理组织劳动，使其矫正恶习，养成劳动的习惯，学会生产技能，并为释放后就业创造条件。”监狱考虑每一名罪犯的身体状况、技能特长，在监狱现有的劳动项目中，合理安排劳动。同时，在劳动过程中，监狱结合劳动对罪犯进行思想、文化和职业技术方面的教育，尤其是开展多种类型的技能培训，使罪犯多掌握几门实用技能，增强就业谋生的能力。这一过程的实质就是提高罪犯的认识能力，转变错误的思想认识，消除犯罪意识，使其养成良好的劳动习惯，自食其力，重新做人。

（三）劳动改造的作用

1. 更新劳动观念，养成劳动习惯

在押罪犯中许多人之所以走上犯罪道路，本身就与无正确的劳动观念、未养成劳动习惯有关。有的人喜欢不劳而获的寄生生活，根本就不想劳动；有的人是择业观念上存在严重问题，脑力劳动和技术性强的劳动干不了，重活、累活、脏活又不愿干，认为干这些活丢面子，但又想吃好、穿好、玩好，所以就只有去偷、去抢，继而走上犯罪道路。监狱组织罪犯参加劳动，把矫正恶习、提高劳动者素质作为首要任务，就是要罪犯通过劳动，亲自体会劳动成果的来之不易。在劳动中体会“谁知盘中餐，粒粒皆辛苦”这个古老而又实实在在的道理，从而珍惜自己和他人的劳动成果，逐步去除不劳而获的寄生思想，彻底同旧我决裂，不实施非法掠夺或占有他人的劳动成果的行为。通过劳动，通过享受劳动成果带来的喜悦，罪犯可以增强自信心，重新认识到人生的意义，理解自身存在的价值，从而强化热爱劳动的意识。通过劳动，罪犯还可从劳动的艰辛和劳动创造的成果中感受到劳动没有贵贱之分。不管从事什么劳动，只要通过自身努力，都可以创造出造福于人类的物质财富和精神财富。同时，由于监狱将罪犯的劳动改造考核情况与其改造成绩挂钩，劳动改造的考核结果在一定程度上会影响罪犯获取行政、刑事奖励和改造生活处遇，从而会激发其劳动积极性。劳动习惯经长此以往的反复强化，也会逐步过渡到自觉劳动。

2．约束不良行为，矫正犯罪恶习

罪犯被判刑入狱后，一方面会受到学习制度化、行动军事化、活动规范化、卫生经常化的规范性的约束；另一方面在生产过程中，也会受到劳动管理、劳动组织、劳动纪律、劳动制度和各种操作规程的强有力约束。劳动是一种有组织的活动，生产中分工细致，责任明确，谁干什么，干多少，在什么时间，什么地点，按什么要求和什么人干，都有明确规定。罪犯不论从事何种劳动，都必须遵守工艺要求、执行操作规程、完成劳动定额、保证产品质量、降低生产成本，自觉协调、约束自己的劳动行为。因此，组织罪犯劳动，让生产劳动中的社会性、协调性、纪律性共同地、持续地、反复地作用于罪犯的头脑，使其行为受到全面、严格的约束，逐步更替罪犯原有的支配其不良行为的思想和意识。通过持续、反复的狱内劳动，罪犯厌恶劳动、鄙视劳动的思想就会逐步改变，对劳动的不适感、羞耻感会逐步减弱，消极劳动的情绪会逐渐消除，良好的劳动习惯会逐步养成，从而感到劳动不再是负担。所以，罪犯参加劳动是改变、矫治目无法纪、放荡不羁行为的最有效方法之一。

3．学会生产技能，创造就业机会

罪犯最终要回到社会，遇到的最大问题是就业谋生问题。目前，随着社会主义市场经济体制的建立，企业优胜劣汰，能干者上岗，不适者下岗已成为非常自然的事情。作为罪犯，如果刑满后没有一技之长，面对众多下岗职工再就业难的社会现实，要找到一份满意的工作肯定是困难的。刑满回归人员中，因有一技之长而被企业竞相聘用或自己独自合法经营，勤奋致富的事例不胜枚举。但因无一技之长又不愿下苦力挣钱，最终谋生困难而又重新犯罪的也不是一个两个。监狱组织的劳动生产为罪犯掌握生产技能，创造了良好的条件。我国许多监狱的生产规模、劳动手段、劳动组织管理、技术设备水平等各方面，都不亚于社会的同类企业，有的还达到了国内先进水平，这为罪犯学习生产技能创造了条件。罪犯只要积极参加监狱组织的相关技能的理论培训，并将理论运用在劳动实践之中，开动脑筋、勤于思考、勇于实践，实际劳动技能必然会得到提高。掌握了真正的本领，刑满后就业谋生是大有希望的。

4．减轻国家负担，改善、改造环境

目前，我们的国家还不富裕，国家财政足额保障监狱经费还存在困难，还需发展生产以弥补监狱经费的不足。组织罪犯参加劳动，既可通过劳动改造其思想，又可为国家创造财富，减轻国家和人民的负担。监狱生产创造的经济效益，一部分用于再生产，一部分用于改善罪犯的生活和与罪犯有关的监狱设施和生活设施。当然，即使国家经济发达了，罪犯也必须参加生产劳动，因为劳动是一种改造手段。同时，犯罪行为本身已给国家和人民、给社会造成了损失，再让罪犯到监狱坐吃闲饭，刑罚就失去了应有的惩戒功能。

（四）罪犯的劳动时间

《监狱法》第七十一条规定："监狱对罪犯的劳动时间，参照国家有关劳动工时的规定执行；在季节性生产等特殊情况下，可以调整劳动时间。罪犯有在法定节日和休息日休息的权利。"司法部对罪犯的劳动工时也有相应的规定，监狱必须执行。

监狱实行罪犯每周劳动 5 天、集中学习 1 天、休息 1 天的"5+1+1"模式。

监狱在国家法定节假日期间依法安排罪犯休假。

但在下列情况下，经监狱狱政、劳动管理部门审核，提请监狱长批准，监狱生产单位可以延长劳动时间：

1. 发生自然灾害、事故或者因其他原因，威胁生命健康和财产安全，需要紧急处理的；

2. 生产设备、公共设施发生故障，影响生产和公众利益，必须及时抢修的；

3. 农忙季节需要抢收抢种的。

监狱依法延长罪犯劳动时间的，事后应当安排罪犯补休，确实不能安排补休的，根据延长劳动时间的长短，支付一定数量的加班费。

（五）劳动保护和劳动保险

劳动保护，主要是指保护劳动者的健康与安全。近年来，全国发生的各种安全事故不断。对罪犯来说，安全问题不仅是关系到自身健康和家庭幸福的大事，还关系到监狱生产的发展、社会的安宁。安全工作重于泰山。监狱长期以来对罪犯的生命和健康问题给予了高度重视和关怀，积极改善劳动条件，加强对罪犯的安全教育。作为罪犯，要充分认识到劳动保护、安全生产的重要性，增强安全生产意识，要把安全生产放在第一位。要遵守劳动保护规定和劳动操作规程，不违章作业；要爱护劳动防护设施，节约劳保用品，等等。

《监狱法》第七十三条规定："罪犯在劳动中致伤、致残或者死亡的，由监狱参照国家劳动保险的有关规定处理。"这些规定体现了国家对罪犯的关怀。但是，罪犯和监狱的法律关系不同于社会企业与劳动者之间的劳动合同关系。所以，罪犯在劳动中一旦发生致伤、致残或死亡，监狱给予补偿的标准只能执行司法部制定的相关规定。

思考题：

1. 教育改造的任务和目标分别是什么？
2. 教育改造包括哪些内容？
3. 思想教育包含哪些内容？
4. 开展技术教育有何作用？
5. 罪犯参加文化教育学习有哪些要求？
6. 心理健康教育主要包括哪些内容？
7. 劳动改造有何作用？

附：相关监狱法律法规索引

1.《中华人民共和国监狱法》（1994 年 12 月 29 日施行）

2.《狱内刑事案件立案标准》（2001 年 3 月 9 日施行，司法部第 64 号令）

3.《监狱提请减刑假释工作程序规定》（2003 年 1 月 7 日通过，司法部第 77 号令）

4.《监狱教育改造工作规定》（2003 年 6 月 3 日通过，司法部第 79 号令）

5.《监狱服刑人员行为规范》（2004 年 3 月 2 日通过，司法

部第 88 号令）

6. 《关于罪犯劳动工时的规定》（1995 年 6 月 14 日发布，司发通[1995] 065 号）

7.《罪犯离监探亲和特许离监规定》（2001 年 9 月 4 日发布，司发通[2001] 094 号）

8.《教育改造罪犯纲要》（2007 年 7 月 4 日发布，司法通[2007] 46 号）

9.《社区矫正实施办法》（2012 年 1 月 10 日，最高人民法院、最高人民检察院、公安部、司法部联合印发）

10.《关于办理减刑、假释案件具体应用法律若干问题的规定》（2011 年 11 月 21 日，最高人民法院审判委员会通过）

11.《关于〈中华人民共和国刑法修正案（八）〉时间效力问题的解释》（2011 年 4 月 20 日，最高人民法院审判委员会通过）

12.《中华人民共和国刑事诉讼法》（2012 年 3 月 14 日修正）

13. 全国人民代表大会常务委员会《关于修改〈中华人民共和国监狱法〉的决定》（2012 年 10 月 26 日通过，2013 年 1 月 1 日施行）

第六章　民　商　法

民商法包括民法和商法。民法是调整平等主体之间财产关系和人身关系的法律规范的总称。民法主要包括物权法、债权法、人身权法、侵权行为法、知识产权法、婚姻家庭法、继承法等。商法是调整商事主体和商事行为的法律规范的总称。商法（包括商主体法和商行为法）主要包括公司法、企业法、保险法、票据法、破产法、海商法、商业银行法、证券法等。

民法和商法都是调整社会经济关系的法律规范，都属于私法范畴。民法是基本法，商法是特别法。民法注重交易安全，商法注重效率。

作为罪犯，在服刑期间学习和懂得一些民事法律知识，对于正确处理财产关系、婚姻关系、人身关系是非常必要的。鉴于民法与罪犯的密切关系，本教材着重介绍民法知识，本章仅就《中华人民共和国物权法》《中华人民共和国合同法》《中华人民共和国婚姻法》《中华人民共和国继承法》《中华人民共和国侵权责任法》做简要介绍。

第一节　物　权　法

一、《中华人民共和国物权法》概述

为了维护国家基本经济制度，维护社会主义市场经济秩序，明确物的归属，发挥物的效用，保护权利人的物权，第十届全国人民代表大会第五次会议于 2007 年 3 月 16 日通过了《中华人民

共和国物权法》(以下简称《物权法》)，自2007年10月1日起施行。该法共五编十九章二百四十七条，包括：总则、所有权、用益物权、担保物权、占有和附则。

二、物权

物权是指权利人依法对特定的物享有直接支配和排他的权利，或者说，指自然人、法人直接支配不动产或者动产的权利，包括所有权、用益物权和担保物权。《物权法》是规范财产关系的民事基本法律，它主要从民事角度明确物的归属，即确认物是属于谁的，明确物的权利人对物的利用享有哪些权利，明确对物权如何保护。总之，因物的归属和利用而产生的民事关系都适用《物权法》。《物权法》的制定，对明确物的归属，充分发挥物的效用，维护经济秩序，促进社会主义现代化建设，具有重要意义。

(一)物权的概念、种类

物权是一种财产权，是一类极其重要的民事权利，是权利人在法律规定的范围内对一定的物享有直接支配并排除他人干涉的权利。

物权主要包括所有权、用益物权和担保物权。

(二)物权的设立、变更、转让和消灭

1. 不动产登记

(1)登记生效。根据《物权法》的规定："不动产物权的设立、变更、转让和消灭，经依法登记，发生效力；未经登记，不发生效力。但法律另有规定的除外。"

甲将房子卖给乙，签订了合同并把房子交付给乙使用但未办理房屋过户登记手续。后来房价上涨，甲又将房子卖给了丙而且和丙办理了房屋过户登记手续，不动产登记簿上记载的所有人是丙。

本案中谁是不动产的所有人？甲与乙之间的合同有效吗？丙虽然后买，但已经办理了过户手续，就是说不动产物权变动的事实经过登记生效了，且不动产登记簿上的所有人是丙，因此，丙是房子的所有人，取得了对该房屋的物权。尽管甲与乙之间没有办理物权登记，乙没有取得对该房屋的物权，但并不影响甲与乙之间债权合同的效力。

（2）登记程序。不动产登记，由不动产所在地的登记机构办理。

（3）预告登记。预告登记是指当事人签订买卖房屋或者其他不动产物权的协议，为保障将来实现物权，按照约定可以向登记机构申请预告登记。

（4）虚假登记和错误登记。当事人提供虚假材料申请登记，给他人造成损害的，应当承担赔偿责任。因登记错误，给他人造成损害的，登记机构应当承担赔偿责任。登记机构赔偿后，可以向造成登记错误的人追偿。

张某与王某是好朋友，王某买了一套商品房，在办理房产证期间因紧急公务出国，于是委托张某全权代为办理房权证。张某利欲熏心将王某的房屋登记在自己的名下。

张某的行为属于提供虚假材料登记。对王某的损失，登记机构应当承担赔偿责任。登记机构赔偿后，可以向张某追偿。

2．动产交付

根据《物权法》的规定，除法律另有规定外，动产物权的设立和转让，自交付时发生效力。也就是说，一旦交付完成，就可以认为物权产生或者发生转移。在移转占有前，物权的变动不仅不能对抗第三人，在当事人之间也不产生效力。例如，甲与乙订立了买卖合同，在甲将财产交付于乙之前，甲仍然享有财产的所有权。对于交付的方式，应当根据法律的规定、合同的约定、交易上的习惯及其他具体情况确定。标的物是否交付，会因标的物的种类和交付的方式不同而不同。

（三）物权的保护

对于物权的保护，《物权法》明确规定了权利人可以有以下请求权：

1. 因物权的归属、内容发生争议的，利害关系人可以请求确认权利。

2. 无权占有不动产或者动产的，权利人可以请求返还原物。

3. 妨害物权或者可能妨害物权的，权利人可以请求排除妨害或者消除危险。

4. 造成不动产或者动产毁损的，权利人可以请求修理、重做、更换或者恢复原状。

5. 侵害物权，造成权利人损害的，权利人可以请求损害赔偿，也可以请求承担其他民事责任。

三、所有权

（一）所有权的概念

依照《物权法》的定义，所有权是权利人对自己的动产与不动产依法享有的占有、使用、收益与处分的权利。所有权属于物权，即直接管理一定的物的排他性权利，与同属民事权利的债权构成财产权的两个分类。所有权是构成物权的基础，所有权制度是《物权法》的灵魂。

（二）所有权的分类

按照所有权的主体划分，我国财产所有权的类型主要分为国家所有权、集体所有权、私人所有权、法人财产所有权、社会团体所有权。

1. 国家所有权

国家所有权，是指中华人民共和国对于全民所有制财产享有的占有、使用、收益和处分的权利，是全民所有制在法律上的体现。

国家所有的财产受法律保护，禁止任何单位和个人侵占、哄抢、私分、截留、破坏。履行国有财产管理、监督职责的机构及其工作人员，应当依法加强对国有财产的管理、监督，促进国有财产的保值增值，防止国有财产损失；滥用职权，玩忽职守，造成国有财产损失的，应当依法承担法律责任。

2. 集体所有权

集体所有权，是指劳动群众集体组织在法律规定的范围内对自己的财产享有占有、使用、收益和处分的权利。

集体所有的财产受法律保护，禁止任何单位和个人侵占、哄抢、私分、破坏。集体经济组织、村民委员会或者其负责人作出的决定侵害集体成员合法权益的，受侵害的集体成员可以请求人民法院予以撤销。

3. 私人所有权

私人所有权，是指私人依法对其私人所有的财产享有占有、使用、收益和处分的权利。私人对其合法的收入、房屋、生活用品、生产工具、原材料等不动产和动产享有所有权。私人合法的储蓄、投资及其收益受法律保护。

私人的合法财产受法律保护，禁止任何单位和个人侵占、哄抢、破坏。根据《物权法》的规定，为了公共利益的需要，依照法律规定的权限和程序可以征收集体所有的土地和单位、个人的房屋及其他不动产。因抢险、救灾等紧急需要，依照法律规定的权限和程序可以征用单位、个人的不动产或者动产。被征用的不动产或者动产使用后，应当返还被征用人。单位、个人的不动产或者动产被征用或者征用后毁损、灭失的，应当给予补偿。

4．法人所有权

法人所有权，是指法人依法对其财产享有的占有、使用、收益和处分的权利。

企业法人对其不动产和动产依照法律、行政法规以及章程享有占有、使用、收益和处分的权利。企业法人以外的法人，对其不动产和动产的权利，适用有关法律、行政法规以及章程的规定。

5．社会团体所有权

社会团体所有权，是指社会团体依法对其财产享有的占有、使用、收益和处分的权利。

社会团体依法所有的不动产和动产，受法律保护。

（三）业主的建筑物区分所有权

1．建筑物区分所有权

建筑物区分所有权是指根据使用功能，将一栋建筑物区分为各个所有人独自使用的专用部分和由多个所有人共同使用的共用部分，每一所有人享有对其专有部分的专有权与对共用部分的共有权的结合。

2．专有权

专有权是指业主对其建筑物专有部分享有占有、使用、收益和处分的权利。业主行使权利不得危及建筑物的安全，不得损害其他业主的合法权益。

3．共有权

共有权是指业主对建筑物专有部分以外的共有部分，享有权利，承担义务；并不得以放弃权利不履行义务。属于业主共有的部分有：建筑区划内的道路（城镇公共道路除外）；除城镇公共绿地或者明示属于个人之外的建筑区划内的绿地；占用业主共有的道路或者其他场地用于停放汽车的车位；建筑区划内的其他公共场所、公用设施和物业服务用房。

4．业主

业主的权利和义务主要有：制定和修改业主大会议事规则；制定和修改建筑物及其附属设施的管理规约；选举业主委员会或者更换业主委员会成员；选聘和解聘物业服务企业或者其他管理人；筹集和使用建筑物及其附属设施的维修资金；改建、重建建筑物及其附属设施；有关共有和共同管理权利的其他重大事项。

业主应当遵守法律、法规以及管理规约。业主不得违反法律、法规以及管理规约，将住宅改变为经营性用房。业主将住宅改变为经营性用房的，除遵守法律、法规以及管理规约外，应当经有利害关系的业主同意。

5．业主大会和业主委员会

业主可以设立业主大会，选举业主委员会。地方人民政府有关部门应当对设立业主大会和选举业主委员会给予指导和协助。

业主大会或者业主委员会的决定，对业主具有约束力。业主大会或者业主委员会作出的决定侵害业主合法权益的，受侵害的业主可以请求人民法院予以撤销。

张某于2006年3月购买了某公司开发的位于三亚市某花园小区B栋的一套房屋。2009年2月，开发商开始在小区的南北两面修建围墙，并密封至二楼的阳台。张某认为，开发商扩建围墙，所占有的区域系全体小区业主共同所有，开发商在未经业主同意的情况下，擅自扩建围墙，侵犯了业主的合法权益。张某等业主多次找开发商交涉，但此事一直没有得到解决。张某一怒之下，将开发商告上法庭，要求开发商停止侵权，拆除所扩建的围墙。

法院对此案审理认为，张某作为小区的业主之一，对开发商侵害共有人合法权益的行为，可以单独提起诉讼。根据《物权法》的有关规定，建筑区划内的道路，属于业主共有，业主对建筑物内的住宅、经营性用房等专有部分享有所有权，对专有部分以外的共有部分享有共有和共同管理的权利，对涉及改建、重建建筑物及其附属设施的事宜，应当经专有部分占建筑总面积 2/3 以上业主且占小区总人数 2/3 以上业主的同意。最终，法院判决开发商拆除所建围墙，恢复原状。

（四）相邻关系

相邻关系是指两个或者两个以上相互毗邻不动产的所有人或使用人，在行使占有、使用、收益、处分权利时发生的权利义务关系。不动产的相邻权利人应当按照有利生产、方便生活、团结互助、公平合理的原则，正确处理相邻关系。

（五）共有

共有是指不动产或者动产由两个或者两个以上单位、个人共同所有。共有包括按份共有和共同共有。对于按份共有，共有人对共有的不动产或者动产按照其份额享有所有权；对于共同共有，共有人对共有的不动产或者动产共同享有所有权。

共有人按照约定管理共有的不动产或者动产；没有约定或者约定不明确的，各共有人都有管理的权利和义务。对共有物的管理费用以及其他负担，有约定的，按照约定；没有约定或者约定不明确的，按份共有人按照其份额负担，共同共有人共同负担。

共有人约定不得分割共有的不动产或者动产，以维持共有关系的，应当按照约定，但共有人有重大理由确实需要分割的，可以请求分割；没有约定或者约定不明确的，按份共有人可以随时请求分割，共同共有人在共有的基础丧失或者有重大理由需要分割时可以请求分割。因分割对其他共有人造成损害的，应当给予赔偿。

按份共有人可以转让其享有的共有的不动产或者动产份额。其他共有人在同等条件下享有优先购买的权利。

因共有的不动产或者动产产生的债权债务，在对外关系上，共有人享有连带债权、承担连带债务，但法律另有规定或者第三人知道共有人不具有连带债权债务关系的除外；在共有人内部关系上，除共有人另有约定外，按份共有人按照份额享有债权、承担债务，共同共有人共同享有债权、承担债务。偿还债务超过自己应当承担份额的按份共有人，有权向其他共有人追偿。

四、用益物权

用益物权，是指对他人所有的不动产或者动产，依法享有占有、使用和收益的权利。根据我国法律的规定，用益物权主要有土地承包经营权、建设用地使用权、宅基地使用权、地役权。

（一）土地承包经营权

土地承包经营权，是指土地承包经营权人依法对其承包经营的耕地、林地、草地等享有占有、使用和收益的权利，有权从事种植业、林业、畜牧业等农业生产。

耕地的承包期为三十年；草地的承包期为三十年至五十年；林地的承包期为三十年至七十年；特殊林木的林地承包期，经国务院林业行政主管部门批准可以延长。

土地承包经营权人依照农村土地承包法的规定，有权将土地承包经营权采取转包、互换、转让等方式流转。流转的期限不得超过承包期的剩余期限。未经依法批准，不得将承包地用于非农建设。

（二）建设用地使用权

建设用地使用权，是指建设用地使用权人依法对国家所有的土地享有的占有、使用和收益的权利，以及有权利用该土地建造建筑物、构筑物及其附属设施的权利。

建设用地使用权可以在土地的地表、地上或者地下分别设立。

设立建设用地使用权，可以采取出让或者划拨等方式。设立建设用地使用权的，应当向登记机构申请建设用地使用权登记。建设用地使用权自登记时设立。登记机构应当向建设用地使用权人发放建设用地使用权证书。

根据《物权法》的规定，除法律另有规定外，建设用地使用权人有权将建设用地使用权转让、互换、出资、赠与或者抵押。建筑物、构筑物及其附属设施转让、互换、出资或者赠与的，该建筑物、构筑物及其附属设施占用范围内的建设用地使用权一并处分。

（三）宅基地使用权

宅基地使用权，是指宅基地使用权人依法对集体所有的土地享有的占有和使用的权利以及依法利用该土地建造住宅及其附属设施的权利。宅基地因自然灾害等原因灭失的，宅基地使用权消灭。对失去宅基地的村民，应当重新分配宅基地。

（四）地役权

地役权是指地役权人因通行、取水、排水、铺设管线等需要，利用他人的不动产或者限制他人不动产的利用，以提高自己的不动产效益的权利。比如，甲工厂原有东门可以出入，后想开西门，需借用乙工厂的道路通行。甲工厂与乙工厂约定，甲工厂向乙工厂适当支付使用费，乙工厂允许甲工厂的人员通行。这时，甲工厂即取得了道路的“地役权”。

设立地役权，当事人应当采取书面形式订立地役权合同。地役权自地役权合同生效时设立。当事人要求登记的，可以向登记机构申请地役权登记；未经登记的，不得对抗善意第三人。土地上已经设立土地承包经营权、建设用地使用权、宅基地使用权等权利的，未经用益物权人同意，土地所有权人不得设立地役权。

地役权的期限由当事人约定，但不得超过土地承包经营权、建设用地使用权等用益物权的剩余期限。

地役权不得单独转让和抵押。

地役权人有下列情形之一的，供役地权利人有权解除地役权合同，地役权消灭：

1. 违反法律规定或者合同规定，滥用地役权的；

2. 有偿利用供役地，约定的付款期间届满后在合理期限内经两次催告未支付费用的。

五、担保物权

担保物权是以确保债权实现为目的而设定的物权，是指在借贷、买卖等民事活动中，债务人或者第三人将自己所有的财产作为履行债务的担保。债务人未履行债务时，债权人依照法律规定的程序依法享有该担保财产优先受偿的权利。担保物权包括抵押权、质权和留置权。

（一）抵押权

一般抵押权，是指为担保债务的履行，债务人或者第三人不转移财产的占有，将该财产抵押给债权人，债务人不履行到期债务或者发生当事人约定的实现抵押权的情形，债权人有权就该财产优先受偿。其中，债务人或者第三人为抵押人，债权人为抵押权人，提供担保的财产为抵押财产。如甲向银行申请贷款，并且以自己的住房作为抵押，此时甲为抵押人，银行为抵押权人，房屋为抵押财产。

债务人或者第三人有权处分的下列财产可以抵押：建筑物和其他土地附着物；建设用地使用权；以招标、拍卖、公开协商等方式取得的荒地等土地承包经营权；生产设备、原材料、半成品、产品；正在建造的建筑物、船舶、航空器；交通运输工具；法律、行政法规未禁止抵押的其他财产。

此外，经当事人书面协议，企业、个体工商户、农业生产经营者可以将现有的以及将有的生产设备、原材料、半成品、产品抵押。

根据《物权法》的规定，下列财产不得抵押：土地所有权；耕地、宅基地、自留地、自留山等集体所有的土地使用权，但法律规定可以抵押的除外；学校、幼儿园、医院等以公益为目的的事业单位、社会团体的教育设施、医疗卫生设施和其他社会公益设施；所有权、使用权不明或者有争议的财产；依法被查封、扣押、监管的财产；法律、行政法规规定不得抵押的其他财产。

抵押人有以下权利：占有抵押物并取得孳息；将抵押物出租；在同一财产上设定多个抵押权；经抵押权人同意转让抵押财产。

抵押权人的权利：保全抵押财产或者要求债务人提前清偿的权利；放弃抵押权或者抵押权顺位的权利；就到期债务优先受偿的权利；收取自然孳息的权利。

（二）质权

质权是指债权人为了担保债权的实现就债务人或第三人移交占有动产或权利，于债务人不履行债务时所享有的优先受偿的权利。根据质权的标的可以把质权分为动产质权和权利质权。

动产质权是指为担保债务的履行，债务人或者第三人将其动产出质给债权人占有，债务人不履行到期债务或者发生当事人约定的实现质权的情形，债权人有权就该动产享有优先受偿的权利。权利质权是指以权利作为出质对象设立的质权。

设立质权，当事人应当采取书面形式订立质权合同。质权合同一般包括下列条款：被担保债权的种类和数额；债务人履行债务的期限；质押财产的名称、数量、质量、状况；担保的范围；质押财产交付的时间。

质权人享有的权利有：收取质押财产的孳息；因不能归责于

质权人的事由可能使质押财产毁损或者价值明显减少，足以危害质权人权利的，质权人有权要求出质人提供相应的担保；质权人可以放弃质权；债务人不履行到期债务或者发生当事人约定的实现质权的情形，质权人可以与出质人协议以质押财产折价，也可以就拍卖、变卖质押财产所得的价款优先受偿。

质权人承担的义务有：

1．质权人在质权存续期间，未经出质人同意，擅自使用、处分质押财产，给出质人造成损害的，应当承担赔偿责任。

2．质权人应当妥善保管质押财产，因保管不善致使质押财产毁损、灭失的，应当承担赔偿责任。

3．质权人在质权存续期间，未经出质人同意转质，造成质押财产毁损、灭失的，应当向出质人承担赔偿责任。

甲因资金周转困难，向乙借款8000元，约定两个月后还本付息。为担保债务履行，双方签订一份质押合同，约定甲以其所有的摄像机作为担保，但未将摄像机交给乙。后来，甲由于其他债务无法偿还，又向丙借款4000元，并再次订立书面质押合同，并将摄像机交给丙。后因甲到期无法归还乙的借款，乙即向法院起诉要求变卖甲的摄像机优先受偿。

本案中甲乙虽然订立了书面质押合同，但并未将摄像机交给乙，根据《物权法》第二百零八条的规定："为担保债务的履行，债务人或者第三人将其动产出质给债权人占有的，债务人不履行到期债务或者发生当事人约定的实现质权的情形，债权人有权就该动产优先受偿。"本案例中出质人甲并未将摄像机交给质权人乙占有，质权依法不成立，乙不能就甲的摄像机优先受偿。乙的诉求依法应予驳回。

（三）留置权

留置权是指债务人不履行到期债务，债权人可以留置已经合法占有的债务人的动产，并就该动产优先受偿的权利。

留置权人的权利主要有：收取留置财产的孳息；债务人逾期未履行债务的，留置权人可以与债务人协议以留置财产折价，也可以就拍卖、变卖留置财产所得的价款优先受偿；同一动产上已设立抵押权或者质权，该动产又被留置的，留置权人优先受偿。

留置权人的义务主要有：应当妥善保管留置财产；因保管不善致使留置财产毁损、灭失的，应当承担赔偿责任。

债务人的权利有：债务人可以请求留置权人在债务履行期届满后行使留置权；留置权人不行使留置权的，债务人可以请求人民法院拍卖、变卖留置财产。

下列情形下留置权消灭：债务已经清偿的；留置权人对留置财产丧失占有的；留置权人接受债务人另行提供担保的。

2002 年 10 月，甲企业的一辆汽车因交通事故被撞，毁损严重，即送到乙修理厂进行修理。2002 年 11 月初，在乙修理厂花费修理费加材料费计 2 万余元将该车修好后，甲企业并未付款取车。2003 年 2 月，丙银行与当地人民法院法官来到乙修理厂，以甲企业于 2000 年已因贷款将该车抵押给丙银行，借款到期后，甲企业拒不还款，法院判决已经生效为由，欲将该车强制执行，进行折价或拍卖、变卖，以此所得价款优先受偿。而乙修理厂以甲企业未支付修理费为由，也主张优先受偿。

在本案例中，乙修理厂按双方约定将甲企业的汽车修好后，甲企业拒不付款取车，依照法律规定，乙修理厂可以留置该车，直接取得留置权，即法定的担保物权。而丙银行基于其与甲企业签订的抵押合同取得抵押权，属于约定的担保物权。因法定担保物权优于约定担保物权，所以乙修理厂应优先于丙银行受偿。

思考题：

1. 物权有哪些种类？
2. 所有权如何分类？
3. 哪些事项应由建筑物业主共同决定？
4. 不动产权利人处理相邻关系应遵守哪些规定？
5. 共有财产所产生的债权、债务应如何处理？
6. 土地承包经营权的承包期是怎么规定的？
7. 什么是地役权？
8. 什么是一般抵押权？哪些财产可以抵押？哪些财产不得抵押？
9. 抵押人、抵押权人分别有哪些权利？
10. 什么是动产质权？质权人有哪些权利和义务？

第二节 合 同 法

一、《中华人民共和国合同法》概述

合同是指平等主体的自然人、法人和其他组织之间设立、变更、终止民事法律关系的协议。合同法就是调整平等主体的自然人、法人、其他组织之间设立、变更、终止民事权利义务关系的法律规范的总称。《中华人民共和国合同法》（以下简称《合同法》）由第九届全国人民代表大会第二次会议于 1999 年 3 月 15 日通过，自 1999 年 10 月 1 日起施行。该法共二十三章，四百二十八条，总则包括：一般规定、合同的订立、合同的效力、合同的履行、合同的变更和转让、合同的权利义务终止、违约责任和其他规定。

分则包括：买卖合同；供用电、水、气、热力合同；赠与合同；借款合同和租赁合同等。

二、合同的内容和订立方式

（一）合同的内容

合同的内容由当事人约定，一般包括以下条款：当事人的名称或者姓名和住所；标的；数量；质量；价款或者报酬；履行期限、地点和方式；违约责任；解决争议的方法。同时，当事人可以参照各类合同的示范文本订立合同。

（二）合同的订立

当事人订立合同，应当采取要约、承诺方式。

1．要约

要约是希望和他人订立合同的意思表示。要约应当符合两个基本规定：一是内容具体确定，应包含订立合同的基本条款；二是表明经受要约人承诺，要约人即受该意思表示约束，合同即告成立。提出要约的一方称为要约人，接收要约的一方称为受要约人。

要约发出后，受要约人有承诺或者不承诺的权利，如不承诺，无须答复要约人。为了保护受要约人承诺的权利，法律要求要约人必须接受要约的约束，不得随意撤销或撤回要约。要约一般向特定的受要约人发出，要约到达受要约人时生效。

要约可以撤回。撤回要约的通知应当在要约到达受要约人之前或者与要约同时到达受要约人，即要约撤回只能发生在要约生效之前的阶段。

要约可以撤销。撤销要约的通知应当在受要约人发出承诺通知之前到达受要约人，即要约撤销只能发生在要约生效之后，合同成立之前的阶段。

要约失效，是指要约失去法律约束力。要约失效的原因有：

一是受要约人拒绝要约的通知到达要约人；二是要约人依法撤销要约；三是承诺期限届满，受要约人未作出承诺；四是受要约人对要约内容作出实质性变更。

2．承诺

承诺是受要约人同意要约的意思表示。承诺的内容应当与要约的内容一致。承诺应当以通知的方式作出，但根据交易习惯或要约表明可以通过行为作出承诺的除外。

受要约人对要约的内容作出实质性改变的，不是承诺，而是要约，如合同标的、数量、质量、价格或报酬方面的变更。

承诺一旦作出并送达要约人，合同即告成立，要约人不得加以拒绝。

要约规定了承诺期限的，承诺应当在要约确定的期限内到达要约人。承诺自通知到达要约人时生效。承诺不需要通知的，根据交易习惯或者要约的要求作出承诺的行为时生效。承诺生效时合同成立。

三、合同的效力

（一）合同的生效

合同的生效主要有以下几种情况：

1．自合同成立时生效。依法成立的合同，自成立时生效。法律、行政法规规定应当办理批准、登记等手续生效的，依照其规定。

2．附条件合同。附生效条件的合同，自条件成就时生效。附解除条件的合同，自条件成就时失效。

3．附期限合同。附生效期限的合同，自期限届至时生效。附终止期限的合同，自期限届满时失效。

2000 年 4 月 25 日，某公司为全体职工投保了团体人身意外伤害保险，保险公司收取了保险费并当即签发了保险单。但是在保险单上列明的保险期间自 2000 年 5 月 1 日起至次年 4 月 30 日止。2000 年 4 月 30 日，该公司的职工王某登山，不慎坠崖身亡，事故发生后，王某的亲属向保险公司提出索赔申请。

根据《中华人民共和国保险法》第十三条规定："投保人提出保险要求，经保险人同意承保，并就合同的条款达成协议，保险合同成立。"在一般情况下，如果当事人对合同生效没有特别约定，合同自成立时生效。但是，如果当事人对合同生效约定了附属条款，则保险合同从符合附属条款约定的生效情形时开始生效。

本案例的保险合同中明确规定了保险责任期间开始于 2000 年 5 月 1 日，而保险事故发生在 2000 年 4 月 30 日，正好在保险责任期间外，所以，保险公司对发生在保险责任期间之外的保险事故不承担保险责任。

（二）合同无效的情形

根据《合同法》的规定，有下列情形之一的，合同无效：

1. 一方以欺诈、胁迫的手段订立合同，损害国家利益；
2. 恶意串通，损害国家、集体或者第三人利益；
3. 以合法形式掩盖非法目的；
4. 损害社会公共利益；
5. 违反法律、行政法规的强制性规定。

根据《合同法》的规定，合同中的下列免责条款无效：

1. 造成对方人身伤害的；
2. 因故意或者重大过失造成对方财产损失的。

（三）可变更或者撤销合同

下列合同，当事人一方有权请求人民法院或者仲裁机构变更或者撤销：

1．因重大误解订立的；

2．在订立合同时显失公平的。

一方以欺诈、胁迫的手段或者乘人之危，使对方在违背真实意思的情况下订立的合同，受损害方有权请求人民法院或者仲裁机构变更或者撤销。

当事人请求变更的，人民法院或者仲裁机构不得撤销。

某山区农民赵某家中有一花瓶，系赵某的祖父所留。李某得知后上门购买，赵某在不知该花瓶真实价值的情况下与李某签订买卖合同，以3000元的价格将花瓶卖给李某。随后，李某将该花瓶送往拍卖行进行拍卖，卖得价款12万元。赵某在一个月后得知此事，认为李某欺骗了自己，就找到李某要求退回花瓶。李某认为买卖花瓶是双方自愿的，不存在欺骗，拒绝了赵某的请求。赵某无奈，只得到李某所在地人民法院提起诉讼，请求撤销合同并要求李某返还花瓶。

法院经审理认为，李某与赵某之间的合同属于显失公平的买卖合同，且显失公平是由于赵某欠缺交易经验所致。因此赵某有权依据《合同法》第五十四条的规定，请求法院撤销合同。买卖合同一旦被撤销，合同就自始没有法律约束力。依据《合同法》第五十八条的规定，赵某有权请求李某返还花瓶。

四、合同的履行

（一）合同约定不明确的处理

1．补充协议。合同生效后，当事人就合同内容没有约定或者约定不明确的，可以协议补充；不能达成补充协议的，按照合同有关条款或者交易习惯确定。

2．当事人就有关合同内容约定不明确，依照补充协议、合同有关条款或者交易习惯仍不能确定的，适用下列规定：

（1）质量要求不明确的，按照国家标准、行业标准履行；没有国家标准、行业标准的，按照通常标准或者符合合同目的的特定标准履行。

（2）价款或者报酬不明确的，按照订立合同时履行地的市场价格履行；依法应当执行政府定价或者政府指导价的，按照规定履行。

（3）履行地点不明确，给付货币的，在接受货币一方所在地履行；交付不动产的，在不动产所在地履行；其他标的，在履行义务一方所在地履行。

（4）履行期限不明确的，债务人可以随时履行，债权人也可以随时要求履行，但应当给对方必要的准备时间。

（5）履行方式不明确的，按照有利于实现合同目的的方式履行。

（6）履行费用的负担不明确的，由履行义务一方负担。

（二）合同履行的顺序

1．没有先后履行顺序的情形。当事人互负债务，没有先后履行顺序的，应当同时履行。一方在对方履行之前有权拒绝其履行要求；一方在对方履行债务不符合约定时，有权拒绝其相应的履行要求。

2．有先后履行顺序的情形。当事人互负债务，有先后履行顺序，先履行一方未履行的，后履行一方有权拒绝其履行要求。先履行一方履行债务不符合约定的，后履行一方有权拒绝其相应的履行要求。

应当先履行债务的当事人，有确切证据证明对方有下列情形之一的，可以中止履行：经营状况严重恶化；转移财产、抽逃资金，以逃避债务；丧失商业信誉；有丧失或者可能丧失履行债务能力的其他情形。

当事人没有确切证据中止履行的，应当承担违约责任。

五、债权人的代位权和撤销权

（一）代位权

代位权是指因债务人怠于行使到期债务，对债权人造成损害的，债权人可以向人民法院请求以自己的名义代位行使债务人的债权，但该债权专属于债务人自身的除外。代位权的行使范围以债权人的债权为限。债权人行使代位权的必要费用，由债务人负担。

（二）撤销权

撤销权是指因债务人放弃其到期债权或者无偿转让财产，对债权人造成损害的，债权人可以请求人民法院撤销债务人的行为。债务人以明显不合理的低价转让财产，对债权人造成损害，并且受让人知道该情形的，债权人也可以请求人民法院撤销债务人的行为。撤销权的行使范围以债权人的债权为限。债权人行使撤销权的必要费用，由债务人负担。

撤销权自债权人知道或者应当知道撤销事由之日起一年内行使。自债务人的行为发生之日起五年内没有行使撤销权的，该撤销权消灭。

六、合同的权利义务终止

根据《合同法》的规定，有下列情形之一的，合同的权利义务终止：

1．债务已经按照约定履行；

2．合同解除；

3．债务相互抵消；

4．债务人依法将标的物提存；

5．债权人免除债务；

6. 债权债务同归于一人；

7. 法律规定或者当事人约定终止的其他情形。

合同的权利义务终止后，当事人应当遵循诚实信用原则，根据交易习惯履行通知、协助、保密等义务。

李某于2011年5月4日在某商场购买了一瓶绿茶，回家之后打开瓶盖，发现瓶盖上标有“再来壹瓶”的字样，且瓶身上注明兑奖日期至2011年9月30日止。第二天李某携带中奖瓶盖、购物小票前往商场兑奖，商场工作人员以商场无兑奖业务为由拒绝兑付。

在本案例中，李某与商场之间的买卖合同虽然履行完毕，但李某随后的中奖使得双方之间的权利、义务关系并未终结。依据诚实信用原则和交易习惯，商场均有为消费者兑奖的义务，该义务双方之间虽然未明确约定，但从双方之间的买卖合同成立开始，这种基于买卖合同派生出来的义务就已经存在。另外，商场作为商品的销售者，与商品的生产者、经销商之间的联系更为紧密，而消费者作为销售的最终环节，在与生产者、经销商的沟通方面较商场处于弱势。因此商场应为李某兑奖。

七、违约责任

（一）违约责任的概念

违约责任是指当事人一方不履行合同义务或者履行合同义务不符合约定，应当承担的继续履行、采取补救措施或者赔偿损失等责任。

（二）违约责任的处理

1. 继续履行。当事人一方未支付价款或者报酬的，对方可以要求其支付价款或者报酬。当事人一方不履行非金钱债务或者履行非金钱债务不符合约定的，当事人可以要求履行。

2. 赔偿损失。当事人一方不履行合同义务或者履行合同义务不符合约定的，在履行义务或者采取补救措施后，对方还有其他损失的，应当赔偿损失。

3. 支付违约金。当事人可以约定一方违约时应当根据违约情况向对方支付一定数额的违约金，也可以约定因违约产生的损失赔偿额的计算方法。

4. 采取补救措施。当事人一方违约后，对方应当采取适当措施防止损失的扩大；没有采取适当措施致使损失扩大的，不得就扩大的损失要求赔偿。当事人因防止损失扩大而支出的合理费用，由违约方承担。

5. 责任的免除。因不可抗力不能履行合同的，根据不可抗力的影响，部分或者全部免除责任，但法律另有规定的除外。当事人迟延履行后发生不可抗力的，不能免除责任。

八、对合同争议的处理

（一）对合同条款理解存在争议的处理

根据《合同法》的规定，当事人对合同条款的理解有争议的，应当按照合同所使用的词句、合同的有关条款、合同的目的、交易习惯以及诚实信用原则，确定该条款的真实意思。

合同文本采用两种以上文字订立并约定具有同等效力的，对各文本使用的词句推定具有相同含义。各文本使用的词句不一致的，应当根据合同的目的予以解释。

（二）其他合同争议的处理

当事人可以通过和解或者调解解决合同争议。

当事人不愿和解、调解或者和解、调解不成的，可以根据仲裁协议向仲裁机构申请仲裁。涉外合同的当事人可以根据仲裁协议向中国仲裁机构或者其他仲裁机构申请仲裁。当事人没有订立仲裁协议或者仲裁协议无效的，可以向人民法院起诉。当事人应当履行发生法律效力的判决、仲裁裁决、调解书；拒不履行的，对方可以请求人民法院执行。

思考题：

1. 合同一般包括哪些条款？
2. 合同的违约责任如何处理？
3. 合同无效的情形有哪些？
4. 债权人的代位权和撤销权的含义是什么？
5. 合同权利、义务终止的情形有哪些？

第三节 婚 姻 法

一、《中华人民共和国婚姻法》概述

婚姻法是调整一定社会的婚姻关系的法律规范的总和，是一定社会的婚姻制度在法律上的集中表现。其内容主要包括婚姻的成立和解除、婚姻的效力，特别是夫妻间的权利和义务等。新中国第一部《婚姻法》于1950年5月1日公布施行，内容以调整婚姻关系为主，同时涉及家庭关系方面的各种重要问题。1980年9月10日，第五届全国人民代表大会第三次会议通过新的《中华人民共和国婚姻法》（以下简称《婚姻法》），自1981年1月1日起施行，原婚姻法自新法施行之日起废止。2001年4月28日第九届全国人民代表大会常务委员会第二十一次会议《关于修改〈中华人民共和国婚姻法〉的决定》修正出台。该法共六章五十一条，包括：总则、结婚、家庭关系、离婚、救助措施与法律责任、附则。

二、结婚

结婚，是指男女双方依照法律规定的条件和程序，确立夫妻关系的重要民事法律行为。

（一）结婚的条件

1. 男女双方必须完全自愿。婚姻成立的最重要的先决条件是不许任何一方对他方加以强迫或者任何第三人加以干涉，男女双方是完全自愿。

2. 结婚时必须达到法定结婚年龄。根据我国《婚姻法》的规定，法定结婚年龄男不得早于二十二周岁，女不得早于二十周岁。

3. 结婚双方均无配偶。实行一夫一妻制是我国婚姻法的基本原则之一，要求结婚的男女，必须是无配偶者。无配偶者包括未婚、丧偶、离婚三种情况。

（二）禁止结婚的情形

1. 直系血亲和三代以内的旁系血亲，禁止结婚；

2. 患有医学上认为不应当结婚的疾病的人，禁止结婚。

（三）结婚登记程序

结婚登记大致可分为申请、审查和登记三个环节。

1. 申请

（1）中国公民在中国境内申请结婚

双方必须亲自到一方户口所在地的婚姻登记机关申请结婚登记。申请时，应当持户口和居民身份证明。

离过婚的，还应当持离婚证。离婚的当事人恢复夫妻关系的，必须双方亲自到一方户口所在地的婚姻登记机关申请复婚登记。

（2）中国公民同外国人在中国境内申请结婚

男女双方当事人必须持规定证件共同到中国公民一方户口所在地的省、自治区、直辖市人民政府指定的婚姻登记机关申请登记。

2．审查

婚姻登记管理机关对当事人的申请应当进行审查，查明结婚申请是否符合结婚条件，不明之处，应当向当事人询问，必要时，可要求当事人提供有关证明材料。

3．登记

婚姻登记机关对符合结婚条件的，应当即时予以登记，发给结婚证；对离过婚的，应注销其离婚证。但对中国公民和外国人的登记申请，应在收到申请后一个月内办理登记手续，发给结婚证。涉外婚姻的结婚证须贴有男女双方当事人照片，并加盖办理涉外婚姻登记的县级以上人民政府婚姻登记专用章。

申请结婚登记的当事人受单位或者他人干涉，不能获得所需证明时，婚姻登记管理机关查明确实符合结婚条件的，应当予以登记。

申请人有下列情形之一的，婚姻登记机关不予登记：

（1）未到法定结婚年龄的；

（2）非自愿的；

（3）已有配偶的；

（4）属于直系血亲或者三代以内旁系血亲的；

（5）患有医学上认为不应当结婚的疾病的。

婚姻登记机关对当事人的婚姻登记申请不予登记的，应当以书面的形式说明理由。当事人认为符合婚姻登记条件而婚姻登记机关不予登记的，可以依照《中华人民共和国行政复议法》的规定申请复议；对复议不服的，可以按照《中华人民共和国行政诉讼法》的规定提起行政诉讼。

4．有下列情形之一的，婚姻无效：

（1）重婚的；

（2）有禁止结婚的亲属关系的；

（3）婚前患有医学上认为不应当结婚的疾病，婚后尚未治愈的；

（4）未到法定结婚年龄的。

三、家庭关系

（一）财产关系

夫妻在婚姻关系存续期间所得的下列财产，归夫妻共同所有：工资、奖金；生产、经营的收益；知识产权的收益；继承或赠与所得的财产，但遗嘱或赠与合同中确定只归夫或妻一方的财产除外；其他应当归共同所有的财产。夫妻对共同所有的财产，有平等的处理权。

有下列情形之一的，为夫妻一方的财产：

1．一方的婚前财产；

2．一方因身体受到伤害获得的医疗费、残疾人生活补助等费用；

3．遗嘱或赠与合同中确定只归夫或妻一方的财产；

4．一方专用的生活用品；

5．其他应当归一方的财产。

夫妻可以约定婚姻关系存续期间所得的财产以及婚前财产归各自所有、共同所有或部分各自所有、部分共同所有。约定应当采用书面形式。

张某与王某于 2005 年结婚。2009 年 4 月，张某将其婚前购买的原价 125 000 元的房屋出售，卖价 26 万元。2009 年 10 月，张某诉至法院要求和王某解除婚姻关系，王某同意离婚，但对已卖房屋的增值部分 135 000 元，要求按夫妻共同财产进行分割。

法院认为，房屋为张某婚前个人财产，房屋增值的原因是由于市场行情上涨引起的，增值部分应属于原房屋所有人所有，不属于夫妻共同财产。

（二）夫妻间的权利义务

1. 夫妻有相互扶养的义务。一方不履行扶养义务时，需要扶养的一方，有要求对方付给扶养费的权利。

2. 夫妻有相互继承遗产的权利。

（三）父母、子女之间的权利义务

1. 父母对子女有抚养教育的义务；子女对父母有赡养扶助的义务。

2. 父母有保护和教育未成年子女的权利和义务。

3. 父母和子女有相互继承遗产的权利。

4. 非婚生子女享有与婚生子女同等的权利，任何人不得加以危害和歧视。

5. 养父母和养子女间的权利和义务，适用《婚姻法》对父母子女关系的有关规定。

6. 子女应当尊重父母的婚姻权利，不得干涉父母再婚以及婚后的生活。子女对父母的赡养义务，不因父母的婚姻变化而终止。

四、离婚

（一）协议离婚

协议离婚，是指夫妻双方依据法律规定合意解除婚姻关系的法律行为。根据《婚姻法》第三十一条的规定，男女双方自愿离婚的，双方必须到婚姻登记机关申请离婚登记。婚姻登记机关经过形式审查和实质审查，确认双方自愿并对子女和财产问题已经有适当处理的，应当办理离婚登记并发给离婚证。

婚姻登记机关受理离婚登记申请的条件是：

1. 婚姻登记处具有管辖权；

2. 要求离婚的夫妻双方共同到婚姻登记处提出申请；

3. 双方均具有完全民事行为能力；

4. 当事人持有离婚协议书，协议书中载明双方自愿离婚的意思表示以及对子女抚养、财产及债务处理等事项协商一致的意见；

5. 当事人持有内地婚姻登记机关或者中国驻外使（领）馆颁发的结婚证。

但有以下情形的，婚姻登记机关不予受理离婚登记申请：

1. 一方当事人请求登记离婚的；

2. 双方当事人请求离婚，但对子女抚养、夫妻一方生活困难的经济帮助、财产分割、债务清偿未达成协议的；

3. 双方或一方当事人为限制民事行为能力人或无民事行为能力人的；

4. 双方当事人未办理过结婚登记的。

协议离婚的程序：首先，双方必须亲自到婚姻登记机关申请离婚登记。婚姻登记机关应当对当事人的离婚申请进行审查，查明当事人所携带的证明和证件是否齐全，当事人是否符合登记离婚的条件。婚姻登记管理机关审查后，对于符合离婚条件的，应予登记，发给离婚证，注销结婚证。

（二）诉讼离婚

诉讼离婚是指夫妻双方对离婚没有达成协议或双方对子女抚养及财产分割有争议，须经人民法院调解或判决而解除婚姻关系的法律制度。

根据《婚姻法》的规定，在女方怀孕、分娩后一年内或中止妊娠六个月内，男方不得请求离婚。女方提出离婚或人民法院认为确有必要受理男方的诉讼请求的不在此限。

根据《婚姻法》的规定，人民法院审理离婚案件，应当进行调解；如感情确已破裂，调解无效，应准予离婚。

有下列情形之一，调解无效的，应准予离婚：重婚或有配偶者与他人同居的；实施家庭暴力或者虐待、遗弃家庭成员的；有赌博、吸毒等恶习屡教不改的；因感情不和分居满两年的；其他导致夫妻感情破裂的情形，如一方犯有强奸罪等罪行，严重伤害夫妻感情的。

（三）损害赔偿

有下列情形之一，导致离婚的，无过错方有权请求损害赔偿：

1．重婚的；

2．有配偶者与他人同居的；

3．实施家庭暴力的；

4．虐待、遗弃家庭成员的。

陈佳与刘扬于 1996 年 4 月登记结婚，婚后生一男孩，2003 年 4 月后刘扬有外遇，且与其同居。陈佳以感情上受到伤害，夫妻感情破裂为由，向法院起诉，要求与刘扬离婚，并主张刘扬作为过错方应赔偿原告 5000 元。在孩子抚养权问题上，经法院询问，孩子表示愿意随刘扬生活。

法院经审理认为，原告提出离婚，被告同意离婚，应当准予离婚。因其子女愿随被告生活，故应尊重子女意见，原告应根据实际情况负担一定数额的子女抚养费。对于家庭财产分割，应根据双方的具体情况，本着照顾女方和无过错方的原则予以考虑。对于原告主张婚姻过错损害赔偿的请求，因有证据证实，且法律有明确规定，故对该项请求应根据被告的实际情况酌情考虑。

五、《中华人民共和国婚姻法》若干问题的解释介绍

2001 年修正的《婚姻法》施行后，针对审判实践中碰到的法律适用疑难问题，最高人民法院于同年 12 月 24 日通过了《关于适用〈中华人民共和国婚姻法〉若干问题的解释（一）》，针对《婚

姻法》修改后的一些程序性和审判实践中急需解决的问题作出了解释，包括无效婚姻和可撤销婚姻的处理程序及法律后果、提出中止探望权的主体资格、子女抚养费、离婚损害赔偿等。

2003 年 12 月 4 日，最高人民法院通过了《关于适用〈中华人民共和国婚姻法〉若干问题的解释（二）》，主要针对彩礼应否返还、夫妻债务处理、住房公积金及知识产权收益等款项的认定、军人的复员费及自主择业费的处理等问题，提供了具有可操纵性的裁判依据。

2011 年 7 月 4 日，最高人民法院通过了《关于适用〈中华人民共和国婚姻法〉若干问题的解释（三）》（以下简称《婚姻法解释（三）》），是最高人民法院对现行《婚姻法》的有效补充，共有十九个条文，涉及的内容十分丰富，其重点内容包括以下六个方面：

1. 首次明确以结婚登记程序存在瑕疵为由主张撤销结婚登记应提起行政复议或行政诉讼。

2. 明确规定婚子关系诉讼中一方当事人拒绝鉴定将导致法院推定另一方主张成立的法律后果。

3. 首次明确夫妻一方个人财产婚后产生的孳息和自然增值不是共同财产。

4. 明确婚后一方父母出资为子女购买不动产且产权登记在自己子女名下的应认定为夫妻一方的个人财产。

5. 首次明确离婚案件中一方婚前贷款购买的不动产应归产权登记方所有。

6. 明确规定当事人协议离婚未成则事先达成的附协议离婚条件的财产分割协议不生效。

《婚姻法解释（三）》的出台，是人民法院正确适用相关法律规定，依法维护人民群众正当权益的一项重要举措。

六、罪犯的结婚和离婚相关问题

监狱在依法监管与矫正罪犯的同时，也担负着保障服刑人合法权益的职责。罪犯因其特殊的法律地位，其权利的享有和行使同一般公民相比有许多特别之处。罪犯的某些权利，尽管法律和刑事判决并未明确加以剥夺，但因其处在监禁状态而无法正常行使，或者因监管需要受到相当程度的限制。

就法律层面来说，罪犯的婚姻自由同一般公民一样受法律保护。婚姻自由包括离婚自由与结婚自由两个基本方面，服刑人的离婚自由是不存在疑问的，但对其在服刑期间是否可以登记结婚，法律并没有明确规定。

2004 年 3 月，民政部出台的《关于贯彻执行〈婚姻登记条例〉若干问题的意见》第十条规定：罪犯申请办理婚姻登记，应当亲自到婚姻登记机关提出申请并出具有效的身份证件；罪犯无法出具身份证件的，可由监狱管理部门出具有关证明材料。办理罪犯婚姻登记的机关可以是一方当事人常住户口所在地或服刑监狱所在地的婚姻登记机关。这一规定的出台，明确了罪犯申请办理结婚登记的具体办法，这意味着权威机构已经认可了罪犯可以行使结婚权利。

缔结婚姻这一行为本身，并不会对罪犯人身自由被剥夺的法律地位构成冲击和影响，不会影响正常的监管与改造秩序，相反，在一定程度上还有利于调动罪犯的改造积极性，因而不应加以不必要的限制。当然，罪犯婚姻权利中的某些内容，如夫妻同居生活的权利，基于丧失人身自由这一事实，自然是受到限制的，婚姻权利是一种不完整的权利，这种有限的权利更需要加以切实保障，使之落到实处。

思考题：

1. 结婚的条件、禁止结婚的条件、婚姻无效的情形分别有哪些？
2. 什么是夫妻共同财产、夫妻个人财产、约定财产？
3. 离婚的种类有哪些？并简述其内容。
4. 哪些属于夫妻的共同财产？
5. 属于夫妻一方财产的情形有哪些？
6. 讨论：罪犯如何正确对待婚姻关系。

第四节 继 承 法

一、《中华人民共和国继承法》概述

民法中的继承指将死者生前的财产和其他合法权益转归有权取得该项财产的人所有的法律制度。

继承法是指财产所有人死亡或者宣告死亡时，按照法律规定将死者遗留下来的财产移转给他人的法律制度，是我国民法的重要组成部分。1985 年 4 月 10 日第六届全国人民代表大会第三次会议通过《中华人民共和国继承法》（以下简称《继承法》），自 1985 年 10 月 1 日起施行。该法共五章三十七条，包括总则、法定继承、遗嘱继承和遗赠、遗产的处理及附则。

二、遗产的范围

根据《继承法》的规定，遗产是公民死亡时遗留的个人合法财产，包括公民的收入；公民的房屋、储蓄和生活用品；公民的林木、牲畜和家禽；公民的文物、图书资料；法律允许公民所有的生产资料；公民的著作权、专利权中的财产权利；公民的其他

合法财产。

三、继承权的丧失

根据《继承法》的规定，继承人有下列行为之一的，丧失继承权：故意杀害被继承人的；为争夺遗产而杀害其他继承人的；遗弃被继承人的，或者虐待被继承人情节严重的；伪造、篡改或者销毁遗嘱，情节严重的。

甲因有第三者，要求与其妻离婚，法院判决不准离婚，甲即下毒杀妻。经抢救妻子未死，甲被判刑。但甲妻并未与之离婚，且又督促甲悔改。甲刑满释放后又与妻共同生活十几年，后妻子因病去世，留下不少遗产。

最高人民法院《关于贯彻执行〈中华人民共和国继承法〉若干问题的意见》第十三条规定："继承人虐待被继承人情节严重的，或者遗弃被继承人的，如以后确有悔改表现，而且被虐待人、被遗弃人生前又表示宽恕，可不确认其丧失继承权。"杀害被继承人，较之虐待、遗弃固然严重得多，但是允许悔改，鼓励悔改，鼓励互谅互让，历来是我国司法活动的一贯方针，也是我国立法活动的重要政策依据之一。本案中，甲出狱后与妻共同生活十几年，再无第三者，至死感情甚好，足以证明其确有悔改表现；而甲妻子在甲毒杀其未遂后，仍未与其离婚，反而督促其改过自新，至甲刑满释放后与其共同生活十几年，直至死亡，足以证明其早已宽恕甲的行为。据此，应当认定甲没有丧失继承权。

四、法定继承

（一）什么是法定继承

法定继承，是指根据法律直接规定的继承人的范围、继承人继承的先后顺序、继承人继承的遗产份额以及遗产的分配原则来继承被继承人遗产的一项法律制度。

（二）法定继承人的范围

我国法定继承人的范围包括：配偶、子女（包括婚生子女、非婚生子女、养子女和有扶养关系的继子女）、父母（包括生父母、养父母和有扶养关系的继父母）、兄弟姐妹（包括同父母的兄弟姐妹、同父异母或同母异父的兄弟姐妹、养兄弟姐妹、有扶养关系的继兄弟姐妹）、祖父母、外祖父母、代位继承人、对公婆尽了主要赡养义务的丧偶儿媳、对岳父岳母尽了主要赡养义务的丧偶女婿。

（三）法定继承人顺序

法定继承人包括第一顺序继承人和第二顺序继承人。

第一顺序继承人包括：配偶、子女（包括婚生子女、非婚生子女、养子女和有扶养关系的继子女）、父母（包括生父母、养父母和有扶养关系的继父母）、对公婆尽了主要赡养义务的丧偶儿媳、对岳父岳母尽了主要赡养义务的丧偶女婿。

第二顺序继承人包括：兄弟姐妹（包括同父母的兄弟姐妹、同父异母或同母异父的兄弟姐妹、养兄弟姐妹、有扶养关系的继兄弟姐妹）、祖父母、外祖父母。

继承开始后，由第一顺序继承人继承，第二顺序继承人不继承。没有第一顺序继承人的，由第二顺序继承人继承。

（四）代位继承

代位继承又称为间接继承，是指法定继承人中被继承人的子女先于被继承人死亡时，由被继承人子女的晚辈直系血亲代其之位继承的制度。

代位继承的适用条件：

1. 只适用于被继承人的子女先于被继承人死亡的情况。代位继承人只能是被继承人子女的晚辈直系血亲，被继承人的旁系血亲或长辈直系血亲都没有代位继承权。

2. 只适用于法定继承，而不适用于遗嘱继承。遗嘱继承人、受遗赠人先于遗嘱人死亡的，遗产中的有关部分按法定继承办理。

代位继承人无论多少，只能继承被代位人所应当继承的遗产份额。婚生子女、非婚生子女、养子女和有扶养关系的继子女具有同等的代位继承权。

（五）法定继承中的遗产分配

1. 一般情况下应当均等分配遗产；

2. 对生活有特殊困难的缺乏劳动能力的继承人，分配财产时应当给予照顾；

3. 对被继承人尽了主要扶养义务或者与被继承人共同生活的继承人，分配遗产时可以多分；

4. 有扶养能力和有扶养条件的继承人，不尽扶养义务的，分配遗产时，应当不分或者少分；

5. 经继承人协商同意的，也可以不均等分配。

同时，根据《婚姻法》的规定，夫妻在婚姻关系存续期间所得的共同所有的财产，除有约定的以外，如果分割遗产，应当先将共同所有的财产的一半分出为配偶所有，其余的为被继承人的遗产。

五、遗嘱继承

（一）遗嘱继承和遗嘱

遗嘱继承是指继承开始后，继承人按照被继承人的合法有效的遗嘱继承被继承人遗产的法律制度。

遗嘱继承的适用条件：

1. 没有遗赠扶养协议。由于遗赠扶养协议优于遗嘱适用，只有在没有遗赠扶养协议或虽有遗赠扶养协议但遗产中尚有协议未涉及部分时，才能按照遗嘱继承。

2．被继承人立有合法有效的遗嘱。

3．遗嘱继承人未丧失继承权也未放弃继承权。

遗嘱是遗嘱人生前依法定形式对其个人所有的财产进行处分，并于其死亡时发生效力的单方民事法律行为。

遗嘱主要包括公证遗嘱、自书遗嘱、代书遗嘱、录音遗嘱、口头遗嘱等。

（二）遗嘱的效力

1．符合下列条件的遗嘱有效：

（1）遗嘱人在立遗嘱时，必须具有行为能力，即立遗嘱人有行为能力，有正常的判断辨别和处理事务的能力，否则就不能完成此行为，保护继承人的利益。

（2）遗嘱必须表示遗嘱人的真实意思，即遗嘱人所立遗嘱的内容必须与遗嘱人生前关于处分其遗产的内心真实意愿完全一致。

（3）遗嘱的内容必须合法，遗嘱人所立遗嘱的内容必须同国家法律的规定相一致。

2．下列遗嘱无效：

（1）无行为能力人或者限制行为能力人所立的遗嘱无效；

（2）遗嘱人受胁迫所立的遗嘱无效；

（3）遗嘱人受欺骗所立的遗嘱无效；

（4）伪造的遗嘱无效；

（5）被篡改的遗嘱内容无效。

李先生生前立下一份遗嘱，将自己的全部遗产交由儿子继承。拟好后，李先生请朋友张先生为他打印，在打印好的遗嘱上亲笔签名，还有两名证人现场见证，并签字。

李先生去世后，李先生的女儿认为，父亲生前虽留有遗嘱，但遗嘱不是他亲笔书写，也没给母亲和自己留下应有份额，这份遗嘱应是无效遗嘱。所以，诉至法院，要求对李先生留下的遗产进行继承。李先生的儿子认为，父亲所立遗嘱是他的真实意思表示，并有他的签字，从形式到内容都符合法律规定，应认定为有效遗嘱。遗嘱已明确写明，父亲的个人财产归自己所有，因此，不同意原告的诉讼请求。审理结果是：法院驳回了李先生女儿的诉讼请求。

该案例中，虽然李先生的遗嘱从形式上不是亲自书写，但订立遗嘱及遗嘱的内容是李先生的真实意思表示，遗嘱上有他的亲笔签名，并有两个无利害关系的证人现场见证并签字，由此也可证明，遗嘱是被继承人的真实意思表示。所以，法院认定遗嘱有效。

（三）遗嘱的变更和撤销

1．变更和撤销遗嘱的条件

根据《继承法》的规定，在遗嘱发生效力前，遗嘱人可以随时变更或撤销所立的遗嘱。变更、撤销遗嘱应符合以下条件：

（1）在遗嘱变更、撤销时，遗嘱人应当具有遗嘱能力；

（2）遗嘱的变更、撤销须为遗嘱人的真实意思表示；

（3）遗嘱的变更、撤销须由遗嘱人亲自依法定的方式和程序进行。

2．对变更和撤销遗嘱的限制

根据《继承法》的规定，由于自书、代书、录音、口头遗嘱的证明效力低于公证遗嘱，所以，对公证遗嘱的撤销和变更必须采用公证的方式。

六、遗产处理

（一）通知继承人和遗嘱执行人

继承开始后，知道被继承人死亡的继承人应当及时通知其他继承人和遗嘱执行人。继承人中无人知道被继承人死亡或者知道被继承人死亡而不能通知的，由被继承人生前所在单位或者住所地的居民委员会、村民委员会负责通知。

（二）继承的放弃

继承开始后，继承人放弃继承的，应当在遗产处理前，作出放弃继承的表示。没有表示的，视为接受继承。

（三）遗产的分割

夫妻在婚姻关系存续期间所得的共同所有的财产，除有约定的以外，如果分割遗产，应当先将共同所有的财产的一半分出为配偶所有，其余的为被继承人的财产。遗产在家庭共有财产之中的，遗产分割时，应当先分出他人的财产。

遗产分割时，应当保留胎儿的份额。

遗产分割应当有利于生产和生活需要，不损害遗产的效用。

不宜分割的财产，可以采取折价、适当补偿或者共有等方法处理。

（四）遗赠扶养协议

公民可以与扶养人签订遗赠扶养协议。按照协议，扶养人承担该公民生养死葬的义务，享有受遗赠的权利。公民可以与集体所有制组织签订遗赠扶养协议。按照协议，集体所有制组织承担该公民生养死葬的义务，享有受遗赠的权利。

另外，无人继承又无人受遗赠的遗产，归国家所有；死者生前是集体所有制组织成员的，归所在集体所有制组织所有。

作为在监狱的服刑罪犯，虽然被依法剥夺人身自由，但是这并不影响继承权。只要没有《继承法》第七条规定的丧失继承权的情形出现，就有继承遗产的权利，按照《继承法》的相关规定继承遗产即可。但是，由于服刑期间被剥夺人身自由，所以，在一般情况下，罪犯所继承的遗产都是由近亲属或者他人代为保管的。如果其财产由他人保管，那么最好起草一份保管协议，明确财产归属。

思考题：

1. 继承人的哪些行为会导致其丧失继承权？
2. 法定继承人的范围和顺序是如何规定的？
3. 什么是遗嘱？遗嘱继承的适用条件是什么？
4. 哪些遗嘱是无效的？

第五节　侵权责任法

一、《中华人民共和国侵权责任法》概述

侵权责任，是指民事主体侵犯他人的民事权益而应承担的民事责任。这里的民事权益，主要包括生命权、健康权、姓名权、名誉权、荣誉权、肖像权、隐私权、婚姻自主权、监护权、所有权、用益物权、担保物权、著作权、专利权、商标专用权、发现权、股权、继承权等人身、财产权益。

为保护民事主体的合法权益，明确侵权责任，预防并制裁侵权行为，促进社会和谐稳定，2009 年 12 月 26 日由第十一届全国人民代表大会常务委员会第十二次会议通过了《中华人民共和国侵权责任法》（以下简称《侵权责任法》），自 2010 年 7 月 1 日起施行。该法共十二章九十二条，包括一般规定、责任构成和责任

方式、不承担责任和减轻责任的情形、关于责任主体的特殊规定、产品责任、机动车交通事故责任、医疗损害责任、环境污染责任等内容。

二、责任构成

（一）归责原则

归责原则，是指以何种根据和基础来确认和追究侵权人的侵权责任。对于不同类型的侵权行为，法律规定了不同的归责原则。依据《侵权责任法》的规定，归责原则主要有以下几种：

1．过错责任原则

过错责任是指行为人因过错侵害他人民事权益，应当承担的侵权责任。行为人没有过错的，则不承担责任。一般侵权行为都适用过错责任原则，只有法律特别规定的适用无过错责任原则或者推定过错责任原则的，才不适用过错责任原则。

2．过错推定责任原则

过错推定责任原则，是指根据法律规定推定行为人有过错，行为人不能推定自己没有过错的，应当承担侵权责任。

3．无过错责任原则

无过错责任原则是指行为人损害他人民事权益，不论行为人有无过错，都应当依照法律规定承担侵权责任。

（二）共同侵权责任

共同侵权责任，是指由二人以上共同实施侵权行为，造成他人损害的，应当承担连带责任。

共同侵权责任的承担，有以下几种情况：

（1）二人以上实施危及他人人身、财产安全的行为，其中一人或者数人的行为造成他人损害，能够确定具体侵权人的，由侵权人承担责任；不能确定具体侵权人的，行为人承担连带责任。

（2）二人以上分别实施侵权行为造成同一损害，每个人的侵权行为都足以造成全部损害的，行为人承担连带责任。

（3）二人以上分别实施侵权行为造成同一损害，能够确定责任大小的，各自承担相应的责任；难以确定责任大小的，平均承担赔偿责任。

对于连带责任的承担，连带责任人根据各自责任大小确定相应的赔偿数额；难以确定责任大小的，平均承担赔偿责任。支付超出自己赔偿数额的连带责任人，有权向其他连带责任人追偿。

三、侵权责任的承担方式

承担侵权责任的方式有：停止侵害；排除妨碍；消除危险；返还财产；恢复原状；赔偿损失；赔礼道歉；消除影响、恢复名誉。

侵害他人造成人身损害的，应当赔偿医疗费、护理费、交通费等为治疗和康复支出的合理费用，以及因误工减少的收入。造成残疾的，还应当赔偿残疾生活辅助具费和残疾赔偿金。造成死亡的，还应当赔偿丧葬费和死亡赔偿金。

因同一侵权行为造成多人死亡的，可以以相同数额确定死亡赔偿金。

侵权行为侵害他人财产的，财产损失按照损失发生时的市场价格或者其他方式计算。

侵权行为侵害他人人身权益造成财产损失的，按照被侵权人因此受到的损失赔偿；被侵权人的损失难以确定，侵权人因此获得利益的，按照其获得的利益赔偿；侵权人因此获得的利益难以确定，被侵权人和侵权人就赔偿数额协商不一致，向人民法院提起诉讼的，由人民法院根据实际情况确定赔偿数额。

侵权行为危及他人人身、财产安全的，被侵权人可以请求侵权人承担停止侵害、排除妨碍、消除危险等侵权责任。

侵权行为侵害他人人身权益，造成他人严重精神损害的，被侵权人可以请求精神损害赔偿。

四、不承担责任和减轻责任的情形

（一）不承担或减轻责任的情形

1. 损害是因受害人故意造成的，行为人不承担责任。

2. 除法律另有规定外，因不可抗力造成他人损害的，不承担责任。

3. 因正当防卫造成损害的，不承担责任。但正当防卫超过必要限度，造成不应有的损害的，正当防卫人应当承担适当的责任。

4. 因紧急避险造成损害的，由引起险情发生的人承担责任。如果危险是由自然原因引起的，紧急避险人不承担责任或者给予适当补偿。但紧急避险采取措施不当或者超过必要的限度，造成不应有的损害的，紧急避险人应当承担适当的责任。

5. 被侵害人对损害的发生也有过错的，可以减轻侵权人的责任。

（二）关于责任主体的特殊规定

《侵权责任法》对于承担责任的主体做了一些特殊规定，主要是：

1. 无民事行为能力人、限制民事行为能力人造成他人损害的，由监护人承担侵权责任。监护人尽到监护责任的，可以减轻其侵权责任。

2. 完全民事行为能力人对自己的行为暂时没有意识或者失去控制造成他人损害有过错的，应当承担侵权责任；没有过错的，根据行为人的经济状况对受害人适当补偿。

3. 用人单位的工作人员因执行工作任务造成他人损害的，由用人单位承担侵权责任。

4．个人之间形成劳务关系，提供劳务一方因劳务造成他人损害的，由接受劳务一方承担侵权责任。提供劳务一方因劳务自己受到损害的，根据双方各自的过错承担相应的责任。

5．网络用户、网络服务提供者利用网络侵害他人民事权益的，应当承担侵权责任。

6．宾馆、商场、银行、车站、娱乐场所等公共场所的管理人或者群众性活动的组织者，未尽到安全保障义务，造成他人损害的，应当承担侵权责任。因第三人的行为造成他人损害的，由第三人承担侵权责任；管理人或者组织者未尽到安全保障义务的，承担相应的补充责任。

7．无民事行为能力人在幼儿园、学校或者其他教育机构学习、生活期间受到人身损害的，幼儿园、学校或者其他教育机构应当承担责任，但能够证明尽到教育、管理职责的，不承担责任。

限制民事行为能力人在学校或者其他教育机构学习、生活期间受到人身损害，学校或者其他教育机构未尽到教育、管理职责的，应当承担责任。

无民事行为能力人或者限制行为能力人在幼儿园、学校或者其他教育机构学习、生活期间，受到幼儿园、学校或者其他教育机构以外的人员人身损害的，由侵权人承担侵权责任；幼儿园、学校或者其他教育机构未尽到管理职责的，承担相应的补充责任。

五、产品责任

（一）产品责任的概念和归责原则

产品责任，是指因产品存在缺陷造成他人损害的，生产者应当承担的侵权责任。产品责任实行无过错责任原则。

（二）产品责任的承担

因销售者的过错使产品存在缺陷，造成他人损害的，销售者应当承担侵权责任。销售者不能指明缺陷产品的生产者也不能指明缺陷产品的供货者的，销售者应当承担侵权责任。

因产品存在缺陷造成损害的，被侵权人可以向产品的生产者请求赔偿，也可以向产品的销售者请求赔偿。产品缺陷由生产者造成的，销售者赔偿后，有权向生产者追偿。因销售者的过错使产品存在缺陷的，生产者赔偿后，有权向销售者追偿。

因产品缺陷危及他人人身、财产安全的，被侵权人有权请求生产者、销售者承担排除妨碍、消除危险等侵权责任。

产品投入流通后发现存在缺陷的，生产者、销售者应当及时采取警示、召回等补救措施。未及时采取补救措施或者补救措施不力造成损害的，应当承担侵权责任。

明知产品存在缺陷仍然生产、销售，造成他人死亡或者健康严重损害的，被侵权人有权请求相应的惩罚性赔偿。

2011年5月28日，原告汪某在家中宴请为其建房的雇工周某、严某、路某等吃晚饭，购买了六箱由被告某啤酒有限公司生产的啤酒。当天晚上8时许，原告在吃完饭弯腰准备收置剩余啤酒时，啤酒瓶突然发生自爆，致使原告汪某受伤。原告受伤后，马上到当地医院检查医治，共住院11天，出院后经司法鉴定中心确定原告汪某伤残等级为十级。事故发生以后，汪某要求赔偿相关费用，被告以其公司生产的产品符合国家标准，是合格产品为由，不予赔偿。于是汪某诉至当地法院，要求被告承担侵权责任。

法院经审理认为，被告应承担产品责任，赔偿汪某损失。“产品缺陷”有别于合同中的产品不合格，它不能简单以产品的国家标准或行业标准来评判，只要被告不能证明自己生产的啤酒瓶质量没有缺陷，就无法免除自身的赔偿责任。因此，在汪某完成啤酒瓶自爆造成其损害的举证责任后，被告仅以其生产的啤酒瓶是合格产品作为抗辩，是没有说服力的，不能成为产品责任的免责事由。鉴于被告生产的啤酒确实存在不合理危险，故法院判决被告应承担侵权责任并且赔偿原告相关费用。

六、机动车交通事故责任

（一）机动车交通事故责任

机动车交通事故责任是指机动车发生交通事故造成损害的，依照《中华人民共和国道路交通安全法》的有关规定应当承担的赔偿责任。

（二）机动车交通事故责任的承担

因租赁、借用等情形使机动车所有人与使用人不是同一人时，发生交通事故后属于该机动车一方责任的，由保险公司在机动车强制保险责任限额范围内予以赔偿。不足部分，由机动车使用人承担赔偿责任；机动车所有人对损害的发生有过错的，承担相应的赔偿责任。

当事人之间已经以买卖等方式转让并交付机动车但未办理所有权转移登记，发生交通事故后属于该机动车一方责任的，由保险公司在机动车强制保险责任限额范围内予以赔偿。不足部分，由受让人承担赔偿责任。

以买卖等方式转让拼装或者已达到报废标准的机动车，发生交通事故造成损害的，由转让人和受让人承担连带责任。

盗窃、抢劫或者抢夺的机动车发生交通事故造成损害的，由盗窃人、抢劫人或者抢夺人承担赔偿责任。保险公司在机动车强制保险责任限额范围内垫付抢救费用的，有权向交通事故责任人追偿。

机动车驾驶人发生交通事故后逃逸，该机动车参加强制保险的，由保险公司在机动车强制保险责任限额范围内予以赔偿；机动车不明或者该机动车未参加强制保险，需要支付被侵权人人身伤亡的抢救、丧葬等费用的，由道路交通事故社会救助基金垫付。道路交通事故社会救助基金垫付后，其管理机构有权向交通事故责任人追偿。

2005 年 8 月 10 日中午，刘某在驾驶摩托车时，遇李某为庆祝自己新房落成而将鞭炮丢在公路上燃放，刘某因突然遭受惊吓，所驾驶的摩托车偏离了行驶线路，将相对方向行走的章某撞成重伤并致五级伤残。

尽管章某的伤与李某燃放鞭炮没有直接联系，但李某仍必须就章某所请求的费用承担赔偿责任。理由是：

一方面，《中华人民共和国道路交通安全法》第一百零四条规定："未经批准，擅自挖掘道路、占用道路施工或者从事其他影响道路交通安全活动的，由道路主管部门责令停止违法行为，并恢复原状，可以依法给予罚款；致使通行的人员、车辆及其他财产遭受损失的，依法承担赔偿责任。"李某将鞭炮丢在公路上燃放，无疑属于"从事其他影响道路交通安全活动"的行为，刘某也正是因为突然遭受惊吓，才导致摩托车偏离行驶线路，将章某撞成五级伤残，李某也就应当依法承担赔偿责任。

另一方面，由于鞭炮具有爆炸性，在作为公共场所的公路上燃放，对周围环境的威胁显而易见，而李某燃放时既没有专人负责安全，又没有具体的安全措施，应该属于有高度危险的作业。《中华人民共和国民法通则》第一百二十三条规定："从事高空、高压、易燃、易爆、剧毒、放射性、高速运输工具等对周围环境有高度危险的作业造成他人损害的，应当承担民事责任；如果能证明损害是由受害人故意造成的，不承担民事责任。"可见，因高度危险作业而产生民事赔偿责任，作业人免责的前提是受害人存在故意。由于章某对自己的伤害并无故意，李某也就不能免责。

七、医疗损害责任

（一）医疗损害责任的概念和归责原则

医疗损害责任，是指患者在诊疗活动中受到损害，医疗机构及其医务人员有过错的，由医疗机构承担赔偿责任。医疗损害责任实行过错责任原则和过错推定责任原则。

（二）医疗机构因过错需承担责任的情形

1. 医务人员在诊疗活动中应当向患者说明病情和医疗措施。需要实施手术、特殊检查、特殊治疗的，医务人员应当及时向患者说明医疗风险、替代医疗方案等情况，并取得其书面同意；不宜向患者说明的，应当向患者的近亲属说明，并取得其书面同意。医务人员未尽到上述义务，造成患者损害的，医疗机构应当承担赔偿责任。

张某患有糖尿病，因血糖波动住院时，医生推荐其使用处于研制中的一款治疗糖尿病的新药，声称该药对他有效果，且用药免费。张某同意，随后签署了知情同意书，成为该药品临床试验受试者的一员。自此，张某按要求停用原服用药品，试用新药。试用过程中，张某的血糖不降反升，医师继续要求他用药。完成了 13 周的新药试验后，张某的病情不但没有得到控制，而且被诊断为Ⅱ型糖尿病。后张某将该医院及某药厂诉至法院，要求两被告赔偿各项损失。

本案中医院未履行与药物试验相关的告知义务，侵害了张某的知情同意权，给张某造成了损害后果。在药品临床试验中，应进行试验风险告知。同时，由于受试者具体生理和病理情况不同，还应根据受试者的具体情况来进行相应告知，但医院除进行药品宣传外，并未履行告知义务。并且，药物试验具有自愿性，医院应根据试验进展情况，向张某说明血糖控制不佳情况，并提出建议，由张某决定是继续参加还是退出试验。但是医院在试验治疗过程中，除继续要求张某用药外，未向张某做任何说明。因此，医院应当对张某的损害后果承担责任。

2. 医务人员在诊疗活动中未尽到与当时的医疗水平相应的诊疗义务，造成患者损害的，医疗机构应当承担赔偿责任。

3. 医疗机构及其医务人员泄露患者隐私或者未经患者同意公开其病历资料，造成患者损害的，应当承担侵权责任。

王某在朋友的陪同下到医院做无痛人工流产手术。王某在麻醉剂的作用下一直处于睡眠状况。醒来后从朋友口中得知，自己在手术台上做人流的整个过程被医学院的学生观摩。王某感到非常羞辱，于是向法院起诉，要求医院向自己赔礼道歉，并赔偿医疗费、交通费和精神损害抚慰金等共计 3 万元。

法院认为，被告未经原告同意擅自组织实习学生观摩原告人工流产的行为，侵犯了原告的隐私权，判决被告赔偿原告精神损失抚慰金人民币 2 万元，驳回原告的其他诉讼请求。

公民不愿公开又无害于社会利益且不违反法律的一切信息，均属于隐私权的内容。妇女的人工流产应属于个人隐私，人体的生殖器官更是典型的隐私权客体的内容。对于原告来说，在医院实习的学生属于与治疗活动无关的人员。在本案中，原告并没有同意被告组织学生观摩其人工流产手术，被告在医疗教学中安排医学院的学生观摩侵犯了患者的隐私权。

（三）推定医疗机构过错的情形

患者有损害，因下列情形之一的，推定医疗机构有过错：

1. 违反法律、行政法规、规章以及其他有关诊疗规范的规定；

2. 隐匿或者拒绝提供与纠纷有关的病历资料；

3. 伪造、篡改或者销毁病历资料。

（四）医疗机构免除责任的情形

患者有损害，因下列情形之一的，医疗机构不承担赔偿责任：

1. 患者或者其近亲属不配合医疗机构进行符合诊疗规范的诊疗。但医疗机构及其医务人员也有过错的，应当承担相应的赔偿责任。

2. 医务人员在抢救生命垂危的患者等紧急情况下已经尽到合理诊疗义务。

3. 限于当时的医疗水平难以诊疗。

八、饲养动物损害责任

（一）饲养动物损害责任的概念

饲养动物损害责任，是指饲养的动物造成他人的损害，动物饲养人或者管理人应当承担的侵权责任。但能够证明损害是因被侵害人故意或者重大过失造成的，可以不承担或者减轻责任。

（二）饲养动物损害责任的承担

1. 违反管理规定，未对动物采取安全措施造成他人损害的，动物饲养人或者管理人应当承担侵权责任。

2. 禁止饲养的烈性犬等危险动物造成他人损害的，动物饲养人或者管理人应当承担侵权责任。

3. 动物园的动物造成他人损害的，动物园应当承担侵权责任，但能够证明尽到管理职责的，不承担责任。

4．遗弃、逃逸的动物在遗弃、逃逸期间造成他人损害的，由原动物饲养人或者管理人承担侵权责任。

5．因第三人的过错致使动物造成他人损害的，被侵权人可以向动物饲养人或者管理人请求赔偿，也可以向第三人请求赔偿。动物饲养人或者管理人赔偿后，有权向第三人追偿。

甲的一只名贵犬丢失，被丙拾得，丙一边照料，一边登报寻找失主。一天丙带狗上街，狗将乙咬伤，花去医药费800元。此时，甲也找到了丙，乙遂向甲、丙要求赔偿医药费。案件审理过程中法院查明丙无任何故意或重大过失的行为，对此甲也予以认可。

那么乙的损失应当由谁承担？《侵权责任法》第八十二条规定："遗弃、逃逸的动物在遗弃、逃逸期间造成他人损害的，由原动物饲养人或者管理人承担侵权责任。"根据该规定，丙作为动物的实际管理人，在受害人乙没有过错的情况下，应当承担赔偿责任。所以乙可以直接向丙主张权利要求赔偿。根据该规定，甲作为动物的饲养人，如果丙无过错，应当承担赔偿责任，因此，乙也可以直接向甲主张权利。如果丙有过错，则对甲来说，存在第三人过错，甲不承担赔偿责任。

九、物件损害责任

（一）物件损害责任的概念

物件损害责任，是指建筑物、构筑物或者其他设施及其搁置物、悬挂物发生脱落、坠落造成他人损害，所有人、管理人或者使用人不能证明自己没有过错的，应当承担的侵权责任。所有人、管理人或者使用人赔偿后，有其他责任人的，有权向其他责任人追偿。物件损害责任实行过错推定责任原则。

（二）物件损害责任的承担

1．建筑物、构筑物或者其他设施倒塌造成他人损害的，由建设单位与施工单位承担连带责任。建设单位、施工单位赔偿后，有其他责任人的，有权向其他责任人追偿。因其他责任人的原因，建筑物、构筑物或者其他设施倒塌造成他人损害的，由其他责任人承担侵权责任。

2．从建筑物中抛掷物品或者从建筑物上坠落的物品造成他人损害，难以确定具体侵权人的，除能够证明自己不是侵权人的外，由可能加害的建筑物使用人给予补偿。

3．堆放物倒塌造成他人损害，堆放人不能证明自己没有过错的，应当承担侵权责任。

4．在公共道路上堆放、倾倒、遗撒妨碍通行的物品造成他人损害的，有关单位或者个人应当承担侵权责任。

5．因林木折断造成他人损害，林木的所有人或者管理人不能证明自己没有过错的，应当承担侵权责任。

6．在公共场所或者道路上挖坑、修缮安装地下设施等，没有设置明显标志和采取安全措施造成他人损害的，施工人应当承担侵权责任。窨井等地下设施造成他人损害，管理人不能证明尽到管理职责的，应当承担侵权责任。

某日，村民甲在经过铁路道口时，被从飞驰而过的旅客列车上抛掷出的酒瓶砸伤，花去医疗费一万余元。出院后，甲向该列车的主管单位某铁路局提出赔偿请求，遭到拒绝。遂甲以某铁路局为被告诉至法院，要求被告赔偿损失。

《中华人民共和国民法通则》第一百二十六条规定：“建筑物或者其他设施以及建筑物上的搁置物、悬挂物发生倒塌、脱落、坠落造成他人损害的，它的所有人或者管理人应当承担民事责任，但能够证明自己没有过错的除外。”本案中，受害人身体受到伤害是由于列车上抛掷的酒瓶所引起的，两者之间存在必然的因果关系，列车的管理者或所有者应当承担责任。而且，旅客列车的每节车厢都设有乘务员，及时地提醒和阻止乘客不要将自己携带的物品随意抛掷至窗外是乘务员的职责和义务。由于乘务员监管不力，没有尽到合理的告知义务和作出防止损害发生的行为，因此应当认为火车的所有人和管理人对于原告的损害具有过错，应当赔偿损失。

思考题：

1. 侵权责任的承担方式有哪些？
2. 产品责任的承担情形有哪些？
3. 机动车交通事故责任的承担情形有哪些？
4. 医疗机构因过错需承担责任的情形有哪些？
5. 医疗机构免除责任的情形有哪些？
6. 饲养动物损害责任的承担情形有哪些？
7. 物件损害责任的承担情形有哪些？

附：常用民事法律制度索引

1.《中华人民共和国物权法》（2007 年 10 月 1 日施行）

2. 最高人民法院《关于审理建筑物区分所有权纠纷案件具体应用法律若干问题的解释》（2009 年 10 月 1 日施行）

3. 最高人民法院《关于审理物业服务纠纷案件具体应用法律若干问题的解释》（2009 年 10 月 1 日施行）

4. 《中华人民共和国民法通则》（1987 年 1 月 1 日施行）

5. 《中华人民共和国婚姻法》（1981 年 1 月 1 日施行）

6. 最高人民法院《关于适用〈中华人民共和国婚姻法〉若干

问题的解释（一）》（2001 年 12 月 27 日施行）

7. 最高人民法院《关于适用〈中华人民共和国婚姻法〉若干问题的解释（二）》（2004 年 4 月 1 日施行）

8. 最高人民法院《关于适用〈中华人民共和国婚姻法〉若干问题的解释（三）》（2011 年 8 月 13 日施行）

9. 《中华人民共和国合同法》（1999 年 10 月 1 日施行）

10. 最高人民法院《关于适用〈中华人民共和国合同法〉若干问题的解释（一）》（1999 年 12 月 29 日施行）

11. 最高人民法院《关于适用〈中华人民共和国合同法〉若干问题的解释（二）》（2009 年 5 月 13 日施行）

12. 最高人民法院《关于审理劳动争议案件适用法律若干问题的解释（三）》（2010 年 9 月 14 日施行）

13. 《中华人民共和国继承法》（1985 年 10 月 1 日施行）

14. 最高人民法院印发《关于贯彻执行〈中华人民共和国继承法〉若干问题的意见》的通知（1985 年 9 月 11 日施行）

15. 《中华人民共和国侵权责任法》（2010 年 7 月 1 日施行）

16. 最高人民法院《关于适用〈中华人民共和国侵权责任法〉若干问题的通知》（2010 年 7 月 1 日施行）

第七章 社 会 法

社会法是调整因劳动权利、救助待业者而产生的各种社会关系的法律规范的总和。社会法的主旨在于保护公民的社会权利，尤其是保护弱势群体的利益，它在缓和社会矛盾、维护社会稳定、构建和谐社会方面发挥积极作用。

我国现行法律属于社会法的，包括《中华人民共和国劳动法》《中华人民共和国就业促进法》《中华人民共和国劳动合同法》《中华人民共和国社会保险法》《中华人民共和国工会法》《中华人民共和国未成年人保护法》《中华人民共和国老年人权益保护法》《中华人民共和国妇女权益保障法》《中华人民共和国残疾人保障法》《中华人民共和国矿山安全法》《中华人民共和国红十字会法》《中华人民共和国公益事业捐赠法》，等等。

作为服刑罪犯，今后回归社会后将面临劳动就业、社会保障等一系列社会问题，学习和懂得一些社会法律知识，是非常必要的。现仅就罪犯回归社会后普遍适用的部分法律做简要介绍。

第一节 就业促进法

一、《中华人民共和国就业促进法》概述

为了促进就业，促进经济发展与扩大就业相协调，促进社会和谐稳定，第十届全国人民代表大会常务委员会第二十九次会议于 2007 年 8 月 30 日通过了《中华人民共和国就业促进法》（以下简称《就业促进法》），自 2008 年 1 月 1 日起施行。该法共九章六

十九条，包括总则、政策支持、公平就业、就业服务和管理、职业教育和培训、就业援助、监督检查、法律责任和附则。

二、我国就业的方针

《就业促进法》第二条规定了我国的就业方针是：劳动者自主择业、市场调节就业、政府促进就业。

劳动者自主择业，指的是充分调动劳动者就业的主动性和能动性，促进他们发挥就业潜能和提高职业技能，依靠自身努力，自谋职业和自主创业，尽快实现就业。

市场调节就业，指的是充分发挥人力资源市场在促进就业中的基础性作用。通过市场职业供求信息，引导劳动者合理流动和就择业，实现供求双方相互选择，通过市场工资价位信息，调节劳动力的供求。

政府促进就业，指的是充分发挥政府在促进就业中的重要职责。

三、促进就业的政策

《就业促进法》规定的促进就业的政策包括：实行有利于促进就业的产业、财政、税收、金融政策，实行城乡统筹、区域统筹、群体统筹的就业政策，实行有利于灵活就业的劳动和社会保险政策，实行就业援助制度，实行失业保险促进就业政策。

1. 采取多种方式，拓宽就业渠道，增加就业岗位。主要包括：国家鼓励发展劳动密集型产业、服务业，扶持中小企业，多渠道、多方式增加就业岗位；国家鼓励、支持、引导非公有制经济的发展，扩大就业，增加就业岗位；国家发展国内外贸易和国际经济合作，拓宽就业渠道；发挥投资和重大建设项目的带动就业作用，增加就业岗位。

2. 采取有利于就业的财政政策。县级以上人民政府应当根据就业状况和就业工作目标，在财政预算中安排就业专项资金用于促进就业。

3．采取税收优惠政策，鼓励企业增加就业岗位，扶持失业人员和残疾人就业。

4．采取有利于就业的金融政策，增加中小企业融资渠道；鼓励金融企业改进金融服务，加大对中小企业的信贷支持，并对自主创业人员在一定期限内给予小额信贷等扶持。

5．国家建立健全失业保险制度，依法保障失业人员的基本生活，并促进其实现就业。

四、公平就业

为了维护劳动者的平等就业权，反对就业歧视，《就业促进法》对公平就业做了如下规定：

1．各级人民政府应当创造公平就业的环境，消除就业歧视，并制定政策和采取措施对就业困难人员给予扶持和援助。

2．用人单位招用人员、职业中介机构从事职业中介活动，应当向劳动者提供平等的就业机会和公平的就业条件，不得实施就业歧视。

3．用人单位招用人员，除国家规定的不适合妇女的工种或者岗位外，不得以性别为由拒绝录用妇女或者提高对妇女的录用标准。不得在劳动合同中规定限制女职工结婚、生育的内容。

4．用人单位招用人员，应当依法对少数民族劳动者给予适当照顾。

5．各级人民政府应当为残疾人创造就业条件。用人单位招用人员，不得歧视残疾人。

6．用人单位招用人员，不得以是传染病病原携带者为由拒绝录用。同时对其不能从事的工作做了法律限制。

7．农村劳动者进城就业享有与城镇劳动者平等的劳动权利，不得对农村劳动者进城就业设置歧视性限制。

五、就业服务

政府应当加强就业服务和管理工作，逐步完善覆盖城乡的就业服务体系。

（一）发展人力资源市场

县级以上人民政府在发展人力资源市场方面，一是要培育和完善统一开放、竞争有序的人力资源市场，为劳动者就业提供服务；二是要加强人力资源市场信息网络及相关设施建设，建立健全人力资源市场信息服务体系，完善市场信息发布制度，为劳动者就业提供服务；三是要对职业中介机构提供公益性就业服务的，按照规定给予补贴；四是要加强对职业中介机构的管理，鼓励其按照合法，诚实信用，公平、公开的原则提高服务质量，发挥其在促进就业中的作用。

（二）建立健全公共就业服务体系

县级以上人民政府建立健全公共就业服务体系，设立公共就业服务机构，为劳动者免费提供下列就业服务：就业政策法规咨询；职业供求信息、市场工资指导价位信息和职业培训信息发布，职业指导和职业介绍；对就业困难人员实施就业援助；办理就业登记、失业登记等事务；其他公共就业服务。

公共就业服务经费纳入同级财政预算；公共就业服务机构不得从事经营性活动；地方各级人民政府和有关部门、公共就业服务机构举办的招聘会，不得向劳动者收取费用。

（三）规范对职业中介机构的管理

设立职业中介机构，应当依法办理行政许可，经许可的职业中介机构，应当向工商行政部门办理登记；未经依法许可和登记的机构，不得从事职业中介活动。地方各级人民政府和有关部门不得举办或者与他人联合举办经营性的职业中介机构。职业中介机构不得有下列行为：

1．提供虚假就业信息；

2．为无合法证照的用人单位提供职业中介服务；

3．伪造、涂改、转让职业中介许可证；

4．扣押劳动者的居民身份证和其他证件，或者向劳动者收取押金；

5．其他违反法律、法规规定的行为。

六、职业教育和培训

《就业促进法》明确了国家、企业、劳动者和各类职业培训机构在职业教育和培训中的职责及作用，通过职业技能培训提高劳动者的素质，以适应人力资源市场的需求，从而促进其实现就业和稳定就业。

1．国家依法发展职业教育，鼓励开展职业培训，促进劳动者提高职业技能，增强就业能力和创业能力。

2．各级人民政府应当采取有效措施加强职业教育和培训，增强劳动者的就业能力和创业能力。

3．企业应当按照国家有关规定提取职工教育经费，对劳动者进行职业技能培训和继续教育培训。

4．职业院校、职业技能培训机构应当与企业密切联系，实行产教结合，为经济建设服务，培养实用人才和熟练劳动者。

5．国家对从事涉及公共安全、人身健康、生命财产安全等特殊工种的劳动者，实行职业资格证书制度。

七、就业援助

对就业困难人员实施优先扶持和重点帮助的就业援助，是构建社会主义和谐社会的基础工作之一，充分体现了国家政府对就业困难人员的关怀。《就业促进法》规定各级人民政府建立健全就业援助制度包括：

（一）就业援助对象

就业援助的对象是因身体状况、技能水平、家庭因素、失去土地等原因难以实现就业，以及连续失业一定时间仍未能实现就业的就业困难人员。

（二）就业援助的措施

1. 各级人民政府建立健全就业援助制度，采取税费减免、贷款贴息、社会保险补贴、岗位补贴等办法，通过公益性岗位安置等途径，对就业困难人员实行优先扶持和重点帮助。

2. 地方各级人民政府应加强基层就业援助服务工作，对就业困难人员实施重点帮助，提供有针对性的就业服务和公益性岗位援助；鼓励和支持社会各方面为就业困难人员提供技能培训、岗位信息等服务。

3. 政府投资开发的公益性岗位，应当优先安排符合岗位要求的就业困难人员。被安排在社区公益性岗位工作的，按照国家规定给予岗位补贴。

4. 各级人民政府采取特别扶助措施，促进残疾人就业，并要求用人单位应当按照国家规定安排残疾人就业。

5. 县级以上地方人民政府采取多种就业形式，拓宽公益性岗位范围，开发就业岗位，确保城市有就业需求的家庭至少有一人实现就业。

6. 国家鼓励资源开采型城市和独立工矿区发展与市场需求相适应的产业，引导劳动者转移就业。对因资源枯竭或者经济结构调整等原因造成就业困难人员集中的地区，上级人民政府应当给予必要的扶持和帮助。

思考题：

1.《就业促进法》明确了哪些就业促进政策？

2.《就业促进法》关于公平就业做了哪些规定？

第二节 劳动合同法

一、《中华人民共和国劳动合同法》概述

为了完善劳动合同制度，明确劳动合同双方当事人的权利和义务，保护劳动者的合法权益，构建和发展和谐稳定的劳动关系，第十届全国人民代表大会常务委员会第二十八次会议于2007年6月29日通过了《中华人民共和国劳动合同法》（以下简称《劳动合同法》），自2008年1月1日起施行。该法共八章九十八条，主要内容有总则、劳动合同的订立、劳动合同的履行和变更、劳动合同的解除和终止、特别规定、监督检查、法律责任和附则。2008年9月18日国务院又发布了《中华人民共和国劳动合同法实施条例》。

二、劳动合同的作用

劳动合同作为确立劳动关系的法律形式，是组织社会劳动、合理配置劳动力资源、稳定劳动关系、促进社会生产力发展的重要手段。一般来说，劳动合同具有以下作用。

（一）劳动合同是劳动者实现劳动权的重要保障

劳动权是劳动者获得职业的权利，它是劳动者生存的权利。劳动合同是保障劳动者实现劳动权的法律形式。劳动者订立劳动合同，意味着劳动权的实现，劳动者在合同期限内获得有保障的工作，用人单位不得无故解除劳动合同。

（二）劳动合同是用人单位合理使用劳动力、巩固劳动纪律、提高劳动生产率的重要手段

用人单位可以根据生产经营或工作需要确定招收录用劳动者的时间、条件、方式和数量，并且通过与劳动者签订不同类型、不同期限的劳动合同，发挥劳动者的专长，做到人尽其才，合理使用劳动力。用人单位享有依法订立、变更、解除、终止劳动合同的自主权，劳动者能进能出，可以促进劳动力流动，优化劳动力资源配置。劳动合同规定劳动者必须遵守其所在单位内部劳动规则和其他规章制度，有利于巩固劳动纪律。签订劳动合同还有一个目的就是为了提高劳动生产率，只要用人单位认真履行劳动合同，就能调动广大劳动者的劳动积极性，促进劳动生产率的提高。

（三）劳动合同是减少和防止发生劳动争议的重要措施

签订劳动合同，明确规定当事人双方的权利和义务，有助于提高双方履行合同的自觉性，促使他们正确地行使权利，严格地履行义务。这样，就可以减少和防止发生劳动争议。

三、劳动合同的订立

（一）订立劳动合同的原则

订立劳动合同的原则，是指在劳动合同订立过程中双方当事人应当遵循的法律准则。《劳动合同法》第三条规定："订立劳动合同，应当遵循合法、公平、平等自愿、协商一致、诚实信用的原则。"

1．合法的原则

合法原则，是指订立劳动合同的行为不得与法律、法规相抵触。合法是劳动合同有效并受国家法律保护的前提条件，它的基本内涵应当包括订立劳动合同的主体、目的、内容、程序与形式必须合法。

2007年6月，青年农民王某与一家私营造纸厂签订了一份劳动合同，合同规定有“发生死伤事故企业概不负责”的条款。当时由于王某家境贫寒，十分渴望得到这份收入较高的工作，又考虑到自己年轻力壮，只要谨慎小心就不会出事，所以便怀着侥幸心理在合同上签了字。2010年1月份，王某在操作切割设备时，左手的四个手指不慎被切断。事故发生后，王某先后住院治疗60多天，花去手术费、住院费、治疗费等费用一万六千多元。伤愈出院后，王某所在的造纸厂表示企业只负担其住院期间的工资，医疗费用由职工自付。对此，王某及其亲属多次找到造纸厂要求支付医疗费，该厂则以劳动合同中约定有“发生死伤事故概不负责”的条款为由拒绝支付。为维护自己的合法权益，王某向县劳动仲裁委员会提出仲裁申请。仲裁委员会受理申请后裁决认为：劳动合同中“发生死伤事故企业概不负责”的条款属于无效条款，王某的医疗待遇及相应的损失费由造纸厂负责。

此案中，王某与造纸厂签订的劳动合同，“发生死伤事故概不负责”的条款违反了订立劳动合同的原则。1988年，最高人民法院针对有的企业在招工登记表中注明“工伤概不负责”之类的免责条款明确作出司法解释：“这种行为既不符合《宪法》和有关法律规定，也严重违反社会主义公德，应属于无效的民事行为。”故仲裁委员会裁决王某的医疗待遇及相应的损失费由造纸厂负责。

2. 公平的原则

订立劳动合同的原则，是要求在劳动合同订立过程及劳动合同内容的确定上应体现公平。公平原则强调了劳动合同当事人在订立劳动合同时，对劳动合同内容的约定，双方承担的权利义务中不能要求一方承担不公平的义务。如果双方订立的劳动合同内容显失公平，那么该劳动合同中显失公平的条款无效。《劳动合同法》规定，“用人单位免除自己的法定责任、排除劳动者权利”的劳动合同无效。比如，前述案例中，王某与造纸厂签订的劳动合同，用人单位制定免除自己的法定责任，所以是无效条款。

3．平等自愿的原则

平等，是指订立劳动合同的双方当事人具有相同的法律地位。自愿，是指订立劳动合同必须出自双方当事人自己的真实意愿，是在充分表达各自意见的基础上，经过平等协商而达成的协议。

4．协商一致的原则

协商一致，是指当事人双方依法就劳动合同订立的有关事项，应当采用协商的办法达成一致协议。这一原则是维护劳动关系当事人合法权益的基础。这条原则重点在“一致”，只有通过协商达到统一，才能真正体现平等自愿的原则。如果在订立劳动合同时，双方当事人不能达成一致的意思表示，劳动合同就不能成立。

5．诚实信用的原则

诚实信用，是合同订立和履行过程中都应遵循的原则。当事人订立劳动合同的行为必须诚实，双方为订立劳动合同提供的信息必须真实。双方当事人在订立与履行劳动合同时，必须互相如实陈述有关情况，并忠实履行签订的协议。当事人一方不得强制或者欺骗对方，也不能采取其他诱导方式使对方违背自己的真实意思而接受对方的条件。

（二）订立劳动合同的程序

劳动合同的订立程序指签订劳动合同必须履行的法律手续。按照合同的一般原理，劳动合同的订立程序可以概括为要约和承诺两个阶段。

第一阶段由用人单位提出要约邀请，寻找并确定劳动者，这一阶段包括公布招聘广告、自愿竞聘、全面考核、择优录用四个步骤。

第二阶段是签订劳动合同，即完成要约和承诺的全过程。经过上一阶段，受要约人确定后，即由用人单位提出劳动合同的草案，劳动者如果完全同意，即视为承诺，劳动合同即告成立。如果劳动者对劳动合同草案提出修改意见或要求增加新的内容，应视为对要约的拒绝。双方继续经过新的再要约，反复协商，直至最终达成一致的协议。

劳动合同书应由用人单位的法定代表人或其书面委托代理人与劳动者签字（盖章），并注明签订日期。经双方当事人签字（盖章）的劳动合同书一式两份，用人单位和劳动者各持一份。

（三）劳动合同的形式、内容和订立时间限制

1．劳动合同的形式

《中华人民共和国劳动法》（以下简称《劳动法》）第十九条规定，劳动合同应当以书面形式订立。

2．劳动合同的内容

《劳动合同法》第十七条规定，劳动合同应当具备以下条款：用人单位的名称、住所和法定代表人或者主要负责人；劳动者的姓名、住址和居民身份证或者其他有效身份证件号码；劳动合同期限；工作内容和工作地点；工作时间和休息休假；劳动报酬；社会保险；劳动保护、劳动条件和职业危害防护；法律、法规规定应当纳入劳动合同的其他事项。

劳动合同除上述规定的必备条款外，用人单位与劳动者可以约定试用期、培训、保守秘密、补充保险和福利待遇等其他事项。

3．劳动合同的订立时间限制

已建立劳动关系，未同时订立书面劳动合同的，应当自用工之日起一个月内订立书面劳动合同。

（1）因劳动者的原因未能订立劳动合同的法律后果

自用工之日起一个月内，经用人单位书面通知后，劳动者不

与用人单位订立书面劳动合同的，用人单位应当书面通知劳动者终止劳动关系，无需向劳动者支付经济补偿，但是应当依法向劳动者支付其实际工作时间的劳动报酬。

（2）因用人单位的原因未能订立劳动合同的法律后果

用人单位自用工之日起超过一个月不满一年未与劳动者订立书面劳动合同的，应当依照《劳动合同法》第八十二条的规定向劳动者每月支付两倍的工资，并与劳动者补订书面劳动合同。

用人单位向劳动者每月支付两倍工资的起算时间为用工之日起满一个月的次日，截止时间为补订书面劳动合同的前一日。

用人单位自用工之日起满一年未与劳动者订立书面劳动合同的，自用工之日起满一个月的次日至满一年的前一日应当依照《劳动合同法》的规定向劳动者每月支付两倍的工资，并视为自用工之日起满一年的当日已经与劳动者订立无固定期限劳动合同，应当立即与劳动者补订书面劳动合同。

（四）劳动合同的期限

《劳动法》第二十条规定："劳动合同的期限分为有固定期限、无固定期限和以完成一定的工作为期限。"劳动者在同一用人单位连续工作满十年以上，当事人双方同意续延劳动合同的，如果劳动者提出订立无固定限期的劳动合同，应当订立无固定限期的劳动合同。

1. 固定期限劳动合同

固定期限劳动合同，是指用人单位与劳动者约定合同终止时间的劳动合同。具体是指劳动合同双方当事人在劳动合同中明确规定了合同效力的起始和终止的时间。劳动合同期限届满，劳动关系即告终止。如果双方协商一致，还可以续订劳动合同，延长期限。固定期限的劳动合同可以是较短时间的，如半年、一年、二年，也可以是较长时间的，如五年、十年，甚至更长时间。不管时间长短，劳动合同的起始和终止日期都是固定的。具体期限由当事人双方根据工作需要和实际情况确定。

固定期限的劳动合同适用范围广、应变能力强，既能保持劳动关系的相对稳定，又能促进劳动力的合理流动，使资源配置合理化、效益化，是实践中运用较多的一种劳动合同。对于那些常年性工作，要求保持连续性、稳定性的工作，技术性强的工作，适宜签订较为长期的固定期限劳动合同。对于一般性、季节性、临时性、用工灵活、职业危害较大的工作岗位，适宜签订较为短期的固定期限劳动合同。

2．无固定期限劳动合同

无固定期限劳动合同，是指用人单位与劳动者约定无确定终止时间的劳动合同。

用人单位与劳动者协商一致，可以订立无固定期限劳动合同。有下列情形之一，劳动者提出或者同意续订、订立劳动合同的，除劳动者提出订立固定期限劳动合同外，应当订立无固定期限劳动合同：

（1）劳动者在该用人单位连续工作满十年的；下面这个案例中，王某在书店工作满了十年，所以要求签无固定期限劳动合同是符合法律规定的。

（2）用人单位初次实行劳动合同制度或者国有企业改制重新订立劳动合同时，劳动者在该用人单位连续工作满十年且距法定退休年龄不足十年的。

（3）连续订立两次固定期限劳动合同，且劳动者没有《劳动合同法》第三十九条和第四十条第一项、第二项规定的情形，续订劳动合同的。

用人单位自用工之日起满一年不与劳动者订立书面劳动合同的，视为用人单位与劳动者已订立无固定期限劳动合同。

王某某于1997年到某书店工作，先后数次与某书店签订了一年期或两年期的劳动合同。2006年12月底，双方再次续订了三年期劳动合同，合同期限至2009年12月31日止。2009年12月30日，该书店办公室主任高某将一份乙方名字栏填字为“王某某”的《某书店全员劳动合同书》出示给王某某续签劳动合同，王某某当即提出要求签订无固定期限劳动合同。2010年1月3日，书店以原劳动合同到期终止为由，向王某某出具了退工通知单。王某某不服该退工决定，于同年1月10日，向某区劳动争议仲裁委员会提出申诉，要求恢复与某书店的劳动关系并与之签订无固定期限的劳动合同。区劳动争议仲裁委员会支持了王某某的主张。

王某某在某书店已连续工作满十年，某书店也同意续订劳动合同，双方只是对合同的期限存有异议。现王某某提出要求签订无固定期限的劳动合同，符合签订无固定期限劳动合同的条件。店方因续订合同的期限问题协商不成，即给予王某某退工的行为不符合法律规定。所以，王某某要求与书店恢复劳动关系、签订无固定期限劳动合同的主张，应予以支持。

订立无固定期限的劳动合同，劳动者可以长期在一个单位或部门工作。这种合同适用于工作保密性强、技术复杂、工作又需要保持人员稳定的岗位。这种合同对于用人单位来说，有利于维护其经济利益，减少频繁更换关键岗位的关键人员而带来的损失。对于劳动者来说，也有利于实现长期稳定职业，钻研业务技术。

无固定期限合同也并不是没有终止时间的“铁饭碗”，只要符合法律规定的条件，劳动者与用人单位都可以依法解除劳动合同。

（五）试用期规定

《劳动合同法》规定，劳动合同期限三个月以上不满一年的，试用期不得超过一个月；劳动合同期限一年以上不满三年的，试用期不得超过二个月；三年以上固定期限和无固定期限的劳动合同，试用期不得超过六个月。

同一用人单位与同一劳动者只能约定一次试用期。

以完成一定工作任务为期限的劳动合同或者劳动合同期限不满三个月的，不得约定试用期。

试用期包含在劳动合同期限内。劳动合同仅约定试用期的，试用期不成立，该期限为劳动合同期限。

劳动者在试用期的工资不得低于本单位相同岗位最低档工资或者劳动合同约定工资的百分之八十，并不得低于用人单位所在地的最低工资标准。

在试用期中，除劳动者有《劳动合同法》第三十九条和第四十条第一项、第二项规定的情形外，用人单位不得解除劳动合同。用人单位在试用期解除劳动合同的，应当向劳动者说明理由。

四、劳动合同的履行和变更

（一）劳动合同的履行

劳动合同的履行，是指劳动合同的双方当事人按照合同约定完成各自义务的行为。只有双方当事人按照合同约定全面地、实际地履行了自己的义务，劳动过程才能顺利实现。当事人在履行劳动合同过程中必须坚持以下原则：

1．亲自履行原则。劳动合同亲自履行原则要求双方必须严格恪守合同规定，亲自完成各项合同义务，一般不允许将合同义务转让给第三人代为履行。

2．全面履行原则。全面履行劳动合同是劳动合同法律效力的必然要求。全面履行原则要求双方当事人完整、全面、准确地履行劳动合同义务，不能只重视主要条款的履行而忽视其他条款的履行。按照全面履行的要求，劳动合同任何条款的不履行、不适当履行都属违约，在没有免责事由的情况下，都要承担相应的法律责任。

3．协作履行原则。协作履行原则是诚实信用原则在劳动合同履行方面的反映，也是劳动合同依存履行性的必然要求。协作履行原则要求双方主体要为对方履行合同义务提供条件和便利，予以积极合作。劳动者要关心企业、体谅企业、忠实于企业，为企业的发展出谋划策。用人单位要爱护职工、关心职工，为职工的工作、学习和生活创造便利条件。双方发生纠纷也应该协商或者通过其他法律途径解决，不应该彼此对抗或采取暴力行为。

（二）变更劳动合同的原则和条件

1．劳动合同变更的原则

劳动合同的变更，是指当事人双方对依法成立的劳动合同的条款所做的修改和增减。一般情况下，劳动合同订立后，双方当事人必须认真履行，任何一方不得擅自变更劳动合同。但是，在履行劳动合同过程中，由于企业生产经营状况的变化，或者职工劳动、生活情况的变化，也可以变更劳动合同。劳动合同的变更，包括协议变更和法定变更两种情况。协议变更是指双方当事人必须协商一致，达成协议；法定变更是在法律规定的原因出现时，当事人一方可依法提出变更劳动合同（变更的内容也需要当事人双方协商一致）。无论是协议变更，还是法定变更，只限于对劳动合同的某些内容的变更，不能对劳动合同的当事人进行变更。

变更劳动合同与订立劳动合同一样，必须遵循平等自愿和协商一致的原则。

2．变更劳动合同的条件

（1）订立劳动合同时所依据的法律、法规已经修改，致使原来订立的劳动合同无法全面履行，需要作出修改。

（2）企业经上级主管部门批准转产，原来的组织仍然存在，原签订的劳动合同也仍然有效，只是由于生产方向的变化，原来订立的劳动合同中的某些条款与发展变化的情况不相适应，需要作出相应的修改。

（3）上级主管机关决定改变企业的生产任务，致使原来订立的劳动合同中有关产量、质量、生产条件等都发生了一定的变化，需要作出相应的修改，否则原劳动合同无法履行。

（4）企业严重亏损或发生不可抗力的情况，确实无法履行劳动合同的规定。

（5）当事人双方协商一致，同意对劳动合同的某些条款作出变更，但不得损害国家利益。

根据《劳动合同法》第三十五条的规定，变更劳动合同，应当采用书面形式，双方各执一份。

（三）变更劳动合同的程序

劳动合同变更的程序是：

1. 及时向对方提出变更劳动合同的要求。提出变更劳动合同的主体可以是企业，也可以是职工，无论哪一方要求变更劳动合同，都应当及时向对方提出变更劳动合同的要求，说明变更劳动合同的理由、内容、条件等。

2. 按期向对方作出答复。当事人一方得知对方变更劳动合同的要求后，应在对方规定的期限内作出答复，不得对对方提出的变更劳动合同的要求置之不理。

3. 双方达成书面协议。即当事人双方就变更劳动合同的内容经过协商，取得一致意见，应当达成变更劳动合同的书面协议。书面协议应指明对哪些条款作出变更，并应订明变更后劳动合同的生效日期，书面协议经双方当事人签字盖章后生效，并报企业主管部门或者上级劳动行政部门备案。

五、劳动合同的终止和解除

（一）劳动合同的终止

劳动合同的终止，是指终止劳动合同的法律效力。劳动合同订立后，双方当事人不得随意终止合同，只有法律规定或当事人约定的情况出现，当事人才可以终止劳动合同。《劳动合同法》第四十四条规定，有下列情形之一的，劳动合同终止：

1. 劳动合同期满的；
2. 劳动者开始依法享受基本养老保险待遇的；
3. 劳动者死亡，或者被人民法院宣告死亡或者宣告失踪的；
4. 用人单位被依法宣告破产的；
5. 用人单位被吊销营业执照、责令关闭、撤销或者用人单位决定提前解散的；
6. 法律、行政法规规定的其他情形。

另外，《中华人民共和国劳动合同法实施条例》第二十一条规定："劳动者达到法定退休年龄的，劳动合同终止。"

（二）解除劳动合同的条件和程序

1. 双方协商解除劳动合同

《劳动法》第二十四条规定："经劳动合同当事人协商一致，劳动合同可以解除。"双方协商解除劳动合同的条件有：

（1）双方自愿；

（2）平等协商；

（3）不得损害另一方利益；

（4）双方达成解除劳动合同的书面协议。

2. 用人单位单方解除劳动合同

用人单位单方解除劳动合同是指，具备法律规定的条件时，用人单位享有单方解除权，无需双方协商达成一致意见。用人单位单方解除劳动合同有以下三种情况：

（1）随时解除。即用人单位无需以任何形式提前告之劳动者，可随时通知劳动者解除合同。根据《劳动合同法》第三十九条及有关规定，劳动者有下列情形之一的，用人单位可以单方解除劳动合同：

①在试用期间被证明不符合录用条件的；

②严重违反用人单位的规章制度的；

③严重失职，营私舞弊，对用人单位利益造成重大损害的；

④劳动者同时与其他用人单位建立劳动关系，对完成本单位的工作任务造成严重影响，或者经用人单位提出，拒不改正的；

⑤因本法第二十六条第一款第一项规定的情形致使劳动合同无效的；

⑥被依法追究刑事责任的。

（2）须预告的解除。即用人单位应当提前三十日以书面形式通知劳动者本人方可解除合同。根据《劳动合同法》第四十条的规定，有下列情形之一的，用人单位提前三十日以书面形式通知劳动者本人或者额外支付劳动者一个月工资后，可以解除劳动合同：

①劳动者患病或者非因工负伤，在规定的医疗期满后不能从事原工作，也不能从事由用人单位另行安排的工作的；

②劳动者不能胜任工作，经过培训或者调整工作岗位，仍不能胜任工作的；

③劳动合同订立时所依据的客观情况发生重大变化，致使劳动合同无法履行，经用人单位与劳动者协商，未能就变更劳动合同内容达成协议的。

（3）经济性裁员。即用人单位濒临破产进行法定整顿期间或者生产经营状况发生严重困难，用人单位为改善生产经营状况而辞退成批人员。根据《劳动合同法》第四十一条的规定：有下列情形之一，需要裁减人员二十人以上或者裁减不足二十人但占企业职工总数百分之十以上的，用人单位应提前三十日向工会或者全体职工说明情况，听取工会或者职工的意见后，裁减人员方案经向劳动行政部门报告，可以裁减人员：

①依照企业破产法规定进行重整的；

②生产经营发生严重困难的；

③企业转产、重大技术革新或者经营方式调整，经变更劳动合同后，仍需裁减人员的；

④其他因劳动合同订立时所依据的客观经济情况发生重大变化，致使劳动合同无法履行的。

用人单位依照以上规定裁员，在六个月内重新招用人员的，应当通知被裁减的人员，并在同等条件下优先招用被裁减的人员。

但是，劳动者有下列情形之一的，用人单位不得依据《劳动合同法》第四十条、第四十一条的规定解除劳动合同：

①从事接触职业病危害作业的劳动者未进行离岗前职业健康检查，或者疑似职业病病人在诊断或者医学观察期间的；

②在本单位患职业病或者因工负伤并被确认丧失或者部分丧失劳动能力的；

③患病或者非因工负伤，在规定的医疗期内的；

④女职工在孕期、产期、哺乳期的；

⑤在本单位连续工作满十五年，且距法定退休年龄不足五年的；

⑥法律、行政法规规定的其他情形。

3．劳动者单方解除劳动合同

即具备法律规定的条件时，劳动者享有单方解除权，无须双方协商达成一致意见。劳动者单方解除劳动合同有两种情况：

(1) 预告解除

劳动者无需说明任何法定事由，只需提前预先告之用人单位即可解除劳动合同，超过30日，劳动者可以向用人单位提出办理解除劳动合同的手续，用人单位应予办理。

对劳动合同的解除，《劳动法》规定：经劳动合同当事人协商一致，劳动合同可以解除；劳动者解除劳动合同，应当提前30日以书面形式通知用人单位。

李某系一国有企业职工，与企业签有3年期限的劳动合同。在劳动合同期限内，李某听说在某外商投资企业工作每月月薪2800元，相比之下原企业每月只有1800元的工资太低，遂向原企业口头提出解除劳动合同。原企业未马上作出答复。15日后，李某离开原企业，到外资企业上班。李某的离开，给原企业的生产造成了影响，原企业要求李某回厂上班，但李某以已向企业提出了解除劳动合同为由而拒不回厂。于是原企业向劳动仲裁委员会提起申诉，要求李某承担违约赔偿责任。劳动仲裁委员会经审理，认定李某违反合同约定，应承担违约赔偿责任，外资企业承担连带赔偿责任。

此案中，职工李某单方解除劳动合同的行为显然违反了《劳动法》的有关规定。作为招用他的外商投资企业，也应承担连带赔偿责任，因为《劳动法》第九十九条规定："用人单位招用尚未解除劳动合同的劳动者，对原用人单位造成经济损失的，该用人单位应当依法承担连带赔偿责任。"

此案给我们的启示是，合同双方当事人应当认真履行自己的义务，在单方解除劳动合同时，应当依法按程序进行。

（2）无须预告的解除

即有下列三种情形之一的，劳动者不需提前预先告之用人单位，只要具备法律规定的正当理由，劳动者可随时通知用人单位解除劳动合同，还应对因用人单位的违约行为和侵权行为造成的损失要求用人单位予以赔偿，并有权提请有关机关追究用人单位的行政责任、刑事责任。

一是劳动者在试用期内；

二是用人单位以暴力、威胁或者非法限制人身自由的手段强迫劳动；

三是用人单位未按照劳动合同约定支付劳动报酬或者提供劳动条件的。

4．劳动合同自行解除

劳动合同自行解除是指因法律规定的特殊情况发生而导致劳动合同自行提前终止法律效力。它只适用于法律规定的特殊情况，并且无需履行解除劳动合同的手续。根据有关劳动法规的规定，劳动者被开除、除名或因违纪被辞退，劳动合同自行解除。

（三）解除和终止劳动合同的经济补偿

《劳动合同法》第四十六条规定了有七种情形之一解除劳动合同的，用人单位应当向劳动者支付经济补偿。

经济补偿按劳动者在本单位工作的年限，按每满一年支付一个月工资的标准向劳动者支付。六个月以上不满一年的，按一年计算；不满六个月的，向劳动者支付半个月工资的经济补偿。

劳动者月工资高于用人单位所在直辖市、设区的市级人民政府公布的本地区上年度职工月平均工资三倍的，向其支付经济补偿的标准按职工月平均工资三倍的数额支付，向其支付经济补偿的年限最高不超过十二年。

月工资是指劳动者在劳动合同解除或者终止前十二个月的平均工资。《中华人民共和国劳动合同法实施条例》第二十七条规定，经济补偿的月工资按照劳动者应得工资计算，包括计时工资或计件工资以及奖金、津贴和补贴等货币性收入。劳动者在劳动合同解除或者终止前十二个月的平均工资低于当地最低工资标准的，按照当地最低工资标准计算。

六、违反劳动合同的赔偿责任

（一）用人单位承担的赔偿责任

为保证《劳动法》的贯彻实施，维护劳动者合法权益，防止用人单位故意不与劳动者签订劳动合同或违反劳动合同规定损害劳动者利益，国家规定用人单位不签劳动合同或不按规定签订劳动合同应当赔偿。

《违反〈劳动法〉有关劳动合同规定的赔偿办法》第二条规定，用人单位有下列情形之一，对劳动者造成损害的，应赔偿劳动者损失：

1. 用人单位故意拖延不订立劳动合同，即招用后故意不按规定订立劳动合同以及劳动合同到期后故意不及时续订劳动合同的；

2. 由于用人单位的原因订立无效劳动合同，或订立部分无效劳动合同的；

3. 用人单位违反规定或劳动合同的约定侵害女职工或未成年工合法权益的；

4. 用人单位违反规定或劳动合同的约定解除劳动合同的。

关于具体的赔偿标准，按下列规定执行：

1. 造成劳动者工资收入损失的，按劳动者本人应得工资收入支付给劳动者，并加付应得工资收入25%的赔偿费用；

2. 造成劳动者劳动保护待遇损失的，应按国家规定补足劳动者的劳动保护津贴和用品；

3. 造成劳动者工伤、医疗待遇损失的，除按国家规定为劳动者提供工伤、医疗待遇外，还应支付劳动者相当于医疗费用25%的赔偿费用；

4. 造成女职工和未成年工身体健康损害的，除按国家规定提供治疗期间的医疗待遇外，还应支付相当于其医疗费用 25%的赔偿费用；

5．劳动合同约定的其他赔偿费用。

如果有单位使用别的单位未解除劳动合同的劳动者，也属于违反劳动合同规定的情况，要承担主要的赔偿责任。

（二）劳动者承担的赔偿责任

《劳动合同法》第九十条规定："劳动者违反本法规定解除劳动合同，或者违反劳动合同中约定的保密义务或者竞业限制，给用人单位造成损失的，应当承担赔偿责任。"《违反〈劳动法〉有关劳动合同规定的赔偿办法》第四条规定：劳动者违反规定或劳动合同的约定解除劳动合同，对用人单位造成损失的，劳动者应赔偿用人单位下列损失：

1．用人单位招收录用其所支付的费用；

2．用人单位为其支付的培训费用，双方另有约定的按约定办理；

3．对生产、经营和工作造成的直接经济损失；

4．劳动合同约定的其他赔偿费用。

《劳动合同法》第八十六条规定："劳动合同依照本法第二十六条规定被确认无效，给对方造成损害的，有过错的一方应当承担赔偿责任。"即劳动者有下列情形的必须承担赔偿责任：

1．劳动合同由于劳动者以欺诈、胁迫的手段或乘人之危，使用人单位在违背真实意思的情况下订立或变更的而被认定为无效，给用人单位造成损失的；

2．劳动合同因劳动者的原因违反法律、行政法规强制性规定而被认定为无效，给用人单位造成损失的。

最高人民法院《关于审理人身损害赔偿案件适用法律若干问题的解释》第九条规定："雇员因故意或者重大过失致人损害的，

应当与雇主承担连带赔偿责任。雇主承担连带赔偿责任的，可以向雇员追偿。”即劳动者必须就故意或者重大过失致人损害担责。

（三）连带赔偿责任

用人单位招用尚未解除劳动合同的劳动者，对原用人单位造成经济损失的，除该劳动者承担直接赔偿责任外，该用人单位应当承担连带赔偿责任。其连带赔偿的份额应不低于对原用人单位造成经济损失总额的百分之七十。且应向原用人单位赔偿下列损失：

1. 对生产、经营和工作造成的直接经济损失；
2. 因获取商业秘密给原用人单位造成的经济损失。

赔偿第二项规定的损失，按《中华人民共和国反不正当竞争法》的规定执行。

思考题：

1. 劳动合同有何作用？
2. 订立劳动合同有哪些程序？
3. 变更劳动合同的原则和条件是什么？
4. 解除劳动合同的条件和程序是什么？
5. 劳动者违反劳动合同应承担什么赔偿责任？

第三节 劳动争议调解仲裁法

一、《中华人民共和国劳动争议调解仲裁法》概述

《劳动法》对劳动争议的处理做了专门规定，《劳动法》颁布后，为了公正、及时地解决劳动争议，保护当事人合法权益，促进劳动关系和谐稳定，中华人民共和国第十届全国人民代表大会常务委员会第三十一次会议于2007年12月29日通过了《中华人

民共和国劳动争议调解仲裁法》（以下简称《劳动争议调解仲裁法》），并自2008年5月1日起施行。该法共四章五十四条，内容包括总则、调解、仲裁和附则。

二、劳动争议调解仲裁范围和劳动争议处理原则

（一）劳动争议调解仲裁范围

《劳动争议调解仲裁法》第二条规定：中华人民共和国境内的用人单位与劳动者发生的下列劳动争议，适用本法：

1. 因确认劳动关系发生的争议；
2. 因订立、履行、变更、解除和终止劳动合同发生的争议；
3. 因除名、辞退和辞职、离职发生的争议；
4. 因工作时间、休息休假、社会保险、福利、培训以及劳动保护发生的争议；
5. 因劳动报酬、工伤医疗费、经济补偿或者赔偿金等发生的争议；
6. 法律、法规规定的其他劳动争议。

同时，不属于劳动争议仲裁受案范围的包括：

1. 劳动者请求社会保险经办机构发放社会保险金的纠纷；
2. 劳动者与用人单位因住房制度改革产生的公有住房转让纠纷；
3. 劳动者对劳动能力鉴定委员会的伤残等级鉴定结论或者对职业病诊断鉴定委员会的职业病诊断鉴定结论的异议纠纷；
4. 家庭或者个人与家政服务人员之间的纠纷；
5. 个体工匠与帮工、学徒之间的纠纷；
6. 农村承包经营户与受雇人之间的纠纷。

（二）劳动争议处理原则

劳动争议的处理主要有以下几项原则：合法原则、公正原则、

及时处理原则、着重调解的原则以及依法保护双方当事人的合法权益原则。

三、劳动争议处理机构

（一）劳动争议调解机构

劳动争议调解委员会（以下简称调解委员会）是依法成立调解本单位发生的劳动争议的群众性组织。劳动争议调解委员会由职工代表、用人单位代表和工会代表组成。调解委员会在当地工会和劳动争议仲裁委员会的指导下工作。其职责主要有：负责调解本单位内发生的劳动争议；检查、督促争议双方当事人履行调解协议；开展劳动法制宣传，预防和减少劳动争议的发生。

（二）劳动争议仲裁机构

劳动争议仲裁委员会是国家授权、依法独立地对劳动争议案件进行仲裁的专门机构。我国在县、市、市辖区设立劳动争议仲裁委员会，负责仲裁本行政区域内发生的劳动争议。

仲裁委员会受理本行政区域内的下列劳动争议案件：

1. 当事人直接向仲裁委员会申请仲裁的因开除、除名、辞退违纪职工和职工辞职、自动离职发生的劳动争议；

2. 因履行劳动合同和集体合同，因工作时间和休息休假，因工资、劳动安全卫生、女职工和未成年工特殊保护、职业培训、社会保险和福利发生的劳动争议；

3. 因认定无效劳动合同和特定条件下订立劳动合同发生的争议；

4. 关于是否续订劳动合同的劳动争议；

5. 因职工流动、停薪留职、从事第二职业发生的争议；

6. 因用人单位裁减人员而发生的争议；

7. 因经济补偿和赔偿发生的争议；

8．因用人单位录用职工非法收费而发生的争议；

9．法律、法规规定受理的其他劳动争议案件。

此外，还受理经调解委员会调解不成的劳动争议案件。

劳动争议仲裁委员会依法进行仲裁，依法决定劳动争议案件的受理、仲裁庭的组成、仲裁员的回避；依法对案件进行调查研究、进行调解并作出裁决。

（三）人民法院

审理劳动争议案件的是各级人民法院的民事审判庭。其受案范围为属于《劳动争议调解仲裁法》第二条规定的劳动争议，当事人不服劳动争议仲裁委员会作出的裁决，依法向人民法院起诉的，人民法院应当受理：

1．劳动者与用人单位在履行劳动合同过程中发生的纠纷；

2．劳动者与用人单位之间没有订立书面劳动合同，但已形成劳动关系后发生的纠纷；

3．劳动者退休后，与尚未参加社会保险统筹的原用人单位因追索养老金、医疗费、工伤保险待遇和其他社会保险费而发生的纠纷。

四、劳动争议处理程序

根据《劳动争议调解仲裁法》第五条规定，劳动争议当事人可以有四条途径解决其争议。

（一）协商程序

发生劳动争议时劳动者可以与用人单位协商，也可以请工会与第三方共同与用人单位协商，达成和解协议。

（二）调解程序

这里的调解程序是指企业调解委员会对本单位发生的劳动争议的调解。调解程序并非是法律规定的必经程序，然而对于解决劳动争议却起着很大的作用，尤其是对于希望仍在原单位工作的职工，通过调解解决劳动争议当属首选步骤。

（三）仲裁程序

当事人从知道或应当知道其权利被侵害之日起一年内，以书面形式向仲裁委员会申请仲裁。

劳动争议仲裁委员会收到仲裁申请之日起五日内，认为符合受理条件的，应当受理，并通知申请人；认为不符合受理条件的，应当书面通知申请人不予受理，并说明理由。对劳动争议仲裁委员会不予受理或者逾期未作出决定的，申请人可以就该劳动争议事项向人民法院提起诉讼。

仲裁庭裁决劳动争议案件，应当自劳动争议仲裁委员会受理仲裁申请之日起四十五日内结束。案情复杂需要延期的，经劳动争议仲裁委员会主任批准，可以延期并书面通知当事人，但是延长期限不得超过十五日。逾期未作出仲裁裁决的，当事人可以就该劳动争议事项向人民法院提起诉讼。

（四）诉讼程序

当事人如对仲裁决定不服，可以自收到仲裁裁决书十五日之内向人民法院起诉。需强调的是，劳动争议当事人未经仲裁程序不得直接向法院起诉，否则人民法院不予受理。

关于处理因签订或履行集体合同发生的争议，《劳动法》做了特殊的程序规定，即因签订集体合同发生争议，当事人协商解决不成的，当地人民政府劳动行政部门可以组织有关各方协调处理；因履行集体合同发生争议，当事人协商解决不成的，可以向劳动争议仲裁委员会申请仲裁；对仲裁裁决不服的，可以自收到仲裁裁决书之日起十五日内向人民法院提起诉讼。

第四节　社会保险法

一、《中华人民共和国社会保险法》概述

社会保险，是国家通过立法建立起的一种社会保障制度，其目的是使劳动者在由于生、老、病、死、伤、残等原因丧失劳动能力和失业，本人和家庭失去收入时，从社会获得必要的帮助。为了规范社会保险关系，维护公民参加社会保险和享受社会保险待遇的合法权益，使公民共享发展成果，促进社会和谐稳定，2010年10月28日，第十一届全国人民代表大会常务委员会第十七次会议通过了《中华人民共和国社会保险法》(以下简称《社会保险法》)，自2011年7月1日起施行。该法共十二章九十八条，内容包括总则、基本养老保险、基本医疗保险、工伤保险、失业保险、生育保险、社会保险费征缴、社会保险基金、社会保险经办、社会保险监督、法律责任和附则。

二、建立社会保险制度的方针

社会保险制度必须坚持“广覆盖、保基本、多层次、可持续”的方针。

(一) 广覆盖

广覆盖就是要扩大社会保险的覆盖面，使尽可能多的人纳入社会保险中。我国社会保险的范围是逐渐扩大的：从城镇人口到农村人口，从国有单位到非国有单位，从就业相关人员到非从业人员。

(二) 保基本

我国的社会保险待遇以保障公民基本生活和需要为主。

（三）多层次

社会保险的多层次表现在除了基本养老保险、基本医疗保险外，还有补充养老保险、补充医疗保险，以及补充性的商业保险。

（四）可持续

可持续就是建立社会保险可持续发展的长效机制，实现社会保障制度稳定运行。

社会保险水平应当与经济社会发展水平相适应。如果社会保险水平超过适度上限，就会导致政府、用人单位负担加重，制约经济社会健康发展。

三、基本养老保险

（一）职工基本养老保险

1．职工基本养老保险覆盖范围

按《社会保险法》第十条规定，基本养老保险覆盖范围应当包括职工、无雇工的个体工商户、未在用人单位参加基本养老保险的非全日制从业人员以及其他灵活就业人员。

2．职工基本养老保险费筹集

基本养老保险制度坚持社会统筹与个人账户相结合的原则，基本养老保险费由企业和职工共同负担。

某市某私营企业2009年2月1日经工商局批准成立，王某被该企业聘用为部门经理，双方于2009年2月15日签订了一年期的劳动合同，该合同为某私营企业自制的格式合同。合同约定，王某的年薪为3.6万元。又规定鉴于企业在创业阶段，经营艰难，故企业以高工资一并涵盖国家规定的各类补助、住房基金、养老保险费、交通补助、工作午餐补助等。职工自行办理商业养老保险，企业不再负担为职工办理养老保险的费用。王某对此未表示异议。2009 年 7 月 15 日，王某提前一个月向该私营企业提出解除劳动合同，8 月 15 日，双方协商一致解除了劳动合同。8 月 20 日，王某应聘到某电脑公司工作，在办理有关手续时，王某得知还应办理养老保险基金转移手续，遂向某私营企业人事部询问。人事部经理称，双方在签订劳动合同时已明确约定，工资已包含了养老保险费，由王某自己负责办理商业养老保险，企业不再负担养老保险费用。王某遂向当地劳动争议仲裁委员会申诉，要求某私营企业按规定补缴六个月的养老保险费。

当地劳动争议仲裁委员会经调查得知，某私营企业成立后，未向社会保险机构办理社会保险登记，未为企业职工缴纳基本养老保险费。据此，仲裁庭裁决某私营企业为王某补办社会保险登记，补缴六个月的养老保险费。

按现行政策，企业依法缴纳基本养老保险费，缴费比例一般不得超过企业工资总额的 20%。企业缴费目前高于 20%的地区，可暂维持不变。企业缴费部分不再划入个人账户，全部纳入社会统筹基金，并以省（自治区、直辖市）为单位进行调剂。养老保险社会统筹基金纳入财政专户，实行收支两条线管理，不能占用个人账户基金，严禁截留、挤占、挪用。

职工个人按照本人缴费工资的 8%缴费，记入个人账户。

基本养老保险基金出现支付不足时，政府给予补贴。

3．职工领取基本养老金的条件

职工按月领取基本养老金的条件是：

（1）达到法定退休年龄，并已办理退休手续。目前，我国的企业职工法定退休年龄为：男职工 60 岁；从事管理和科研工作的女职工 55 岁；从事生产和工勤辅助工作的女职工 50 岁。

（2）所在单位和个人依法参加养老保险并履行了养老保险缴费义务。

（3）个人缴费至少满十五年（过渡期内缴费年限包括视同缴费年限）。

符合上述条件的人员，按月支付养老金。

4．职工基本养老保险待遇

基本养老金由基础养老金和个人账户养老金组成。职工达到法定退休年龄且个人缴费满十五年的，基础养老金月标准为省（自治区、直辖市）或市（地）上年度职工月平均工资的 20%。以后缴费每满一年增加一定比例的基础养老金，总体水平控制在 30%左右；个人缴费不满十五年的，不发给基础养老金，个人账户全部储存额一次支付给本人。基础养老金由社会统筹基金支付；个人账户养老金由个人账户基金支付，月发放标准根据本人账户储存额除以 120。个人账户基金用完后，由社会统筹基金支付。已经离退休的人员，仍按国家原来的规定发给养老金；1997 年统一全国企业职工基本养老保险制度前参加工作的人员，其退休后在发给基础养老金和个人账户养老金的基础上，再发给过渡性养老金。

基本养老金领取者死亡后，其遗属按国家有关规定领取丧葬补助金，丧葬补助金由基本养老保险社会统筹基金支付。

基本养老金水平的调整，由劳动和社会保障部和财政部参照城市居民生活费用价格指数和在职职工工资增长情况，提出方案报国务院审定后统一组织实施。

（二）城镇居民社会养老保险

2011 年 6 月，《国务院关于开展城镇居民社会养老保险试点的指导意见》发布，这意味着城镇非从业居民“老有所养”有了制度保障。

1．参保范围

年满 16 周岁（不含在校学生）、不符合职工基本养老保险参保条件的城镇非从业居民，可以在户籍地自愿参加城镇居民养老保险。

2．基金筹集方式

（1）个人缴费。参保的城镇居民应当按规定缴纳养老保险费。缴费标准目前设为每年100元、200元、300元、400元、500元、600元、700元、800元、900元、1000元10个档次，各地可以根据实际情况增设缴费档次。参保人自主选择缴费档次，多缴多得。国家将依据经济发展和城镇居民人均可支配收入增长等情况适时调整缴费档次。

（2）政府补贴。除个人缴费之外，政府将对符合待遇领取条件的参保人全额支付城镇居民养老保险基础养老金。其中，中央财政对中西部地区按中央确定的基础养老金标准给予全额补助，对东部地区给予50%的补助。地方人民政府应对参保人员缴费给予补贴，补贴标准不低于每人每年30元；对选择较高档次标准缴费的，可给予适当鼓励，具体标准和办法由省（区、市）人民政府确定。对城镇重度残疾人等缴费困难群体，地方人民政府为其代缴部分或全部最低标准的养老保险费。

（3）国家同时鼓励其他经济组织、社会组织和个人为参保人缴费提供资助。

3．养老金待遇

养老金待遇由基础养老金和个人账户养老金构成，支付终身。

中央确定的基础养老金标准为每人每月55元，这一标准与新型农村社会养老保险相同。地方人民政府可以根据实际情况提高基础养老金标准，对于长期缴费的城镇居民，可适当加发基础养老金，提高和加发部分的资金由地方人民政府支出。

个人账户养老金的月计发标准为个人账户储存额除以139（与现行职工基本养老保险及新农保个人账户养老金计发系数相同）。参保人员死亡，个人账户中的资金余额，除政府补贴外，可以依法继承；政府补贴余额用于继续支付其他参保人的养老金。

国家根据经济发展和物价变动等情况，适时调整全国城镇居民养老保险基础养老金的最低标准。

4. 养老金待遇领取条件

参加城镇居民养老保险的城镇居民，年满60周岁，可按月领取养老金。城镇居民养老保险制度实施时，已年满60周岁，未享受职工基本养老保险待遇以及国家规定的其他养老待遇的，不用缴费，可按月领取基础养老金；距领取年龄不足十五年的，应按年缴费，也允许补缴，累计缴费不超过十五年；距领取年龄超过十五年的，应按年缴费，累计缴费不少于十五年。

（三）新型农村社会养老保险

2009 年 9 月，《国务院关于开展新型农村社会养老保险试点的指导意见》发布。新型农村社会养老保险（以下简称新农保），是继取消农业税、农业直补、新型农村合作医疗等政策之后的又一项重大惠农政策。

1. 参保范围

年满 16 周岁（不含在校学生）、未参加城镇职工基本养老保险的农村居民，可以在户籍地自愿参加新农保。

2. 新农保基金筹集方式

新农保基金由个人缴费、集体补助、政府补贴构成。

（1）个人缴费。参加新农保的农村居民应当按规定缴纳养老保险费。缴费标准目前设为每年100元、200元、300元、400元、500 元五个档次，地方可以根据实际情况增设缴费档次。参保人自主选择档次缴费，多缴多得。国家依据农村居民人均纯收入增长等情况适时调整缴费档次。

（2）集体补助。有条件的村集体应当对参保人缴费给予补助，补助标准由村民委员会召开村民会议民主确定。鼓励其他经济组织、社会公益组织、个人为参保人缴费提供资助。

（3）政府补贴。政府对符合领取条件的参保人全额支付新农保基础养老金，其中中央财政对中西部地区按中央确定的基础养老金标准给予全额补助，对东部地区给予50%的补助。

地方政府应当对参保人缴费给予补贴，补贴标准不低于每人每年30元；对选择较高档次标准缴费的，可给予适当鼓励，具体标准和办法由省（区、市）人民政府确定。对农村重度残疾人等缴费困难群体，地方政府为其代缴部分或全部最低标准的养老保险费。

3．养老金待遇

养老金待遇由基础养老金和个人账户养老金组成，支付终身。

中央确定的基础养老金标准为每人每月55元。地方政府可以根据实际情况提高基础养老金标准，对于长期缴费的农村居民，可适当加发基础养老金，提高和加发部分的资金由地方政府支出。

个人账户养老金的月计发标准为个人账户全部储存额除以139（与现行城镇职工基本养老保险个人账户养老金计发系数相同）。参保人死亡，个人账户中的资金余额，除政府补贴外，可以依法继承；政府补贴余额用于继续支付其他参保人的养老金。

国家根据经济发展和物价变动等情况，适时调整全国新农保基础养老金的最低标准。

4．养老金待遇领取条件

年满60周岁、未享受城镇职工基本养老保险待遇的农村有户籍的老年人，可以按月领取养老金。

新农保制度实施时，已年满60周岁、未享受城镇职工基本养老保险待遇的，不用缴费，可以按月领取基础养老金，但其符合参保条件的子女应当参保缴费；距领取年龄不足十五年的，应按年缴费，也允许补缴，累计缴费不超过十五年；距领取年龄超过十五年的，应按年缴费，累计缴费不少于十五年。

（四）农村五保供养制度

五保供养，是指在吃、穿、住、医、葬方面给予村民的生活照顾和物质帮助。五保供养对象为：老年、残疾或者未满 16 周岁的村民，无劳动能力、无生活来源又无法定赡养、抚养、扶养义务人，或者其法定赡养、抚养、扶养义务人无赡养、抚养、扶养能力的，享受农村五保供养待遇。五保供养内容包括：

1．供给粮油、副食品和生活用燃料；

2．供给服装、被褥等生活用品和零用钱；

3．提供符合基本居住条件的住房；

4．提供疾病治疗，对生活不能自理的给予照料；

5．办理丧葬事宜。

供养标准：农村五保供养标准不得低于当地村民的平均生活水平，并根据当地村民平均生活水平的提高适时调整。

四、基本医疗保险

（一）医疗保险概念

医疗保险是为了补偿劳动者因疾病风险造成经济损失而建立的一项社会保障制度。医疗保险是保障医疗费支出，其功能是实现医疗费用补偿。

我国的医疗保险制度 1999 年初首先从城镇职工开始启动，1999 年底基本完成。2003 年 1 月 16 日，国务院办公厅转发卫生部、财政部、农业部《关于建立新型农村合作医疗制度的意见》，印发全国各省、自治区、直辖市人民政府贯彻执行。2007 年 7 月 10 日，针对城镇非从业居民还没有纳入医疗保障制度的范围实际，为实现基本建立覆盖城乡全体居民的医疗保障体系的目标，国务院出台了《关于开展城镇居民基本医疗保险试点的指导意见》，从 2007 年起开展城镇居民基本医疗保险试点工作，争取 2009 年试点城市达到80%以上，2010年在全国全面推开，逐步覆盖全体城镇非从业居民。至此，覆盖社会全员的基本医疗保险制度体系建立起来。

（二）城镇职工基本医疗保险

1. 参保范围

职工应当参加职工基本医疗保险，由用人单位和职工按照国家规定共同缴纳基本医疗保险费。

无雇工的个体工商户、未在用人单位参加职工基本医疗保险的非全日制从业人员以及其他灵活就业人员可以参加职工基本医疗保险，由个人按照国家规定缴纳基本医疗保险费。

职工参加基本医疗保险强制执行，灵活就业人员参加基本医疗保险实行自愿原则。

李某2007年5月23日进入一家大型商场负责市场营销工作，商场口头约定两个月的试用期，试用期满后经考核合格签订劳动合同，并享受各种福利待遇，试用期期间发给月工资1200元，其他概不负责。李某求职心切，在没有签订任何书面协议也没有约定任何考核办法的情况下就正式上班了。2007年8月8日，商场通知李某，经考核他不适合做商场的市场营销工作，解除了与李某的劳动关系，并支付了工资3000元。李某不服，认为商场应该支付他工作期间的医疗保险和其他社会保险。

李某虽然在试用期，但是和用人单位之间也是存在劳动关系的，就应该享受《劳动法》第七十条规定的“国家发展社会保险事业，建立社会保险制度，设立社会保险基金，使劳动者在年老、失业、工伤、患病、生育等情况下能获得帮助和补偿”的权利。因此，试用期内用人单位也必须为劳动者缴纳医疗保险费。该商场应该为李某补缴2007年5月23到2007年8月8日间的医疗保险，当然也包括其他社会保险。

2．缴费标准

基本医疗保险费由用人单位和职工共同缴纳。职工缴费率为本人工资收入的2%，由所在单位代扣代缴。用人单位缴费率控制在职工工资总额的6%左右，具体比例由各统筹地区根据实际测算值确定。实际测算小于6%的统筹地区，按实际测算值缴纳；实际测算缴费率大于6%的，报省政府严格审批。随着经济的发展，用人单位和职工缴费率可做相应调整。

参加职工基本医疗保险的个人，达到法定退休年龄时累计缴费达到国家规定年限的，退休后不再缴纳基本医疗保险费，按照国家规定享受基本医疗保险待遇；未达到国家规定年限的，可以缴费至国家规定年限。

国有企业下岗职工的基本医疗保险费，包括单位缴费和个人缴费，均由再就业业务中心按照统筹地区上年度职工平均工资的60%为基数缴纳。

城镇居民中的个体经济组织业主及从业人员参加当地基本医疗保险的，单位及个人缴费均以统筹地区上年度职工平均工资为基数。新建单位缴费以统筹地区上年度职工平均工资为基数。

企业撤销或依法宣告破产时，必须先清偿欠缴的基本医疗保险费，并按本地退休人员人均医疗费实际支出，为退休人员一次性缴纳十年的基本医疗保险费。

与单位建立了劳动关系的灵活就业人员，要按照用人单位参加基本医疗保险的方法缴费参保。

其他灵活就业人员，要以个人身份缴费参保，缴费率原则上按当地缴费率确定，缴费基数参照当地上一年职工平均工资核定。

3．职工医疗保险基金的管理和医疗保险待遇

职工基本医疗保险基金由统筹基金和个人账户构成。职工个

人缴纳的基本医疗保险费全部计入个人账户。用人单位缴纳的基本医疗保险费分为两部分，一部分用于建立统筹基金，一部分划入个人账户。划入个人账户的比例一般为统筹地区所有用人单位缴费总额的 30%左右，具体比例由统筹地区根据个人账户的支付范围和职工年龄等因素确定。

统筹基金和个人账户划定各自的支付范围，分别核算，不相互挤占。统筹基金和个人账户支付范围的具体划分方式由各统筹地区根据本地实际情况确定。可采用个人账户支付门诊医疗费用，统筹基金主要支付住院医疗费用的划分办法。少数需长期门诊治疗的特殊疾病，个人账户支付不足部分可由统筹基金部分支付，具体病种和支付办法由统筹地区确定。

确定统筹基金的起付标准和最高支付限额。起付标准以上最高支付限额以下部分主要由统筹基金支付，个人也要支付一定比例。起付标准一般为统筹地区上年度职工平均工资的 10%左右，不同等级医院可有所不同。采用个人账户支付门诊费用，统筹基金支付住院医疗费用的，起付标准应按次计算。一年内多次住院的，起付标准应逐次降低。统筹基金的最高支付限额，即一个职工一个年度内统筹基金应支付的医疗费用的最高限额，一般为统筹地区上年度职工平均工资的四倍左右。统筹基金的起付标准、最高支付限额和起付标准以上最高支付限额以下部分的个人负担比例，由统筹地区按照以收定支、收支平衡和引导不同医疗需求、合理利用医疗资源的原则确定。个人账户只能用于医疗费支出，其本金和利息归个人所有，可以结转使用和继承。职工调动工作时，其个人账户随之转移。个人账户实行超支自理。

用人单位中断缴纳基本医疗保险费的，统筹基金停止支付其医疗费用。

（三）城镇居民基本医疗保险

城镇居民基本医疗保险制度是以大病统筹为主，针对城镇非从业居民的一项基本医疗保险制度。

1．参保范围

不属于城镇职工基本医疗保险制度覆盖范围的中小学阶段的学生（包括职业高中、中专、技校学生）、少年儿童和其他非从业城镇居民都可自愿参加城镇居民基本医疗保险。

2010 年 6 月，人力资源和社会保障部颁布的《关于做好 2010 年城镇居民基本医疗保险工作的通知》，将在校大学生全部纳入城镇居民医保。

2．缴费和补助

城镇居民基本医疗保险以家庭缴费为主，政府给予适当补助。参保居民按规定缴纳基本医疗保险费，享受相应的医疗保险待遇，有条件的用人单位可以对职工家属参保缴费给予补助。国家对个人缴费和单位补助资金制定税收鼓励政策。

3．城镇居民基本医疗保险待遇

根据 2007 年国务院《关于开展城镇居民基本医疗保险试点的指导意见》，城镇居民基本医疗保险基金重点用于参保居民的住院和门诊大病医疗支出，有条件的地区可以逐步试行门诊医疗费用统筹。城镇居民基本医疗保险只建立统筹基金，不建立个人账户，基金主要用于支付住院医疗和部分门诊大病费用。基金支付比例原则是低于职工基本医疗保险，但高于新型农村合作医疗，一般可达 50%～60%。

2010 年 6 月，人力资源和社会保障部颁布的《关于做好 2010 年城镇居民基本医疗保险工作的通知》要求，基金最高支付限额要提高到居民可支配收入的六倍以上。要逐步提高住院医疗费用基金支付比例，原则上参保人员住院政策范围内医疗费用基金支付比例要达到 60%，二级（含）以下医疗机构住院政策范围内医疗费用基金支付比例要达到 70%。

（四）新型农村合作医疗制度

1．新型农村合作医疗制度建立的目标、原则

国务院办公厅 2003 年转发的《关于建立新型农村合作医疗制度的意见》指出：到 2010 年，实现在全国建立基本覆盖农村居民的新型农村合作医疗制度的目标，减轻农民因疾病带来的经济负担，提高农民健康水平。

建立新型农村合作医疗制度的基本原则是：自愿参加，多方筹资；以收定支，保障适度。

2．参加新型农村合作医疗（以下简称新农合）对象

凡农村户籍人口（不含正在服役的义务兵）应当在所辖乡镇参加新型农村合作医疗制度。

3．新型农村合作医疗资金筹集方式

新农合实行个人缴费、集体扶持和政府资助相结合的筹资机制。

4．新型农村合作医疗基金的管理

农村合作医疗资金是由农民自愿缴纳、集体扶持、政府资助的民办公助社会性资金，要按照以收定支、收支平衡和公开、公平、公正的原则进行管理，必须专款专用，专户储存，严禁挤占挪用。经办机构的人员和工作经费列入同级财政预算，不得从农村合作医疗基金中提取。

5．新型农村合作医疗待遇

新型农村合作医疗主要补助参合农民的大额医疗费用或者住院医疗费用。其中，住院费用的支付平均为 35%。有条件的地方，可实行大额医疗费用补助与小额医疗费用补助相结合的办法，既能提高抗风险能力又兼顾农民受益面。对参加新型农村合作医疗

的农民，年内没有动用农村合作医疗基金的，要安排进行一次常规性体检。

五、工伤保险

《社会保险法》第三十三条至四十三条对工伤保险做了相关规定。国务院2003年制定了《工伤保险条例》；2010年12月，国务院对《工伤保险条例》进行了修正，并从2011年1月1日起施行。

（一）工伤保险的概念

工伤保险又称职业伤害保险或职业伤害赔偿保险，是指依法为在生产、工作中遭受事故伤害或者患职业病的劳动者及其家属提供医疗救治、生活保障、经济补偿、医疗和职业康复等物质帮助的一种社会保险制度。

（二）工伤保险的范围

中华人民共和国境内的企业、事业单位、社会团体、民办非企业单位、基金会、律师事务所、会计师事务所等组织的职工和个体工商户的雇工，均有享受工伤保险待遇的权利。

（三）工伤保险的缴费和费率

职工参加工伤保险，由用人单位缴纳工伤保险费，职工不需缴费。

根据不同行业的工伤风险程度，分别实行不同的工伤保险缴费率。参照《国民经济行业分类》将行业划分为三个类别：一类为风险较小行业，二类为中等风险行业，三类为风险较大行业。

工伤保险费平均缴费率原则上要控制在职工工资总额的1.0%左右。三类行业的基准费率分别控制在用人单位职工工资总额的0.5%左右、1.0%左右、2.0%左右。基准费率的具体标准可定期调整。

用人单位属一类行业的，按行业基准费率缴费，不实行费率浮动。用人单位属二、三类行业的，费率实行浮动。

（四）工伤认定

1. 工伤认定条件

（1）职工有下列情形之一的，应当认定为工伤：

①在工作时间和工作场所内，因工作原因受到事故伤害的；

②工作时间前后在工作场所内，从事与工作有关的预备性或者收尾性工作受到事故伤害的；

③在工作时间和工作场所内，因履行工作职责受到暴力等意外伤害的；

④患职业病的；

⑤因工外出期间，由于工作原因受到伤害或者发生事故下落不明的；

⑥在上下班途中，受到非本人主要责任的交通事故或者城市轨道交通、客运轮渡、火车事故伤害的；

⑦法律、行政法规规定应当认定为工伤的其他情形。

（2）职工有下列情形之一的，视同工伤：

①在工作时间和工作岗位，突发疾病死亡或者在48小时之内经抢救无效死亡的；

②在抢险救灾等维护国家利益、公共利益活动中受到伤害的；

③职工原在军队服役，因战、因公负伤致残，已取得革命伤残军人证，到用人单位后旧伤复发的。

王某系某纺织厂修理工，2010年6月下夜班后回家时，发现相邻工厂材料库起火，工厂职工和路过群众正在进行扑救。王某立即参加救火，不幸被砸伤，造成骨折。事后王某向自己所在单位（纺织厂）提起工伤待遇申请，单位认为王某不是为本单位救火，不能认定为工伤；王某遂向当地劳动部门提起工伤认定，劳动部门按照有关规定，认定其为工伤。

按照《工伤保险条例》第十五条第二款的规定:“职工在抢险救灾等维护国家利益、公共利益活动中受到伤害的,应视为工伤。”王某虽然不是为本单位救火，但是，他从事的是维护国家、社会利益的活动，因此，王某应被认定为工伤。

2．不得认定或者视同为工伤的情形

（1）故意犯罪:

（2）醉酒或者吸毒的;

（3）自残或者自杀的;

（4）法律、行政法规规定的其他情形。

3．工伤认定申请应当提交的材料

（1）工伤认定申请表;

（2）与用人单位存在劳动关系（包括事实劳动关系）的证明材料;

（3）医疗诊断证明或者职业病诊断证明书（或者职业病诊断鉴定书）。

（五）劳动能力鉴定及分类

劳动能力鉴定是指劳动功能障碍程度和生活自理障碍程度的等级鉴定。

劳动功能障碍分为十个伤残等级，最重的为一级，最轻的为十级。

生活自理障碍分为三个等级：生活完全不能自理、生活大部分不能自理和生活部分不能自理。

（六）工伤保险待遇

工伤保险待遇主要内容包括医疗康复待遇、伤残待遇和死亡赔偿待遇。医疗康复待遇包括治疗费、药费、住院费用，以及在规定的治疗期内的工资待遇。伤残待遇包括一至十级工伤伤残职工的一次性伤残补助金；需要护理的，还可以享受生活护理费；需要安装辅助器具的，由基金支付费用。死亡待遇包括丧葬补助金、供养亲属抚恤金，一次性工亡补助金。

各级伤残享受何种工伤保险待遇，按《工伤保险条例》相关规定执行。

工伤职工有下列情形之一的，停止享受工伤保险待遇：

1．丧失享受待遇条件的；

2．拒不接受劳动能力鉴定的；

3．拒绝治疗的；

4．被判刑正在收监执行的。

六、失业保险

（一）失业保险的概念

失业保险制度是国家通过立法强制实施，对因失业而暂时中断工资收入的劳动者提供物资帮助和再就业服务的一项社会保险制度。失业保险区别于其他险种的一个显著特点是，具有保障基本生活和促进再就业的双重功能。失业保险基金除用于支付失业保险金以外，还要将部分资金用于对失业人员开展职业培训，促进再就业。它是社会保险体系的重要组成部分，是社会保险的重要项目之一。

（二）失业保险覆盖范围

失业保险的覆盖范围为城镇各类企业事业单位及其职工。省、自治区、直辖市人民政府根据本地实际情况，可以决定失业保险条例适用于本行政区域内的社会团体及其专职人员、民办非企业单位及其职工、有雇工的城镇个体工商户及其雇工。

（三）失业保险基金来源

失业保险金主要由单位、职工缴纳的失业保险费和财政补贴构成。城镇企业事业单位按照本单位工资总额的2%、职工按照本人工资的1%缴纳失业保险费。失业保险基金入不敷出时，财政给予必要补贴。此外，失业保险基金存入银行和购买国债所得利息，也是失业保险基金收入的一部分，必须并入基金。

（四）失业人员享受失业保险待遇的条件

《社会保险法》第四十五条规定：失业人员符合下列条件的，可从失业保险基金中领取失业保险金：

1．失业前用人单位和本人已经缴纳失业保险费满一年的；

2．非因本人意愿中断就业的；

3．已办理失业登记，并有求职要求的。

程某于2008年与一家大型超市签订了劳动合同，担任该公司的蔬菜水果部主管。2011年12月，由于与主管蔬菜水果部的超市副经理发生了争执，程某一气之下就向单位提出辞职。随后，单位批准了程某的辞职申请。辞职后，程某一直没有找到合适的工作。他想起自己和原单位交了失业保险的，故向社会保障部门申请领取失业保险金。社会保障部门认为；程某属于自愿辞职，不属于《失业保险条例》第十四条第二项规定的“非因本人愿意中断就业”，因此，不能享受失业保险待遇。

案例中，程某就是因为自己自愿辞职，属于因本人意愿中断就业，所以不能享受失业保险待遇。

（五）领取失业保险金的程序

用人单位应当及时为失业人员出具终止或者解除劳动关系的证明，并将失业人员的名单自终止或者解除劳动关系之日起十五日内告知社会保险经办机构。

失业人员应当持本单位为其出具的终止或者解除劳动关系的证明，及时到指定的公共就业服务机构办理失业登记。

失业人员凭失业登记证明和个人身份证明，到社会保险经办机构办理领取失业保险金的手续。失业保险金领取期限自办理失业登记之日起计算。

（六）失业保险待遇标准

失业人员享受失业保险待遇的期限，根据失业人员失业前所在单位和本人累计缴费时间长短计算。具体规定为：累计缴费时间满一年不足五年的，领取期限最长为十二个月；累计缴费时间满五年不足十年的，领取期限最长为十八个月；累计缴费时间十年以上的，领取期限最长为二十四个月。失业人员重新就业后再次失业的，缴费时间重新计算。但再次失业领取失业保险金的期限可以与前次失业应领取而尚未领取的失业保险金的期限合并计算，最长不得超过二十四个月。

失业人员在领取失业保险金期间，参加职工基本医疗保险，享受基本医疗保险待遇。失业人员应当缴纳的基本医疗保险费从失业保险基金中支付，个人不缴纳基本医疗保险费。

失业人员在领取失业保险金期间死亡的，参照当地对在职职工死亡的规定，向其家属发给一次性丧葬补助金和抚恤金。所需资金从失业保险基金中支付。个人死亡同时符合领取基本养老保险丧葬补助金、工伤保险丧葬补助金和失业保险丧葬补助金条件的，其家属只能选择领取其中的一项。

（七）停止领取失业保险金的情形

《社会保险法》第五十一条规定：失业人员在领取失业保险金期间有下列情形之一的，停止领取失业保险金，并同时停止享受其他失业保险待遇：

1．重新就业的；

2．应征服兵役的；

3．移居境外的；

4．享受基本养老保险待遇的；

5．无正当理由，拒不接受当地人民政府指定的部门或者机构介绍的工作或者提供的培训的。

七、生育保险

（一）生育保险的概念与意义

生育保险是通过国家立法，在职业妇女因生育子女而暂时中断劳动时国家和社会及时给予其生活保障和物质帮助的一项社会制度。

其宗旨是在通过提供生育津贴、医疗服务和产假，维持、恢复和增进生育妇女身体健康并使婴儿得到精心的照顾和哺育。

生育保险的意义是为了维护城镇女职工的合法权益，保障其在生育期间得到必要的基本生活和医疗保健，均衡单位间生育保险费用的负担。

（二）生育保险覆盖范围

所在城市常住户口的职工和持有所在城市工作居住证的外埠人员。

（三）生育保险基金的筹集

根据《社会保险法》和《企业职工生育保险试行办法》的规定，生育保险按“以支定收，收支基本平衡”的原则筹集资金，由企业按照其工资总额的一定比例向社会保险经办机构缴纳生育保险费，建立生育保险基金。生育保险费的提取比例由当地人民政府根据计划内生育人数和生育津贴、生育医疗费等项费用确定，并可根据费用支出情况适时调整，但最高不得超过工资总额的1%。

某服装公司按照规定自2007年参加了生育保险，并按照要求以公司职工工资总额0.9%的比例按月向当地社会保险机构缴纳生育保险费。该公司女职工较多，公司即自行规定每个女职工负担一部分保险费，按女职工月工资0.3%的比例向女职工征收生育保险费。这笔费用该公司并未缴给社会保险机构，而是冲抵了公司缴纳的生育保险费。后女职工得知按照国家规定职工个人不需缴纳生育保险费用，遂向劳动保障部门反映此情况。劳动保障部门到该公司了解情况后，责令该公司改正。该公司即撤销了向职工征收生育保险费的决定，并退还已经向职工征收的生育保险费。

职工个人不缴纳生育保险费。本案例中服装公司让女职工自行负担部分生育保险费的做法是违反法律规定的。

（四）生育保险待遇

用人单位已经缴纳生育保险费的，其职工享受生育保险待遇；职工未就业配偶按照国家规定享受生育医疗费用待遇。所需资金从生育保险基金中支付。

生育保险待遇包括生育医疗费用和生育津贴。

生育医疗费用包括下列各项：

1．生育的医疗费用；

2．计划生育的医疗费用；

3．法律、法规规定的其他项目费用。

职工有下列情形之一的，可以按照国家规定享受生育津贴：

1．女职工生育享受产假；

2．享受计划生育手术休假；

3．法律、法规规定的其他情形。

生育津贴按照职工所在用人单位上年度职工月平均工资计发。

八、刑释解教人员的社会保障

2004 年，国家工商行政管理总局、民政部、公安部、财政部、劳动和社会保障部、司法部、国家税务总局、中央社会治安综合治理委员会联合发布了《关于进一步做好刑满释放、解除劳教人员促进就业和社会保障工作的意见》。2010 年，中央办公厅、国务院办公厅转发了《中央社会治安综合治理委员会关于进一步加强刑满释放、解除劳教人员安置帮教工作的意见》，其中，就刑释解教人员的社会保障做了相应规定。

（一）纳入低保

对城市（含城镇）户籍的刑释解教人员，其家庭人均收入低于当地最低生活保障标准的，各级民政部门应将其纳入当地最低生活保障范围，实现“应保尽保”。

（二）享受失业保险待遇

城市（含城镇）户籍的刑释解教人员在服刑、劳教前已参加失业保险或正在领取失业保险金，其刑满释放或解除劳教后，符合条件的，可以按规定享受或恢复失业保险待遇。

（三）参加养老保险人员的保险恢复

对被判刑或劳教前已经参加企业职工基本养老保险的刑释解教人员，重新就业的，应按国家有关规定接续养老保险关系，按时足额缴纳养老保险费；达到法定退休年龄的，按规定享受相应的养老保险待遇。对被判刑、劳教前已领取基本养老金的刑释解教人员，可按服刑或劳教前的标准继续发给基本养老金，并参加以后的养老金调整。

（四）农村籍刑释解教人员的救济

农村籍的刑释解教人员，在刑满释放、解除劳教回原籍居住地后，应及时落实责任田（山、地）。因无生活来源造成生活困难的，经本人申请、村委会出具证明、乡镇司法所和民政办报县（市、区）司法局、民政局审核同意后，可领取地方政府临时社会救济。

思考题：

1. 社会保险法制度应坚持哪些方针？
2. 职工领取基本养老金的条件是什么？
3. 城镇居民社会养老保险的参保范围和资金筹集方式是什么？
4. 五保供养的对象是什么？
5. 城镇职工基本医疗保险的参保范围有哪些？
6. 参加新型农村合作医疗的对象和资金筹集方式有哪些？
7. 工伤认定条件是什么？
8. 失业人员享受失业保险待遇的条件是什么？
9. 领取失业保险金的程序有哪些？
10. 对刑释解教人员的社会保障有哪些规定？

第五节　未成年人保护法

一、《中华人民共和国未成年人保护法》概述

未成年人是指年龄未满十八周岁的公民。未成年人是祖国的未来和希望，为他们的健康成长创造一个良好的外部环境，不仅关系到每一个孩子、每一个家庭、每一所学校，而且关系到整个民族的未来。为了保护未成年人的身心健康，保障未成年人的合法权益，促进未成年人在品德、智力、体质等方面全面发展，培

养有理想、有道德、有文化、有纪律的社会主义建设者和接班人，1991年9月4日第七届全国人民代表大会常务委员会第二十一次会议通过了我国第一部《未成年人保护法》，自1992年1月1日执行。2006年12月29日第十届全国人民代表大会常务委员会第二十五次会议对《中华人民共和国未成年人保护法》(以下简称《未成年人保护法》)进行了修正，于2007年6月1日正式施行。修正后的《未成年人保护法》共七章七十二条，包括总则、家庭保护、学校保护、社会保护、司法保护、法律责任和附则。

二、未成年人保护工作应当遵循的原则

(一)保障未成年人的合法权益

未成年人的合法权益包括人身、财产和其他合法权益。中央和地方各级机关及未成年人的监护人，应当在各自职责范围内做好未成年人合法权益的保护工作。对侵犯未成年人合法权益的行为，任何组织和个人都有权予以制止，或者向有关部门检举控告。

(二)尊重未成年人的人格尊严

人格尊严是一种权利，一般指生命健康权、自由权、名誉权、姓名权、名称权、肖像权等。尊重未成年人的人格尊严，既包括尊重未成年人的上述权利，又包括不得泄露学生隐私，不得歧视、侮辱、体罚学生等。

(三)适应未成年人身心发展的特点

未成年人的身心发展尚不成熟，正处于生长发育时期。在安排未成年人的活动时，应充分考虑未成年人身心的承受能力，不能进行对未成年人身心发展有害的活动。

(四)教育与保护相结合

未成年人由于身心发展不成熟，并且缺乏社会生活经验，缺

乏知识，在处理事情时，容易出现过错。但是，未成年人的可塑性比较大，容易认识自己的错误，并努力纠正。对未成年人应采取教育与保护相结合的原则。一方面，要教育未成年人认识到自己过错的危害；另一方面，又要注意保护未成年人的名誉，以有利于他们回归社会。

三、未成年人享有的权利

《未成年人保护法》第三条规定，未成年人享有下列权利：

1. 未成年人享有生存权、发展权、受保护权、参与权等权利，国家根据未成年人身心发展特点给予特殊、优先保护，保障未成年人的合法权益不受侵犯。

2. 未成年人享有受教育权，国家、社会、学校和家庭尊重和保障未成年人的受教育权。

3. 未成年人不分性别、民族、种族、家庭财产状况、宗教信仰等，依法平等地享有权利。

四、家庭保护

家庭保护是指父母或其他监护人对未成年人进行的保护。这种保护包括在生活上的关心照顾和思想上的教育培养。《未成年人保护法》规定了监护人在保护未成年人方面的如下义务：

1. 禁止对未成年人实施家庭暴力，禁止虐待、遗弃未成年人，禁止溺婴和其他残害婴儿的行为，不得歧视女性未成年人或者有残疾的未成年人。

2. 父母或者其他监护人应当关注未成年人的生理、心理状况和行为习惯，以健康的思想、良好的品行和适当的方法教育和影响未成年人，引导未成年人进行有益身心健康的活动，预防和制止未成年人吸烟、酗酒、流浪、沉迷网络以及赌博、吸毒、卖淫等行为。

3. 父母或者其他监护人应当学习家庭教育知识，正确履行监护职责，抚养教育未成年人。

4. 父母或者其他监护人应当尊重未成年人受教育的权利，必须使适龄未成年人依法入学接受并完成义务教育，不得使接受义务教育的未成年人辍学。

5. 父母或者其他监护人应当根据未成年人的年龄和智力发展状况，在作出与未成年人权益有关的决定时告知其本人，并听取他们的意见。

6. 父母或者其他监护人不得允许或者迫使未成年人结婚，不得为未成年人订立婚约。

7. 父母因外出务工或者其他原因不能履行对未成年人监护职责的，应当委托有监护能力的其他成年人代为监护。

五、学校保护

学校保护，是指有关的学校、幼儿园及其他教育机构依照《未成年人保护法》及其他有关法律、法规，对未成年学生和幼儿园儿童实施的专门保护。学校在保护未成年人方面的义务包括：

1. 学校应当尊重未成年学生受教育的权利，关心、爱护学生，对品行有缺点、学习有困难的学生，应当耐心教育、帮助，不得歧视，不得违反法律和国家规定开除未成年学生。

2. 学校应当根据未成年学生身心发展的特点，对他们进行社会生活指导、心理健康辅导和青春期教育。

3. 学校应当与未成年学生的父母或者其他监护人互相配合，保证未成年学生的睡眠、娱乐和体育锻炼时间，不得加重其学习负担。

4. 学校、幼儿园、托管所的教职员工应当尊重未成年人的人格尊严，不得对未成年人实施体罚、变相体罚或者其他侮辱人格尊严的行为。

5．学校、幼儿园、托儿所应当建立安全制度，加强对未成年人的安全教育，采取措施保障未成年人的人身安全。不得在危及未成年人人身安全、健康的校舍和其他设施、场所中进行教育教学活动。安排未成年人参加集会、文化娱乐、社会实践等集体活动，应当有利于未成年人的健康成长，防止发生人身安全事故。

6．教育行政等部门和学校、幼儿园、托儿所应当根据需要，制定应对各种灾害、传染性疾病、食物中毒、意外伤害等突发事件的预案，配备相应设施并进行必要的演练，增强未成年人的自我保护意识和能力。

7．学校对未成年学生在校内或者本校组织的校外活动中发生人身伤害事故的，应当及时救护，妥善处理，并及时向有关主管部门报告。

六、司法保护

《未成年人保护法》规定的对未成年人的司法保护包括：

1．在司法活动中对需要法律援助或者司法救助的未成年人，法律援助机构或者人民法院应当给予帮助，依法为其提供法律援助或者司法救助。

2.人民法院审理继承案件，应当依法保护未成年人的继承权和受遗赠权。

3．审理离婚案件，涉及未成年子女抚养问题的，应当听取有表达意愿能力的未成年子女的意见，根据保障子女权益的原则和双方具体情况依法处理。

4．父母或者其他监护人不履行监护职责或者侵害被监护的未成年人的合法权益，经教育不改的，人民法院可以根据有关人员或者有关单位的申请，撤销其监护人的资格，依法另行指定监护人。被撤销监护资格的父母应当依法继续负担抚养费用。

5．对违法犯罪的未成年人，实行教育、感化、挽救的方针，坚持教育为主、惩罚为辅的原则。对违法犯罪的未成年人，应当依法从轻、减轻或者免除处罚。

6. 办理未成年人犯罪案件和涉及未成年人权益保护案件，应当照顾未成年人身心发展特点，尊重他们的人格尊严，保障他们的合法权益，并根据需要设立专门机构或者指定专人办理。

7. 公安机关、人民检察院讯问未成年犯罪嫌疑人，询问未成年证人、被害人，应当通知监护人到场。

8. 公安机关、人民检察院、人民法院办理未成年人遭受性侵害的刑事案件，应当保护被害人的名誉。

9. 对羁押、服刑的未成年人，应当与成年人分别关押。羁押、服刑的未成年人没有完成义务教育的，应当对其进行义务教育。解除羁押、服刑期满的未成年人的复学、升学、就业不受歧视。

10. 对未成年人犯罪案件，新闻报道、影视节目、公开出版物、网络等不得披露该未成年人的姓名、住所、照片、图像以及可能推断出该未成年人的资料。

思考题：

1. 监护人在保护未成年人方面有哪些义务？
2. 对未成年人的司法保护有哪些？

附：常用社会法律制度索引

1.《中华人民共和国残疾人保障法》（1990 年 12 月 28 日公布，2008 年 4 月 24 日修正）

2.《中华人民共和国未成年人保护法》（1991 年 9 月 4 日公通过，2006 年 12 月 29 日修正）

3.《中华人民共和国工会法》（1992 年 4 月 3 日通过，2001 年 10 月 27 日修正）

4.《中华人民共和国妇女权益保障法》（1992 年 4 月 3 日通

过，2005年8月28日修正）

5.《中华人民共和国矿山安全法》（1992年11月7日公布）

6.《中华人民共和国红十字会法》（1993年10月31日公布）

7.《中华人民共和国劳动法》（1994年7月5日公布）

8.《中华人民共和国老年人权益保障法》（1996年8月29日公布）

9.《中华人民共和国预防未成年人犯罪法》（1999年6月28日通过）

10.《中华人民共和国公益事业捐赠法》（1999年6月28日通过）

11.《中华人民共和国职业病防治法》（2001年10月27日公布，2011年12月31日修正）

12.《中华人民共和国安全生产法》（2002年6月29日公布）

13.《中华人民共和国劳动合同法》（2007年6月29日通过）

14.《中华人民共和国就业促进法》（2007年8月30日通过）

15.《中华人民共和国劳动争议调解仲裁法》（2007年12月29日通过）

16.《中华人民共和国社会保险法》（2010年10月28日通过）

17.《劳动就业服务企业管理规定》（1990年11月22日国务院发布）

18.《中华人民共和国劳动合同法实施条例》（2008年9月18日国务院发布）

19.《残疾人就业条例》（2007年2月25日国务院公布）

20.《全国年节及纪念日放假办法》（1949年12月23日政务院发布，1999年9月18日国务院第一次修正，2007年12月14日国务院第二次修正）

21. 国务院《关于职工工作时间的规定》（1994年2月3日国务院发布，1995年3月25日国务院修正）

22.《女职工劳动保护规定》(1988 年 9 月 1 日施行)

23.《工伤保险条例》(2003 年 4 月 27 日国务院公布，2010 年 12 月 20 日修正)

24.《失业保险条例》(1999 年 1 月 22 日公布)

25.《农村五保供养工作条例》(2006 年 1 月 21 日公布)

26.《企业职工生育保险试行办法》(劳部发[1994] 504 号)

27.《关于完善企业职工基本养老保险制度的决定》(国发[2005]38 号)

28. 国务院《关于开展新型农村社会养老保险试点的指导意见》(国发[2009] 32 号)

29. 国务院《关于建立城镇职工基本医疗保险制度的决定》(国发[1998] 44 号)

30.《违反〈劳动法〉有关劳动合同规定的赔偿办法》(劳部发[1995] 223 号)

31. 国务院《关于开展城镇居民社会养老保险试点的指导意见》(国发[2011] 18 号)

32.《关于建立新型农村合作医疗制度意见的通知》(国办发[2003] 3 号)

33.《关于开展城镇居民基本医疗保险试点的指导意见》(国发[2007] 20 号)

34.《关于进一步做好刑满释放、解除劳教人员促进就业和社会保障工作的意见》(综治委[2004] 4 号)

35. 中央社会治安综合治理委员会《关于进一步加强刑满释放解除劳教人员安置帮教工作的意见》(中办发[2010] 5 号)

第八章　诉　讼　法

第一节　刑事诉讼法

一、《中华人民共和国刑事诉讼法》概述

刑事诉讼，是指人民法院、人民检察院和公安机关在当事人及其他诉讼参与人的参加下，依照法律规定的程序，查明犯罪和追究犯罪的活动。刑事诉讼法，是指国家公安机关（含国家安全机关)、人民检察院、人民法院和诉讼参与人进行刑事诉讼所必须遵守的法律规范。

1979 年 7 月 1 日，第五届全国人民代表大会第二次会议通过了《中华人民共和国刑事诉讼法》(以下简称《刑事诉讼法》)，1980 年 1 月 1 日起施行。1996 年 3 月 17 日第八届全国人民代表大会第四次会议对其进行第一次修正，1997 年 1 月 1 日起施行；2012 年 3 月 14 日第十一届全国人民代表大会第五次会议对其进行第二次修正，于 2013 年 1 日 1 日起施行。

二、司法机关在刑事诉讼中的职责划分

(一) 公安机关的职责

公安机关主要负责对刑事案件的侦查、拘留、执行逮捕和预审的工作。

根据《刑事诉讼法》的规定，除法律另有规定的以外，所有刑事案件的侦查工作都由公安机关负责。

（二）检察机关的职责

检察机关在刑事诉讼中主要负责检察、批准逮捕、对直接受理案件的侦查、提起公诉等工作。

检察机关有权直接立案侦查和提起公诉的案件主要有：国家工作人员、国家机关工作人员利用职务实施的犯罪。主要包括贪污贿赂犯罪，国家工作人员的渎职犯罪，国家机关工作人员利用职权实施的非法拘禁、刑讯逼供、报复陷害、非法搜查的侵害公民人身权利、民主权利的犯罪。

此外，检察机关作为法律监督机关，对国家机关工作人员利用职权实施的其他重大的犯罪案件，经省级以上人民检察院决定，可以由人民检察院立案侦查。检察机关在对公安机关移送的刑事案件和检察机关自己直接受理的案件材料进行复审后，认为应当追究刑事责任的，可以代表国家向人民法院提起公诉。

（三）人民法院的职责

人民法院主要负责案件的审判工作，对检察机关提起的公诉案件以及公民根据法律规定直接向人民法院起诉的案件，依照法律的规定进行审理和并作出判决。

三、强制措施

刑事诉讼中的强制措施，指公安机关、人民检察院和人民法院在刑事诉讼过程中，为了保障侦查和审判的顺利进行，依法对犯罪嫌疑人、被告人、现行犯的人身自由强行剥夺或者加以一定限制的方法。

《刑事诉讼法》规定，强制措施主要有拘传、取保候审、监视居住、拘留和逮捕五种。

（一）拘传

拘传是公安机关、人民检察院和人民法院强制未被羁押的犯罪嫌疑人，被告人到指定地点接受讯问的一种方式。拘传对人身自由的限制程度较轻，时间短暂。诉讼实践中，拘传应在 12 小时以内讯问完结。

（二）取保候审

取保候审是公安机关、人民检察院和人民法院责令犯罪嫌疑人、被告人提出保证人或者交纳保证金，以保证其在取保候审期间不逃避侦查和审判，并随传随到的一种强制方法。人民法院、人民检察院和公安机关对犯罪嫌疑人、被告人取保候审最长不得超过十二个月。

取保候审的适用：

1．可能判处管制、拘役或者独立适用附加刑的；

2．可能判处有期徒刑以上刑罚，采取取保候审不致发生社会危险性的；

3．患有严重疾病、生活不能自理，怀孕或者正在哺乳自己婴儿的妇女，采取取保候审不致发生社会危险性的；

4．羁押期限届满，案件尚未办结，需要采取取保候审的。

（三）监视居住

监视居住指公安机关、人民检察院和人民法院责令犯罪嫌疑人、被告人在诉讼过程中，未经批准不得离开住处或居所，并对其加以监视的一种方法。监视居住最长不得超过六个月。

监视居住的适用：

1．患有严重疾病、生活不能自理的；

2．怀孕或者正在哺乳自己婴儿的妇女；

3．系生活不能自理的人的唯一扶养人；

4．因为案件的特殊情况或者办理案件的需要，采取监视居住措施更为适宜的；

5．羁押期限届满，案件尚未办结，需要采取监视居住措施的。

对符合取保候审条件，但犯罪嫌疑人、被告人不能提出保证人，也不交纳保证金的，可以监视居住。

监视居住应当在犯罪嫌疑人、被告人的住处执行；无固定住处的，可以在指定的居所执行。对于涉嫌危害国家安全犯罪、恐怖活动犯罪、特别重大贿赂犯罪，在住处执行可能有碍侦查的，经上一级人民检察院或者公安机关批准，也可以在指定的居所执行。但是，不得在羁押场所、专门的办案场所执行。

指定居所监视居住的，除无法通知的以外，应当在执行监视居住后二十四小时以内，通知被监视居住人的家属。

（四）拘留

拘留是公安机关和人民检察院在办理直接受理的案件中，对于现行犯或者重大嫌疑分子，在法定的紧急情况下，暂时剥夺其人身自由，并予以羁押和进行审查的一种方法。刑事诉讼中的拘留，叫刑事拘留。

1. 拘留的条件

《刑事诉讼法》规定，对于有下列情形之一的现行犯或重大嫌疑分子，公安机关可以对其先行拘留：

（1）正在预备犯罪、实行犯罪或在犯罪后即时被发觉的。其中，预备犯罪是为了实行犯罪，事先准备工具、创造犯罪条件；

（2）被害人或者在场亲眼看见的人指认他犯罪的；

（3）在身边或者住处发现有犯罪证据的；

（4）犯罪后企图自杀、逃跑或者在逃的；

（5）有毁灭、伪造证据或者串供可能的；

（6）不讲真实姓名、住址，身份不明的；

（7）有流窜作案、多次作案、结伙作案重大嫌疑的。

2. 刑事拘留的执行

公安机关拘留人的时候，必须出示拘留证。拘留后，应当立即将被拘留人送看守所羁押，至迟不得超过二十四小时。除无法通知或者涉嫌危害国家安全犯罪、恐怖活动犯罪通知可能有碍侦查的情形以外，应当在拘留后二十四小时以内，通知被拘留人的家属。有碍侦查的情形消失以后，应当立即通知被拘留人的家属。

公安机关对被拘留的人，应当在拘留后的二十四小时以内进行讯问。在发现不应当拘留的时候，必须立即释放，发给释放证明。

（五）逮捕

逮捕是由经过人民检察院批准或者人民法院决定，由公安机关执行，依法剥夺犯罪嫌疑人、被告人的人身自由，并予以羁押和进行审查的一种最严厉的强制性措施。

1．逮捕的适用范围：

（1）对有证据证明有犯罪事实，可能判处徒刑以上刑罚的犯罪嫌疑人、被告人，采取取保候审尚不足以防止发生后述的五类社会危险性的，应当予以逮捕：可能实施新的犯罪的；有危害国家安全、公共安全或者社会秩序的现实危险的；可能毁灭、伪造证据，干扰证人作证或者串供的；可能对被害人、举报人、控告人实施打击报复的；企图自杀或者逃跑的。

（2）对有证据证明有犯罪事实，可能判处十年有期徒刑以上刑罚的，或者有证据证明有犯罪事实，可能判处徒刑以上刑罚，曾经故意犯罪或者身份不明的，应当予以逮捕。

（3）被取保候审、监视居住的犯罪嫌疑人、被告人违反取保候审、监视居住规定，情节严重的，可以予以逮捕。

2．逮捕的处理

公安机关逮捕人的时候，必须出示逮捕证。

逮捕后，应当立即将被逮捕人送看守所羁押。除无法通知的以外，应当在逮捕后二十四小时以内，通知被逮捕人的家属。

人民法院、人民检察院对于各自决定逮捕的人，公安机关对于人民检察院批准逮捕的人，都必须在逮捕后的二十四小时以内进行讯问。在发现不应当逮捕的时候，必须立即释放，发给释放证明。

犯罪嫌疑人、被告人被逮捕后，人民检察院仍应当对羁押的必要性进行审查。对不需要继续羁押的，应当建议予以释放或者变更强制措施。有关机关应当在十日以内将处理情况通知人民检察院。

四、证据

证据，是指证明案件真实情况的一切材料。根据《刑事诉讼法》的规定，证据包括八类：

1．物证；

2．书证；

3．证人证言；

4．被害人陈述；

5．犯罪嫌疑人、被告人供述和辩解；

6．鉴定意见；

7．勘验、检查、辨认、侦查实验等笔录；

8．视听资料、电子数据。

证据必须经过查证属实，才能作为定案的依据。

对一切案件的判处都要重证据，重调查研究，不轻信口供。只有被告人供述，没有其他证据的，不能认定被告人有罪和处以刑罚；没有被告人供述，证据确实、充分的，可以认定被告人有罪和处以刑罚。

证据确实、充分，应当符合以下条件：

1．定罪量刑的事实都有证据证明；

2．据以定案的证据均经法定程序查证属实；

3．综合全案证据，对所认定事实已排除合理怀疑。

公诉案件中被告人有罪的举证责任由人民检察院承担，自诉案件中被告人有罪的举证责任由自诉人承担。证据的收集要合法，采用刑讯逼供等非法方法收集的犯罪嫌疑人、被告人供述和采用暴力、威胁等非法方法收集的证人证言、被害人陈述，应当予以排除。

五、刑事附带民事诉讼

附带民事诉讼是指司法机关在刑事诉讼过程中，在解决被告人刑事责任的同时，附带解决因被告人的犯罪行为造成的物质损失的赔偿而进行的诉讼活动。

被害人由于被告人的犯罪行为而遭受物质损失的，在刑事诉讼过程中，有权提起附带民事诉讼。被害人死亡或者丧失行为能力的，被害人的法定代理人、近亲属有权提起附带民事诉讼。

如果是国家财产、集体财产遭受损失的，人民检察院在提起公诉的时候，可以提起附带民事诉讼。

人民法院在必要的时候，可以采取保全措施，查封、扣押或者冻结被告人的财产。附带民事诉讼原告人或者人民检察院可以申请人民法院采取保全措施。人民法院采取保全措施，适用《中华人民共和国民事诉讼法》的有关规定。

人民法院审理附带民事诉讼案件，可以进行调解，或者根据物质损失情况作出判决、裁定。

附带民事诉讼应当同刑事案件一并审判，只有为了防止刑事案件审判的过分迟延，才可以在刑事案件审判后，由同一审判组织继续审理附带民事诉讼。

六、讯问犯罪嫌疑人

讯问犯罪嫌疑人必须遵守以下规定：

1. 讯问犯罪嫌疑人必须由人民检察院或者公安机关的侦查人员进行。进行讯问的时候，侦查人员不得少于两人。

2. 犯罪嫌疑人被送交看守所羁押以后，侦查人员对其进行讯问，应当在看守所内进行。

3. 侦查人员在讯问犯罪嫌疑人的时候，应当首先讯问犯罪嫌疑人是否有犯罪行为，让他陈述犯罪的具体情节或者进行无罪的辩护，然后向他提出问题。并告知犯罪嫌疑人如实供述自己罪行可以从宽处理的法律规定。

4. 侦查人员在讯问聋、哑的犯罪嫌疑人的时候，应当有通晓聋、哑手势的人参加，并且应当把这种情况记明笔录。

5. 侦查人员讯问犯罪嫌疑人应当做讯问笔录，即在讯问过程中，按照讯问的顺序，将讯问的情况一一记录下来。讯问完毕以后，侦查人员应当将讯问笔录交给犯罪嫌疑人进行核对，对于没有阅读能力的，应当向他宣读。如果记载有遗漏或者差错，犯罪嫌疑人可以提出补充或者改正。犯罪嫌疑人承认笔录没有错误后，应当签名或者盖章。侦查人员也应当在笔录上签名。犯罪嫌疑人请求自行书写供述的，应当准许。必要的时候，侦查人员也可以要犯罪嫌疑人亲笔书写供词。

6. 侦查人员在讯问犯罪嫌疑人的时候，可以对讯问过程进行录音或者录像；对于可能判处无期徒刑、死刑的案件或者其他重大犯罪案件，应当对讯问过程进行录音或者录像。录音或者录像应当全程进行，保持完整性。

七、侦查羁押期限规定

在刑事诉讼中，犯罪嫌疑人被逮捕后侦查阶段的羁押时间，通常称为侦查羁押期限。这个期限自犯罪嫌疑人被逮捕时起第二日开始计算，至对犯罪嫌疑人侦查终结时止。

（一）一般刑事案件的侦查羁押期限

对犯罪嫌疑人逮捕后的侦查羁押期限不得超过二个月；案情

复杂、期限届满时不能终结的案件，可以经上一级人民检察院批准延长一个月。

（二）特殊案件的侦查羁押期限

下列四类案件在《刑事诉讼法》规定的一般侦查羁押期限届满仍不能终结的，经省、自治区、直辖市人民检察院批准或者决定，可以延长二个月：

1．交通十分不便的边远地区的重大复杂案件；

2．重大的犯罪集团案件；

3．流窜作案的重大复杂案件；

4．犯罪涉及面广、取证困难的重大复杂案件。

此外，对犯罪嫌疑人可能判处十年有期徒刑以上刑罚，依照上述特殊案件的侦查羁押期限的规定延长期限届满后，仍不能侦查终结的，经省、自治区、直辖市人民检察院批准或者决定，可以再延长二个月。

八、审查起诉

（一）审查起诉的主体

凡需要提起公诉的案件，一律由人民检察院审查决定。

（二）审查的对象

人民检察院审查案件的时候，必须查明：

1．犯罪事实、情节是否清楚，证据是否确实、充分，犯罪性质和罪名的认定是否正确；

2．有无遗漏罪行和其他应当追究刑事责任的人；

3．是否属于不应追究刑事责任的；

4．有无附带民事诉讼；

5．侦查活动是否合法。

（三）审查起诉的法定期限

人民检察院对于公安机关移送起诉的案件，应当在一个月以内作出决定，重大、复杂的案件，可以延长半个月。

九、公诉案件的第一审程序

（一）开庭前的准备

人民法院对提起公诉的案件经审查决定开庭审判后，应当进行下列准备工作：

1. 确定合议庭的组成人员。

2. 将人民检察院的起诉书副本至迟在开庭十日以前送达被告人及其辩护人。对于被告人未委托辩护人的，告知被告人可以委托辩护人，或者在必要的时候指定承担法律援助义务的律师为其提供辩护。

3. 将开庭的时间、地点在开庭前三日以前通知人民检察院。

4. 传唤当事人，通知辩护人、诉讼代理人、证人、鉴定人和翻译人员，传票和通知书至迟在开庭三日以前送达。

5. 公开审判的案件，在开庭三日以前先期公布案由、被告人姓名、开庭时间和地点。

（二）人民法院判决

在刑事案件审理中，根据已查明的事实、证据和有关的法律规定，应当分别作出以下判决：

1. 案件事实清楚，证据确实、充分，依据法律认定被告人有罪的，应当作出有罪判决；

2. 依据法律认定被告人无罪的，应当作出无罪判决；

3. 证据不足，不能认定被告人有罪的，应当作出证据不足、指控的犯罪不能成立的无罪判决。

宣告判决，一律公开进行。当庭宣告判决的，应当在五日以内将判决书送达当事人和提起公诉的人民检察院；定期宣告判决的，应当在宣告后立即将判决书送达当事人和提起公诉的人民检察院。判决书应当同时送达辩护人、诉讼代理人。

（三）延期审理

在法庭审判过程中，遇有下列情形之一，影响审判进行的，可以延期审理：

1. 需要通知新的证人到庭，调取新的物证，重新鉴定或者勘验的；

2. 检察人员发现提起公诉的案件需要补充侦查，提出建议的；

3. 由于申请回避而不能进行审判的。

（四）中止审理

在审判过程中，有下列情形之一，致使案件在较长时间内无法继续审理的，可以中止审理：

1. 被告人患有严重疾病，无法出庭的；

2. 被告人脱逃的；

3. 自诉人患有严重疾病，无法出庭，未委托诉讼代理人出庭的；

4. 由于不能抗拒的原因。

中止审理的原因消失后，应当恢复审理。中止审理的期间不计入审理期限。

（五）审理期限

1. 人民法院审理公诉案件，应当在受理后二个月以内宣判，至迟不得超过三个月。

2. 对于可能判处死刑的案件或者附带民事诉讼的案件，以及交通十分不便的边远地区的重大复杂案件，重大的犯罪集团案，流窜作案的重大复杂案，犯罪涉及面广、取证困难的重大复杂案，经上一级人民法院批准，可以延长三个月；因特殊情况还需要延长的，报请最高人民法院批准。

3．人民法院改变管辖的案件，从改变后的人民法院收到案件之日起计算审理期限。

4．人民检察院补充侦查的案件，补充侦查完毕移送人民法院后，人民法院重新计算审理期限。

十、第二审程序

第二审程序，是指上一级人民法院根据上诉人的上诉或者人民检察院的抗诉，对下一级人民法院第一审尚未发生法律效力的判决或裁定进行重新审判所应遵循的程序。

（一）第二审程序的提起

上诉和抗诉是引起第二审程序发生的两种不同的诉讼机制。

1．上诉、抗诉的概念和主体

上诉是指当事人及其法定代理人等不服地方各级人民法院的第一审判决或裁定，在法定期限内，依照法定程序向上一级人民法院提起诉讼，请求对案件进行重新审判的诉讼行为。

有权提起上诉的人员：被告人、自诉人和他们的法定代理人；被告人的辩护人和近亲属（必须经被告人同意）；附带民事诉讼的当事人和他们的法定代理人。

抗诉是指地方各级人民检察院认为本级人民法院的第一审判决或裁定确有错误时，在法定期限内，提请上一级人民法院对案件进行重新审判的诉讼活动。

有权提起抗诉的机关是地方各级人民检察院。被害人及其法定代理人请求提出抗诉的，人民检察院收到请求后五日以内应当作出是否抗诉的决定并且答复请求人。

2．上诉不加刑原则

上诉不加刑原则是指第二审人民法院审理被告人或者他的法

定代理人、辩护人、近亲属上诉的案件，不得加重被告人的刑罚。第二审人民法院发回原审人民法院重新审判的案件，除有新的犯罪事实，人民检察院补充起诉的以外，原审人民法院也不得加重被告人的刑罚。人民检察院提出抗诉或者自诉人提出上诉的，不受该原则的限制。

3．上诉和抗诉的期限

不服判决的上诉和抗诉的期限为十日，不服裁定的上诉和抗诉的期限为五日，从接到判决书、裁定书的第二日起算。

（二）二审的审理

第二审人民法院应当就第一审判决认定的事实和适用法律进行全面审查，不受上诉或者抗诉范围的限制。

共同犯罪的案件只有部分被告人上诉的，应当对全案进行审查，一并处理。

第二审人民法院对不服第一审判决的上诉、抗诉案件，经过审理后，应当按照下列情形分别处理：

1．原判决认定事实和适用法律正确、量刑适当的，应当裁定驳回上诉或者抗诉，维持原判；

2．原判决认定事实没有错误，但适用法律有错误，或者量刑不当的，应当改判；

3．原判决事实不清楚或者证据不足的，可以在查清事实后改判；也可以裁定撤销原判，发回原审人民法院重新审判。但对于按此款发回重新审判的案件作出判决后，被告人提出上诉或者人民检察院提出抗诉的，第二审人民法院应当依法作出裁决或者裁定，不得再发回原审人民法院重新审判。

第二审的判决、裁定和最高人民法院的判决、裁定，都是终审的判决、裁定。

（三）二审的期限

1．第二审人民法院受理上诉、抗诉案件，应当在二个月以内审结。

2．对于可能判处死刑的案件或者附带民事诉讼的案件，以及后述情形之一的，经省、自治区、直辖市高级人民法院批准或者决定，可以延长二个月；因特殊情况还需要延长的，报请最高人民法院批准：

（1）交通十分不便的边远地区的重大复杂案件；

（2）重大的犯罪集团案件；

（3）流窜作案的重大复杂案件；

（4）犯罪涉及面广，取证困难的重大复杂案件。

3．最高人民法院受理上诉、抗诉案件的审理期限，由最高人民法院决定。

十一、审判监督程序

审判监督程序，又称再审程序，是人民法院、人民检察院对于已经发生法律效力的判决和裁定，发现在认定事实或者适用法律上确有错误，予以提出并由人民法院对该案重新审判所应遵循的步骤、方式、方法。

（一）申诉

审判监督程序中的申诉，是当事人及其法定代理人、近亲属认为人民法院已经发生法律效力的判决或者裁定有错误，为了维护自己或他人的合法权益，向人民法院或者人民检察院陈述理由，要求对其进行审查后加以纠正的诉讼行为。

提出申诉，不能停止判决、裁定的执行。

人民法院经过审查，认为有《刑事诉讼法》第二百四十二条规定的五种情形之一的，应当按照审判监督程序重新审判：

1．有新的证据证明原判决、裁定认定的事实确有错误，可能影响定罪量刑的；

2．据以定罪量刑的证据不确实、不充分、依法应当予以排除，或者证明案件事实的主要证据之间存在矛盾的；

3．原判决、裁定适用法律确有错误的；

4．违反法律规定的诉讼程序，可能影响公正审判的；

5．审判人员在审理该案件的时候，有贪污受贿，徇私舞弊，枉法裁判行为的。

（二）审判监督程序的提起

各级人民法院院长对本院已经发生法律效力的判决和裁定，如果发现在认定事实上或者在适用法律上确有错误，必须提交审判委员会处理。

最高人民法院对各级人民法院已经发生法律效力的判决和裁定，上级人民法院对下级人民法院已经发生法律效力的判决和裁定，如果发现确有错误，有权提审或者指令下级人民法院再审。

最高人民检察院对各级人民法院已经发生法律效力的判决和裁定，上级人民检察院对下级人民法院已经发生法律效力的判决和裁定，如果发现确有错误，有权按照审判监督程序向同级人民法院提出抗诉。

（三）重新审判的处理

人民法院按照审判监督程序重新审判的案件，由原审人民法院审理的，应当另行组成合议庭进行。

如果原来是第一审案件，应当依照第一审程序进行审判，所作的判决、裁定，可以上诉、抗诉；如果原来是第二审案件，或者是上级人民法院提审的案件，应当依照第二审程序进行审判，所作的判决、裁定，是终审的判决、裁定。

人民法院决定再审的案件，需要对被告人采取强制措施的，由人民法院依法决定；人民检察院提出抗诉的再审案件，需要对被告人采取强制措施的，由人民检察院依法决定。

人民法院按照审判监督程序审判的案件，可以决定中止原判决、裁定的执行。

（四）再审期限

人民法院按照审判监督程序重新审判的案件，应当在作出提审、再审决定之日起三个月以内审结，需要延长期限的，不得超过六个月。

思考题：

1. 司法机关在刑事诉讼中的职责是如何划分的？
2. 我国目前的刑事强制措施有哪些？
3. 刑事诉讼的证据有哪些？
4. 哪些情形可以提起第二审程序？
5. 如何正确理解上诉不加刑原则？
6. 申诉的哪些情形可以引发再审？

第二节　民事诉讼法

一、《中华人民共和国民事诉讼法》概述

为了保护当事人行使诉讼权利，保证人民法院查明事实，分清是非，正确适用法律，及时审理民事案件，确认民事权利义务关系，制裁民事违法行为，保护当事人的合法权益，教育公民自觉遵守法律，维护社会秩序、经济秩序，保障社会主义建设事业顺利进行，1991 年 4 月 9 日，第七届全国人民代表大会第四次会议通过了《中华人民共和国民事诉讼法》（以下简称《民事诉讼法》），2007 年 10 月 28 日，第十届全国人民代表大会常务委员会

第十三次会议进行了修正，于2008年4月1日起施行。该法共分四编二十八章，共二百六十八条，包括总则、审判程序、执行程序和涉外民事诉讼程序的特别规定。

民事诉讼是指人民法院在当事人和其他诉讼参与人的参加下，以审理、判决、执行等方式解决民事纠纷的活动，以及由这些活动产生的各种诉讼关系的总和。《民事诉讼法》是规定由人民法院受理的公民之间、法人之间、其他组织之间以及他们相互之间因财产关系和人身关系提起的民事诉讼。

民事诉讼当事人是指因民事上的权利义务关系发生纠纷，以自己的名义进行诉讼，并受人民法院裁判拘束的利害关系人。人身关系是指人们基于人格和身份而形成的相互关系，比如姓名权、名誉权以及有关婚姻、收养、继承等家庭关系。

凡是在中华人民共和国的领土、领海、领空以及领土延伸的范围内进行民事诉讼的一切自然人、法人或其他组织，无论该民事纠纷是否发生在我国领域内，无论诉讼主体是否是中国公民、法人或其他组织还是外国人、无国籍人、外国企业或组织，都必须遵守《民事诉讼法》。

二、地域管辖

地域管辖又称属地管辖，是指同级人民法院之间在各自辖区内受理第一审民事案件的分工和权限划分的管辖。

地域管辖根据实际情况的不同，又分为被告所在地人民法院管辖、原告所在地人民法院管辖和特殊地域管辖三种情况。

（一）一般原则

被告所在地人民法院管辖。一般情况下的民事诉讼案件，为了便于取证、调查以及对判决结果的执行等，实行“原告就被告”原则。

在对公民提起民事诉讼时，一般由被告住所地人民法院管辖。当被告住所地与经常居住地不一致时，由经常居住地人民法院管辖。

住所地，是指公民的户籍所在地。

经常居住地，是指公民离开住所地至起诉时已连续居住一年以上的地方，但是公民住院就医的地方除外。

公民在其户口迁出后，迁入异地之前，如果没有经常居住地的，仍然按照其原户籍所在地为其住所地。

当事人户籍迁出后尚未落户，有经常居住地的，由经常居住地人民法院管辖；没有经常居住地，且户籍迁出未满一年的，由其原户籍所在地法院管辖；超过一年的，由其居住地人民法院管辖。

被告是法人或者其他组织的时候，由其住所地的人民法院进行管辖。

被告为多人的时候，任何一个被告的住所地或者经常居住地人民法院都有权管辖。

（二）例外规定

原告所在地人民法院管辖。在某些例外情况下，一般地域管辖的“原告就被告”原则无法适用或者适用后将对原告、对法院都极为不便，比如对不在中华人民共和国领域内居住的人、对下落不明或者宣告失踪的人提起有关身份关系的诉讼等，就规定由原告住所地或经常居住地人民法院管辖。

那么，对罪犯的民事诉讼，有没有例外规定呢？

在《民事诉讼法》中，规定对劳动教养或者监禁的人提起的诉讼，也由原告住所地或经常居住地人民法院管辖。

除了以上的几类情况外，根据最高人民法院的司法解释，追索赡养费案件的几个被告住所地不在同一辖区的；夫妻一方或者夫妻双方都离开住所地超过一年，被告没有经常居住地，另一方提起离婚诉讼的；非军人对非文职军人提起离婚诉讼等几种情况也由原告住所地或经常居住地人民法院管辖。

（三）特殊地域管辖

特殊地域管辖，又称特别管辖，是指以诉讼标的所在地、法律事实所在地为标准确定案件管辖。它包括合同纠纷、协议管辖、保险纠纷管辖、票据纠纷管辖、运输纠纷管辖、侵权行为管辖、交通事故管辖、海损事故管辖、海难救助管辖、共同海损管辖、专属管辖十一项内容。其中，专属管辖包含三种情况，分别是因不动产纠纷提起的诉讼、因港口作业中发生纠纷提起的诉讼、因继承遗产纠纷提起的诉讼。

因铁路、公路、水上和航空事故请求损害赔偿提起的诉讼，由事故发生地或者车辆、船舶最先到达地、航空器最先降落地人民法院管辖，也可以由被告住所地人民法院管辖。

对不动产纠纷、港口作业中发生的纠纷、继承遗产纠纷提起的诉讼，分别由不动产所在地、港口所在地、被继承人死亡时住所地或者主要遗产所在地人民法院管辖。

对合同纠纷、票据纠纷以及保险合同纠纷提起的诉讼，既可以向合同履行地、票据支付地、保险标的物所在地人民法院管辖，也可以由被告住所地人民法院管辖。

三、财产保全

财产保全是指人民法院在利害关系人起诉前或者当事人起诉后，为保障将来的生效判决能够得到执行或者避免财产遭受损失，对当事人的财产或者争议的标的物，采取限制当事人处分的强制措施。财产保全分为诉讼中财产保全和诉前财产保全两种。

利害关系人是指除当事人外，案件的处理结果与其有法律上的利害关系的公民、法人或者其他组织。

（一）诉讼中的财产保全

诉讼中的财产保全，是指人民法院在受理案件之后、作出判决之前，对当事人的财产或者争执标的物采取限制当事人处分的强制措施。

需要对争议的财产采取诉讼中财产保全的，必须在诉讼请求中具有财产给付的内容，并且一般由当事人提出书面申请。当事人没有提出申请的，人民法院在必要时也可以裁定采取财产保全措施。

诉讼中财产保全的发生时间必须是在民事案件受理后、法院判决尚未作出前，同时必须是将来的生效判决可能因为一些主观或者客观因素导致不能执行或者难以执行的。

在申请人提出申请后，人民法院在采取诉讼中财产保全措施前，可以责令申请人提供数额相当于请求保全数额的担保。申请人不提供担保的，驳回申请。

申请人申请财产保全有错误的，将要赔偿被申请人因财产保全所受到的损失。

在紧急情况下，人民法院在接到申请后必须在四十八小时内作出裁定；裁定采取财产保全措施的，应当立即开始执行。

（二）诉前财产保全

诉前财产保全，是指在紧急情况下，法院不立即采取财产保全措施，利害关系人的合法权益会受到难以弥补的损害，因此法律赋予利害关系人在起诉前有权申请人民法院采取财产保全措施的权利。

申请诉前财产保全的，第一必须是由于情况紧急，不立即采取措施就可能使申请人的合法权益受到难以弥补的损失；第二是申请人将来提起案件的诉讼请求具有财产给付内容；第三是申请必须是由利害关系人提出的；第四是申请人必须提供担保。

与诉讼中财产保全要求申请人提供担保不同的是，诉讼中财产保全法院可以根据实际情况要求申请人提供担保，也可以不要求申请人提供担保。但是由于诉前财产保全相对风险较大，所以必须责令申请人提供担保。

财产保全实施后，也可以有条件地解除。比如被申请人提供担保或者申请人撤回保全申请的、诉前财产保全的申请人在采取保全措施后十五日内未起诉的，法院都应当解除财产保全措施。

由于申请人提出财产保全措施并被法院裁定执行后，有可能会出现因申请人的错误而导致被申请人因财产保全而遭受损失的情形，因此《民事诉讼法》第九十六条规定，在这种情况下，申请人应当赔偿被申请人因财产保全所遭受的损失。

四、先予执行

所谓先予执行，就是指人民法院在审理民事案件的过程中，因当事人一方生产或生活上的迫切需要，根据其申请，在作出判决前，裁定一方当事人给付另一方当事人一定的财物，或者立即实施或停止某种行为，并立即执行的措施。

先予执行由于是在法院还没有作出终局执行之前责令当事人预先履行义务的执法行为，所以要求必须是权利人的迫切需要或者情况紧急，并且有严格的适用范围。

刘某于 2010 年 5 月在某建筑工地打工，一年后因故意伤害罪被判处有期徒刑 5 年。在打工期间，包工头王某累计拖欠刘某工资 27 000 元。刘某的妻子多年前病亡，在其服刑时，刘某的孩子跟着爷爷一起生活，无固定生活来源。2011 年 8 月，刘某委托代理人向法院提起诉讼，要求王某支付拖欠的工资。法院受理了刘某的诉讼请求后，刘某以孩子 9 月份读书急需缴纳学费、生活费等为由，向法院申请先予执行 7000 元。法院经审理后，依法裁定王某先行给付 7000 元。

上面的案例是一个涉及追索劳动报酬的先予执行的案例。根据《民事诉讼法》第九十七条的规定，追索赡养费、扶养费、抚育费、抚恤金、医疗费用、劳动报酬以及因情况紧急需要先予执行的案件，可以裁定先予执行。

情况紧急需要先予执行是指以下四种情况：需要立即停止侵害、排除妨碍的；需要立即制止某项行为的；需要立即返还用于购置生产原料、生产工具货款的；追索恢复生产、经营急需的保险理赔费的。

那么，是不是只要在先予执行规定的适用范围内，法院就必然会裁定先予执行呢？

根据《民事诉讼法》第九十八条的规定，人民法院裁定先予执行的，应当符合两个条件：一是要当事人之间的权利义务关系明确，不先予执行将严重影响申请人的生活或者生产经营；二是被申请人要有履行能力。

五、第一审判程序

（一）起诉的条件

根据《民事诉讼法》的规定，起诉必须符合以下四个条件：第一，原告必须是与本案有直接利害关系的人或者其他组织；第二要有一个明确的被告；第三要有具体的诉讼请求和事实、理由，比如是要对方进行经济赔偿，还是要对方停止对自己的名誉损害等；第四提出的要求必须是属于人民法院受理民事诉讼的范围和受诉人民法院管辖的。

（二）起诉的方式

起诉的方式以书面起诉为原则。书写诉讼状确实有困难的，可以口头起诉，并由人民法院记入笔录，并告知对方当事人。

起诉状上应当记明下列事项：当事人姓名、性别、年龄、民族、职业、工作单位和住所，法人或者其他组织的名称、住所和法定代表人或者主要负责人的姓名、职务；诉讼请求和所根据的事实与理由；要注明证据和证据来源，证人的姓名和住所。

在向人民法院递交起诉状的时候，要同时按照被告人数提出副本。

（三）开庭审理程序

民事诉讼案件的审理分为公开审理和不公开审理两种。不公开审理的一般都是涉及国家秘密、个人隐私或者法律另有规定的案件。另外，离婚案件和涉及商业秘密的案件，当事人提出不公开审理申请的，法院可以根据案件的实际情况既可以裁定为不公开审理，也可以裁定为公开审理。无论是公开审理还是不公开审理，其宣判都必须是公开的。

开庭审理的程序如下：（1）应当在开庭三日前通知当事人和其他诉讼参与人出庭参加诉讼。对公开审理的案件，法院应当在开庭三日前公告当事人的姓名、案由和开庭的时间、地点。（2）开庭审理前，书记员应当查明当事人及其他诉讼参与人是否到庭，并宣布法庭纪律。（3）开庭审理时，由审判长核对当事人。然后进行法庭调查和法庭辩论，最后进行案件评议和宣告判决。

上面所讲的是一般的诉讼程序。但是在实际的诉讼过程中，会出现一些意外情况，导致诉讼过程的中止和终结。

（四）诉讼中止和诉讼终结

1．诉讼中止

诉讼中止是指在诉讼过程中，因出现法定事由而使本案诉讼活动难以继续进行，受诉法院裁定暂时停止本案诉讼程序的制度。

张某与李某因债务纠纷向法院提起诉讼。在案件审理过程中李某因心脏病死亡。李某的儿子二十年前便在A市成家，表示并不知道李某与张某的这笔债务关系，需要在调查、了解后再决定是否参加诉讼。法院据此裁定诉讼中止，待李某的儿子确定是否应诉后再行开庭审理。

我国《民事诉讼法》第一百三十六条规定，只要出现以下六种情形之一，法院就可以裁定中止诉讼。这六种情况分别是：一方当事人死亡，需要等待继承人表明是否参加诉讼的；一方当事人丧失诉讼行为能力，尚未确定法定代理人的；作为一方当事人的法人或者其他组织终止，尚未确定权利义务承受人的；一方当事人因不可抗拒的事由，不能参加诉讼的；本案必须以另一案的审理结果为依据，而另一案尚未审结的；其他应当中止诉讼的情形。

诉讼中止的法定情形都是由诉讼程序之外的因素引起，所以诉讼中止可以发生在诉讼程序开始后直到判决作出前的任何阶段。一旦裁定诉讼中止后，再次恢复诉讼程序、继续进行审理的时间取决于客观条件是否得到满足。中止诉讼的裁定一经宣布，立即生效，当事人不得上诉，也不得申请复议。但是在中止诉讼前进行的诉讼行为继续有效。

总之，诉讼中止是诉讼活动的暂时停止而不是终结。当引起诉讼活动中止的情形消失后，诉讼活动将继续进行。

2. 诉讼终结

诉讼终结也可以称为终结诉讼。诉讼终结是指在诉讼过程中，由于法定的原因使诉讼无法继续进行或进行下去没有意义，从而结束诉讼程序的一种法律制度。

很明显，诉讼终结虽然也意味着案件诉讼程序的完全终止，但是它并不是一种判决，只是由于种种特殊情况的出现，使原被告双方试图通过诉讼以解决的民事争端失去了继续进行审理的必要，从而在法律上将该案件终结。在诉讼终结的案件中，原被告双方都没有胜诉和败诉，仅仅是结束了该案而已。这是诉讼终结与判决的不同之处。

那么，哪些特殊原因的出现，会导致案件终结呢？我国《民事诉讼法》第一百三十七条规定，有下列四种情形之一的，人民法院将裁定终结诉讼。这四种情形分别是：

（1）原告死亡，没有继承人，或者继承人放弃诉讼权利的；

（2）被告死亡，没有遗产，也没有应当承担义务的人；

（3）离婚案件一方当事人死亡的；

（4）追索赡养费、扶养费、抚育费以及解除收养关系的一方当事人死亡的。

诉讼终结的裁定一经送达当事人，即发生法律效力，当事人既不得上诉，也不得申请复议。人民法院不再对同一案件进行审理，当事人也不能基于同一事实、同一理由就同一诉讼标的再进行起诉。

六、审理民事诉讼案件的期限

审理民事诉讼案件的期限，简称审限。审限是指从立案的次日起至裁判宣告、调解书送达之日止的期间。如果是简易程序转为普通程序审理的第一审民事案件的期限，从立案次日起连续计算。

审限分为适用普通程序审理案件的期限和适用简易程序审理案件的期限两种。由于两类案件的复杂程度不一样，所以审理的期限也不相同。

（一）适用普通程序审理案件的期限

人民法院适用普通程序审理的案件，应当在立案之日起六个月内审结。有特殊情况需要延长的，应当在审理期限届满十日前向本院院长提出申请，可以延长六个月。院长应当在审限届满前批准或者决定。还需要延长的，应当在审限届满十日前向上一级人民法院提出申请，上级人民法院应当在审限届满三日前作出决定。

（二）适用简易程序审理案件的期限

简易程序，是指基层人民法院和它的派出法庭审理事实清楚、权利义务关系明确、争议不大的简单民事案件所适用的审判程序。

人民法院适用简易程序审理案件，应当在立案之日起三个月内审结。案件的审理期限从立案次日起计算。由简易程序转为普通程序审理的第一审民事案件的期限，从立案次日起连续计算。

七、申请强制执行的依据

执行程序一般分为两种，一种是申请执行，另外一种是移送执行。

移送执行是指人民法院审判人员审结案件后，将生效的判决的判决书、裁定书移交给执行人员执行。

申请执行是指根据生效法律文书，享有权利的一方当事人在对方拒绝履行义务的情况下，向人民法院提出申请，请求人民法院强制执行。

向人民法院申请强制执行的依据主要有五种：

1．人民法院制作的发生法律效力的判决书、裁定书和调解书；

2．人民法院依督促程序发布的支付令；

3．发生法律效力而具有财产内容的刑事判决书、裁定书；

4．仲裁机构依法作出的发生法律效力的裁决书；

5．公证机关制作的依法赋予强制执行效力的债权文书。

享有权利的一方当事人在向法院申请强制执行时，应当符合三个条件：一是要有以给付内容的执行依据；二是债务人逾期不履行或者拒绝履行法律文书确定的义务；三是要在法定的执行时效内提出。

另外，申请人请求法院强制执行时，应当按照人民法院诉讼收费办法的规定，缴纳申请强制执行的费用。

八、执行终结

执行终结又叫执行终止，是指在执行过程中，由于出现某种法定原因，使执行工作无法进行或者没有必要继续进行，从而停止执行程序，以后不再恢复。

在这里要注意的是，虽然执行终止与执行中止只有一字之差，且读音相同，但是两者的意义却不相同。执行中止是指在执行过程中，因发生某种特殊情况需要暂时停止执行程序，待特殊情况消失后，再恢复执行程序。而执行终止在终止执行程序后，以后将不再恢复。

《民事诉讼法》规定，有下列六种情形之一的，人民法院应当裁定终结执行：

1．申请人撤销申请的；

2．据以执行的法律文书被撤销的；

3．作为被执行人的公民死亡，无遗产可供执行，又无义务承担人的；

4．追索赡养费、扶养费、抚育费案件的权利人死亡的；

5．作为被执行人的公民因生活困难无力偿还借款，无收入来源，又丧失劳动能力的；

6．人民法院认为应当终结执行的其他情形。

“其他情形”包括：企业法人终止且确无偿还能力和连带责任人；被执行人的破产程序终结，未得到清偿的债权不再清偿；当事人自愿达成和解协议并根据和解协议不再执行。

对终结执行，人民法院应当作出裁定，送达当事人后即发生法律效力。

思考题：

1. 民事诉讼的管辖是如何规定的？
2. 什么是财产保全？诉讼中财产保全应当具备哪些条件？
3. 民事执行程序的发生，必须具备哪些条件？

第三节 行政诉讼法

一、《中华人民共和国行政诉讼法》概述

行政诉讼，是指人民法院应公民、法人或者其他组织的请求，通过审查具体行政行为合法性的方式，解决特定范围内行政争议的活动。

为保证人民法院正确、及时审理行政案件，保护公民、法人和其他组织的合法权益，维护和监督行政机关依法行使行政职权，第七届全国人民代表大会第二次会议于 1989 年 4 月 4 日通过了《中华人民共和国行政诉讼法》(以下简称《行政诉讼法》)，自 1990 年 10 月 1 日起施行。该法共十一章七十五条，主要包括总则、受案范围、管辖、诉讼参加人、证据、起诉和受理、审理和判决、执行、侵权赔偿责任、涉外行政诉讼和附则。

行政诉讼的具体行政行为是指行政主体行使行政权力，对特定的公民、法人和其他组织作出的影响其权利义务的单方行为。具体行政行为有四个要素，分别是：行政主体实施的行为，行使行政权力的单方行为，针对特定的公民、法人或者其他组织作出的行政行为，该行政行为对公民、法人或者其他组织的权利义务造成了一定的影响。

具体行政行为的特点是：实施行政行为的主体必须是具有国家行政职权的机关和其他组织及其工作人员，同时这一行政行为

给公民、法人或者其他组织的权利和义务造成了一定的影响。

二、行政诉讼的受案范围

根据《行政诉讼法》及其司法解释的规定，人民法院受理公民、法人和其他组织对下列十种行政行为不服提起的诉讼：

1．对拘留、罚款、吊销许可证和执照、责令停产停业、没收财物等行政处罚不服的；

2．对限制人身自由或者对财产的查封、扣押、冻结等行政强制措施不服的；

3．认为行政机关侵犯法律规定的经营自主权的；

4．认为符合法定条件申请行政机关颁发许可证和执照，行政机关拒绝颁发或者不予答复的；

5．申请行政机关履行保护人身权、财产权的法定职责，行政机关拒绝履行或者不予答复的；

6．认为行政机关没有依法发给抚恤金的；

7．认为行政机关违法要求履行义务的；

8．认为行政机关侵犯其他人身权、财产权的；

9．人民法院受理法律、法规规定可以提起诉讼的其他行政案件；

10．司法解释规定的案件。

三、不予受理的案件范围

根据《行政诉讼法》和有关司法解释的规定，人民法院不受理公民、法人或者其他组织对下列九项事项提起的诉讼：

1．国防、外交等国家行为；

2．行政法规、规章或者行政机关制定、发布的具有普遍约束力的决定、命令；

3．行政机关对行政机关工作人员的奖惩、任免等决定；

4．法律规定由行政机关最终裁决的具体行政行为；

5．公安、国家安全等机关依照刑事诉讼法的明确授权实施的行为；

6．调解行为以及法律规定的仲裁行为；

7．不具有强制力的行政指导行为；

8．驳回当事人对行政行为提起申诉的重复处理行为；

9．对公民、法人或者其他组织的权利义务不产生实际影响的行为。

在法院不予受理的九种行政诉讼活动中，有几个概念需要明确其具体所指的范围。

第一项中所讲的“国家行为”是指国务院、中央军事委员会、国防部、外交部等根据宪法和法律的授权，以国家的名义实施的有关国防和外交事务的行为，以及经宪法和法律授权的国家机关宣布紧急状态、实施戒严和总动员等行为。

第二项中所讲的“具有普遍约束力的决定和命令”，是指行政机关针对不特定对象发布的能反复适用的行政规范性文件。

第三项中“对行政机关工作人员的奖惩、任免等决定”是指行政机关作出的涉及该行政机关公务员权利义务的决定。其对象的身份必须是该行政机关内的公务员。

第四项中“法律规定由行政机关最终裁决的具体行政行为”中的“法律”，是指全国人民代表大会及其常务委员会制定、通过的规范性的文件。

四、原告和被告

1．原告

在行政诉讼中，原告是指认为行政机关或行政工作人员的具体行政行为侵犯其合法权益，依照《行政诉讼法》的规定，向人民法院提起行政诉讼的公民、法人或者其他组织。

①有权提起行政诉讼的公民已经死亡，其近亲属可以作为原告提起诉讼。

②有权提起行政诉讼的法人或者其他组织终止，承受其权利的法人或者其他组织可以作为原告提起诉讼。

③公民因被限制了人身自由而不能提起诉讼的，其近亲属可以依其口头或者书面委托以该公民的名义提起诉讼。

2．被告

被告是指在公民、法人或者其他组织依法直接向人民法院提起诉讼的活动中，作出具体行政行为的机关。

原告对行政机关的具体行政行为不服，可以向该行政机关的上级机关申请复议。如果对复议结果仍然不服的，可以向人民法院提起行政诉讼。这时的被告就会出现两种不同的情况：

第一种是当复议机关决定维持原具体行政行为时，原作出具体行政行为的机关是被告；第二种是当复议机关改变了原具体行政行为时，复议机关是被告。

吴某一直对梁某不满。一日因小事与梁某发生口角并用拳头将梁某左腮部打伤。梁某报案后，某县公安局出警，以治安案件立案。经鉴定，梁某左腮部为轻微伤。吴某在调查中主动承认错误，并表示接受调解。某县公安局对其作出治安拘留 7 天的处罚裁决和赔偿梁某医疗费等损失共 547 元。吴某不服，向某市公安局提出申请复议。复议机关以民间纠纷应坚持调解为主和吴某有认错悔改表现为由，撤销某县公安局的裁定。吴某收到某市公安局的复议决定书后，不服复议决定，向某县人民法院提起行政诉讼。某县人民法院审理后判决撤销某市公安局治安处罚复议决定，限在判决生效后十日内重新作出具体行政行为。一审判决后吴某和某市公安局均不服，提起上诉。二审判决驳回某市公安局和吴某的上诉，维持第一审判决。

上面的案例中，某市公安局改变了某县公安局的治安处罚裁定，所以吴某向法院提起诉讼时，被告是某市公安局而不是作出具体行政行为的某县公安局。如果在案例中，某市公安局维持了某县公安局的处罚裁定，那么，当事人在向法院提起诉讼后，某县公安局将作为被告出庭。

五、举证责任

在诉讼程序中，无论是原告还是被告，都需要提出证据来证明自己的诉讼主张，这时候，就会牵涉另外一个法律概念：举证责任。那么，行政诉讼活动中的举证责任跟其他诉讼活动相比，有哪些不同呢？

举证责任即提供证据的责任，指当事人在诉讼中对自己的主张有责任提出证据加以证明，如果不能提供证据就可能导致在诉讼中败诉。

举证责任按照在诉讼活动中原、被告法定身份的不同，分为原告举证责任和被告举证责任两种。

（一）被告举证责任

被告负举证责任是指在行政诉讼中，被告对作出的具体行政行为，应当提供作出该具体行政行为的证据和依据的规范性文件。

行政机关作出某种具体行政行为，既要有事实根据，又要有法律、法规等规范性文件的依据。所以在行政诉讼案中，行政机关有责任提出作出该项具体行政行为的证据。法院将根据行政机关提供的各种材料审查其行为是否合法，如果被告提供的证据不足以证明其行政行为是合法的，则有可能败诉。

（二）原告负举证责任的情形

在行政诉讼中，原告起诉时对提出的诉讼请求应当有事实根据，但是对具体行政行为不负举证责任。这主要是因为在行政法律关系中，原告和被告处于不平等地位，是一种被管理和管理的关系。但是，在特定情况下，也不排除由原告提供证据的可能。这些特定情况指的是以下三种情形：

1. 公民、法人或者其他组织向人民法院起诉时，应当提供其符合起诉条件的相应的证据材料；

2. 在起诉被告不作为的案件中，原告应当提供其在行政程序中曾提出申请的证据材料；

3. 在行政赔偿诉讼中，原告应当对被诉具体行政行为造成损害的事实提供证据。

六、案件审理

（一）受理

人民法院在接到原告的诉讼状后，会根据法律规定审查原告所提起的诉讼是否符合法定诉讼条件。人民法院应当在七日内对原告的诉讼请求作出立案或者裁定不予受理的决定。原告对不予受理的裁定不服的，可以在收到法院裁定书之日起十日内向上一级人民法院提起上诉。

人民法院决定受理案件后，应当在立案之日起五日内，将起诉状副本发送被告。被告应当在收到起诉状副本之日起十日内向人民法院提交作出具体行政行为的有关材料，并提出答辩状。人民法院应当在收到答辩状之日起五日内，将答辩状副本发送原告。被告不提出答辩状的，不影响人民法院审理。

案件受理后，法院将通过正常的法定程序对原告所提出的诉讼要求进行审理，并根据审理、调查的结果，对案件进行判决。

（二）判决

人民法院经过审理，根据不同情况，分别会作出维持原判、撤销判决、限期履行判决和变更判决四种不同的判决。

1．具体行政行为证据确凿，适用法律、法规正确，符合法定程序的，判决维持。

这种情况表示原告败诉。如果当事人双方对一审判决不服的，有权在判决书送达之日起十五日内向上一级人民法院提起上诉。

2．当具体行政行为有主要证据不足，适用法律、法规错误，违反法定程序，超越职权的，滥用职权五种情形之一的，判决撤销或者部分撤销，并可以判决被告重新作出具体行政行为。

这种情况下表示被告败诉或者部分败诉。部分败诉是指被告的具体行政行为中的一部分不符合法律、法规的规定，但是其他部分是合法的。当被告部分败诉的时候，法院会对符合法律规定的部分维持原判，对不符合的部分判决部分撤销。如果不服一审判决，可以在判决书送达之日起十五日内向上一级人民法院提起上诉。

3．被告不履行或者拖延履行法定职责的，判决其在一定期限内履行。

这是对被告行政不作为的一种判决。当被告不履行或者拖延履行法定职责被法院认定为事实后，除判决被告败诉外，还会判决其在一定时间内必须履行自己的法定职责。

4．行政处罚显失公正的，可以判决变更。

这种判决也表示是被告败诉。但是与上面几种情形不同的是，在这里被告的具体行政行为本身并不违法，但是这一具体行政行为的结果却对原告来说明显的不公正。那么，法院会根据审理的情况，判决被告对具体行政行为进行变更，使之对原告公正。

（三）审理期限

审理期限又称为审限，是指某一案件从人民法院立案受理到作出裁判的法定期间。根据诉讼当事人是否上诉，审理期限又有一审期限和二审期限两种不同的时间限制。

1．一审期限

《行政诉讼法》规定，人民法院审理第一审行政案件的期限是从立案之日起三个月。如果有特殊情况需要延长的，由高级人民法院批准，可以延长。高级人民法院审理第一案件需要延长的，由最高人民法院批准。

审理期限的时间起算是从法院立案之日起开始而不是法院对原告的受案之日起计算，受案后法院对案件的审查期不计算在一审期限之内。

2．二审期限

《行政诉讼法》规定，人民法院第二审的审理期限为两个月，从收到上诉状之日起计算。有特殊情况需要延长的，经高级人民法院批准，可以延长。高级人民法院审理上诉案件需要延长的，由最高人民法院批准。

在二审中，因鉴定而耽误的时间、因处理管辖争议或者异议而耽误的期间或中止诉讼的期间不计算在审限期间内。

在对行政诉讼活动进行一、二审判决后，诉讼活动就意味着结束。接下来的事情就是诉讼当事人双方对法院的判决进行执行。不过要注意的是，在诉讼期间，除非出现下列情形之一可以停止执行外，一概不得停止执行：①被告人认为需要停止执行或者原告申请停止执行的；②人民法院认为具体行政行为的执行会造成难以弥补的损失，并且停止执行不损害社会公共利益，裁定停止执行的；③法律、法规规定停止执行的。

思考题：

1．行政诉讼的受案范围有哪些？

2．行政诉讼的举证责任是怎样规定的？

3．提起行政诉讼应当符合哪些条件？

4. 行政诉讼期间，哪些情形应停止具体行政行为的执行？

附：诉讼法相关法律法规索引

1. 最高人民法院、最高人民检察院、公安部、国家安全部、司法部、全国人大常委会法制工作委员会《关于刑事诉讼法实施中若干问题的规定》（1998 年 1 月 19 日公布）

2. 最高人民法院《关于执行〈中华人民共和国刑事诉讼法〉若干问题的解释》（1998 年 6 月 29 日通过）

3. 最高人民法院《关于适用〈中华人民共和国民事诉讼法〉若干问题的意见》（1992 年 7 月 14 日通过）

4.《诉讼费用缴纳办法》（2006 年 12 月 19 日公布）

5. 最高人民法院《关于严格执行案件审理期限制度的若干规定》（2000 年 9 月 22 日公布）

6. 最高人民法院《关于民事诉讼证据的若干规定》（2001 年 12 月 21 日公布）

7. 最高人民法院《关于适用简易程序审理民事案件的若干规定》（2003 年 9 月 10 日公布）

8. 最高人民法院《关于人民法院民事调解工作若干问题的规定》（2004 年 9 月 16 日公布）

9. 最高人民法院《关于人民法院民事执行中查封、扣押、冻结财产的规定》（2004 年 11 月 4 日公布）

10. 最高人民法院《关于人民法院民事执行中拍卖、变卖财产的规定》（2004 年 11 月 15 日公布）

11. 最高人民法院《关于审理民事案件适用诉讼时效制度若干问题的规定》（2008 年 8 月 21 日公布）

12. 最高人民法院《关于适用〈中华人民共和国民事诉讼法〉执行程序若干问题的解释》（2008 年 11 月 3 日公布）

13. 最高人民法院《关于适用〈中华人民共和国民事诉讼法〉

审判监督程序若干问题的解释》（2008 年 12 月 1 日施行）

14．最高人民法院《关于适用〈关于民事诉讼证据的若干规定〉中有关举证时限规定的通知》（2008 年 12 月 11 日公布）

15．最高人民法院印发《关于受理审查民事申请再审案件的若干意见》（2009 年 4 月 27 日公布）

16．最高人民法院《关于执行〈中华人民共和国行政诉讼法〉若干问题的解释》（2000 年 3 月 8 日公布）

17．最高人民法院印发《关于依法保护行政诉讼法当事人诉权的意见》的通知（2009 年 11 月 9 日公布）

18．最高人民法院《关于规范行政案件案由的通知》（2004 年 1 月 14 日施行）

19．最高人民法院《关于行政案件管辖若干问题的规定》（2008 年 2 月 1 日施行）

20．最高人民法院《关于行政诉讼证据若干问题的规定》（2002 年 7 月 24 日公布）

21．最高人民法院《关于行政诉讼撤诉若干问题的规定》（2008 年 2 月 1 日施行）

22．《中华人民共和国刑事诉讼法》（1979 年 7 月 1 日通过；1996 年 3 月 17 日第一次修正；2012 年 3 月 14 日第二次修正）

23．《中华人民共和国民事诉讼法》（1991 年 4 月 9 日公布，2007 年 10 月 28 日修正）

24．《中华人民共和国行政诉讼法》（1989 年 4 月 4 日通过）